사람을 읽는

관상

성공 심리학

# 사람을 읽는 관상 성공 심리학

**김승길 지음**

HCbooks

# 사람을 읽으면 인생이 바뀐다

'상(相)'이란 단어의 사전적 의미는 얼굴이나 체격의 됨됨이, 각종류의 모양과 태도, 그때그때 나타나는 표정이다. 관상이란 관(觀)자가 붙어 상을 본다는 의미다. 면밀히 따져보면 그 사람의 태도나 움직임을 뜻하는 것이기에 합리적이다. 걷는 모습, 앉는 자세, 말하는 모습을 아우르는 게 관상의 본질이라는 얘기다.

사람의 얼굴 즉 '인상'은 화장하고 화려한 옷을 입는 것과 마찬가지다. 반면에 몸의 변화나 동작, 행위 등은 살아온 습관대로 나타내는 경우가 많다. '인상'은 수시로 변화시키기 쉬운 반면, 걸음걸이 앉는 자세 몸짓 등은 무의식적으로 자동화되는 경우가 많아서 숨기기가 쉽지 않다. 그렇기 때문에 '인상'보다는 태어난 환경이나 부모 또는 사회적 접촉에서 비롯된 신체상, 즉 '몸상'이 더 중요하다는 것이 필자의 생각이고, 이 책을 쓰게 된 동기이기도 하다.

성공하려면 대인관계가 중요하다. 청춘남녀가 맞선을 볼 때처럼 진지한 태도로 상대를 잘 관찰하고, 정확하게 속내를 읽으면 경쟁에서 이길 수 있고, 인생살이에서도 승리를 쟁취할 수 있다.

비과학적이고 비합리적인 믿음을 미신이라고 한다. '관상'을 제대로 이해하지 못하면 미신의 나락으로 떨어져 대인관계에서 실패할 확률이 높아진다. 이 책은, 현실에서 자주 부닥치는 사례들을 중심으로 독자들의 궁금증에 답하는 형식을 취함으로써 대인관계에 있어서 실질적인 도움이 되도록 구성했다.

2025년 1월
저자 김승길(아로信)

목차

# 제1장 사람을 읽는 7가지 방법

## 3. 대화 중의 습관과 태도로 읽기 ⋯ 61

운 사람이다? ● 말과 웃음을 동시에 흘리는 사람 ● 상대의 말을 지긋이 듣고 있는 사람 ● 말할 때 몸을 지나치게 많이 움직이는 사람 ● 용무가 끝났는데도 미적거리고 있는 사람 ● 대화 중에 거짓말하는 사람 알아내는 방법 ● 대화 중에 손을 지나치게 놀리는 사람 ● 대화할 때 가깝게 접근하는 사람 ● 대화 중에 눈을 심하게 두리번거리는 사람 ● 대화 중에 제삼자에게 당신을 칭찬하는 사람 ● 눈을 자주 깜박이며 이야기하는 사람 ● 상대와 시선을 마주하면서 대화하는 사람 ● 남의 말을 모두 이해해 주는 체하는 사람 ● 대화 중에 호탕하게 웃어대는 사람

## 4. 식사 습관으로 읽기 ··· 93

밥을 숟가락에 듬뿍듬뿍 떠서 먹는 사람 ● 갉아먹듯 야금거리면서 밥을 떠먹는 사람 ● 젓가락으로 밥을 찍어 먹는 여성 ● 편식하는 사람은 정직한 사람이다? ● 덜그럭거리며 밥그릇 소리를 내는 사람 ● 식사를 예쁘게 하려고 애쓰는 여성 ● 마른반찬을 즐겨 먹는 사람 ● 채식을 즐기는 사람 ● 식사가 끝난 후 물을 마시지 않는 사람 ● 음식을 싱겁게 먹는 사람, 짜게 먹는 사람

## 5. 술자리에서 읽기 ··· 104

술에 취해서 남을 씹어대는 사람 ● 담뱃불을 끌 때 두세 번씩 확인하는 사람 ● 분위기 있는 술집을 찾으려고 애쓰는 사람 ● 사람이 많은 곳에서 술 마시기 좋아하는 사람 ● 술에 취하면 우는 사람 ● 술에 취해서 시비를 자주 거는 사람 ● 술 마시고 설교를 해대는 사람 ● 술에 취했을 때 계속 헤프게 웃는 사람 ● 술 마시고 덤벙대는 사람 ● 술에 취하면 누울 곳만 찾는 사람 ● 술을 마실수록 말똥말똥해지는 사람 ● 상대에게만 계

속 술을 권하는 사람 ● 천천히 술 마시며 더디 취하는 사람 ● 취하도록 마셔대는 사람 ● 술에 취할수록 말수가 적어지는 사람 ● 술에 취할수록 말소리가 커지고 호탕하게 웃어대는 사람 ● 술에 취하면 노골적으로 여자에게 추근대는 사람 ● 술에 취해서 아무 데서나 자는 사람

앉음새로 상대방의 속마음을 읽는다 ● 커피숍에서 어둠침침한 자리에 앉는 사람 ● 소파에 앉아서 양반 자세 취하는 사람 ● 커피숍에서 벽면이나 구석진 곳만 찾아서 앉는 사람 ● 커피숍에서 한가운데나 눈에 쉽게 띄는 곳에 앉는 사람 ● 커피숍에서 주로 창가에 앉는 사람 ● 커피숍에서 어둠침침한 곳만 찾아 앉으려는 사람 ● 의자 앞부분에 가볍게 걸터앉는 사람 ● 의자 깊숙이 앉는 사람 ● 양 무릎을 붙이고 앉는 사람 ● 의자에 앉아 몸을 지나치게 뒤로 젖히는 사람 ● 의자에 가볍게 걸터앉아 경청하는 체하는 사람

무릎에 힘을 주면서 걷는 사람 ● 양반걸음을 걷는 사람 ● 보폭이 넓고 구부러진 듯한 걸음걸이를 지닌 사람 ● 힐끔힐끔 쳐다보면서 걷는 사람 ● 똑바로 앞만 보며 걷는 사람 ● 고개를 흔들면서 걷는 사람

# 제2장 직장에서 사람 읽기

## 1. 상사를 요리하자 ··· 142

은 성격의 소유자?

면? ● 남자 앞에서 다른 남자 이야기를 하는 여자는 섹스에 약하다? ● 잘난 체하는 남자에게 즉각 반기 드는 여성 ● 눈물 많이 보이는 여자는 자아도취가 강한 여성? ● 유행에 민감한 여성은 칭찬에 약하다? ● 여성은 현실 불만을 옷으로 커버하려 한다? ● 유행에 민감한 남성에게는 자기주장이 강한 여성이 좋다? ● 여성 앞에서 유독 잘난 체하고 나서는 남성 ● 지적인 언어를 사용하려고 멋을 부리는 여성 ● 영양질 체질의 여성에게는 계속 말을 시켜라? ● 남자 앞에서 남편 자랑을 해대는 여성 ● 여자는 위장하려는 본능을 갖고 있다? ● 여자 앞에서 정장하기를 좋아하는 사람 ● 과거사를 이야기하는 여성과, 하지 않는 여성 ● 눈으로 말하는 여성 ● 집에서 혼자 술 마시는 기혼 여성 ● 고급스러운 장소에서 술이나 차를 마시려고 애쓰는 여성 ● 남자 뒤에 숨는 여성 ● 고개를 잘 숙이는 여성 ● 동석해 있을 때 팔짱을 자주 끼는 여성 ● 대화 중 손을 입에 자주 대는 예민한 여성 ● 상대방을 툭툭 치면서 말하는 여성 ● 벽이나 사람에게 기대려고 하는 여성 ● 대화 중에 손을 감추려고 하는 여성 ● 대화 중에 팔꿈치에 손을 자주 대는 여성 ● 대화 중에 두 손으로 턱을 받치고 있는 여성 ● 대화 중 머리를 자주 만지작거리는 여성 ● 대화 중에 계속 몸을 움직여대는 여성 ● 대화 중에 얼굴 마주 보지 않으려는 여성 ● 다리를 계속 꼬고 앉아서 이야기하는 여성 ● 대화 중에 뒷머리를 자주 긁적이는 여성 ● 눈을 자주 깜박이며 이야기하는 여성 ● 고개를 자꾸 끄덕이며 대화하는 여성 ● 유명한 사람을 자주 들먹이는 여성

# 제3장 정상에서 사람 읽기

'나'라는 상품을 어떻게 팔 것인가? ● 처음 만나는 사람에게 어눌한 실수를 한다? ● 초면에 말이 없는 상대에게는 당신의 실수담이 약이다 ● 상대방의 소지품으로 성격을 파악한다 ● 소지품에 그 사람의 성격이 묻어 있다 ● 마음의 눈으로 상대의 속마음을 읽어라 ● 옷을 센스 있게 입는 사람 ● 성실한 척하는 겉모습 속에 감추어진 속마음을 읽어라 ● 사전 정보를 입수하여 초면에 접대할 말을 준비해라 ● 초면에 씀씀이가 헤프면 말까지도 헤프다? ● 초면 약속 장소에 의도적으로 늦게 나오는 사람

출생 서열이 성격을 만들고, 성격은 운명을 만든다? ● 자기 과거를 스스럼없이 말하는 사람 ● 유난히 싫어하는 특정 인물을 마음에 많이 간직한 사람 ● 어른과 아이를 왔다 갔다 하는 '영양질' 체질 ● 엘리트 의식이 강한 남성 ● 작별 인사를 두세 번씩 하는 사람 ● 유능한 상사가 사업에도 성공한다 ● 근골질 체질의 사람 ● 일언지하에 거절하는 고집형 ● 자신의 장점만 말하는 일면 제시형 사람 ● 양면 제시형의 사람 ● 대화 중에 '노'라고 쉽게 대답하는 사람 ● '노'도 아니고 '예스'도 아닌 사람 ● 칭찬에 인색한 사람이 갑자기 칭찬할 때 ● 몸을 앞으로 누에처럼 오그리고 말하는 사람 ● 멀리 앉아서 이야기하려는 사람 ● '예스'나 '노'가 분명하지 않은 사람

사람을 읽는

관상

성공 심리학

제1장

사람을 읽는 7 가지 방법

# 음성으로 읽기

**1**

## 음성이 여자 같은 남성

겉으로 보기에는 남자인데, 그 음성은 여자같이 간드러지거나 애교가 있는 사람이 있다. 이것은 아버지한테서 영향을 받은 것이다. 이런 사람은 박력이 없고, 무슨 일을 해도 잘 안 풀린다고 투덜댄다. 물론, 큰일을 저지를 만한 패기도 없고 또한 동성애에 빠지는 경우도 많다.

이런 사람은 큰일에는 무관심이면서도 아주 작은 일에는 신경을 곤두세우기 때문에, 노이로제 같은 정신 질환에 걸릴 위험이 많은 편이다. 반면에 인정은 많아서 다른 사람의 불행을 보면 자기 일처럼 몹시 마음 아파하기도 한다. 이처럼 마음이 모질지 못해 남에게 해를 끼치는 경우는 드물지만, 그렇다고 상대를 과감하게 포용한다거나 이해심을 발휘하지는 못한다. 대체로 이런 사람들은 심성질 체질인 경우가 많으며, 피부색이 희고 뼈대도 강하지 않은 편이다.

그렇다면 이런 사람은 어떻게 대해야 할 것인가. 능력에 맞는 일감을 골라서 일을 시키면서, 자주 칭찬해 주면 아주 좋아한다. 즉, 남에게 인정을 받는 것을 아주 좋아하는데, 더욱이 그 즐거움을 즉흥적으로 나타내기도 한다. 또한 상대가 자신에게 의지하는 모습을 보이면 의외로 좋아하고 호감을 느끼는 타입이다.

그러므로 짐짓 나약한 면을 드러내 보이면서 의지해 봐라. 아주 좋은 처방이 될 것이다. 이런 사람은 꽤 까다로운 점이 많다고 미리 짐작하고 도망갈 일이 아니다. 의지하고, 인정해 주고, 인정이 많은 장점을 들춰주면 의외로 당신 편이 될 것이다.

# 남자 같은 음성을 지닌 여성

남자 같은 말투나 음성을 지닌 여성이 있다. 보통 이러한 유형의 여성은 운명적으로 남편이나 자식을 해칠 관상이라고 한다. 성질이 강하기 때문에 툭하면 남편에게 강짜를 부리니, 이런 여자의 남편이라면 상당히 시달리면서 일생을 살아갈 각오를 해야 할 것이다.

그러나 한편으로는 적극적 성격을 지닌 장점도 있다. 이런 여성은 무슨 일이든지 혼자 해내려는 경향이 있다. 남편이 할 일인데도 스스로 해결해 나가는 적극성이 있는 것이다. 이런 여성은 나약한 남자나 연하의 남자와 살면 의외로 조화를 잘 이룬다. 대부분 체격이 건장하고 멋대로 자란 야생마 같아서 부드럽고 달콤새콤한 여성다운 맛이라고는 찾아볼 수가 없다.

이런 여성에게는 되도록 자문을 자주 구하며, 잘한다고 자주 추켜주어라. 당신이 직접 해결하려고 하지 말고 넌지시 맡겨 보아라. 매사를 척척 해결하면서 당신에게 이익을 가져다줄 일까지 서슴지 않고 해낼 것이다.

사람이 좋다, 나쁘다 성급하게 결론짓기보다는 상대의 장단점을 파악하여 적절하게 응대하고 활용하면서 그 사람과 항상 일정한 간격을 유지할 줄 아는 사람이 정말로 지혜로운 사람이다.


## 찢어지는 목소리를 지닌 사람,
## 자손이 잘되지 않는 타입?

찢어지는 목소리를 지닌 사람은, 안정감이 없고 육친 간에도 애틋한 정의 교류가 없는 경우가 많다. 또한 작은 일에도 참지 못하고 곧잘 화를 내는 경향이 있다. 이러한 사람을 만나면, 느긋하고 여유 있게 천천히 대화를 시도하는 것이 좋다.

이런 사람은 기(氣)가 아래로 가라앉는 게 아니라, 항상 위로 치솟는다. 뿌리가 약한 과수는 피는 꽃에 비해 낙과가 많은 것과 같은 이치로, 이런 사람은 그 자손이 번성하지 못한다. 여기서 자손 번성이란 말은 옛날처럼 다남(多男)을 의미하는 것이 아니라 자손이 장차 잘 된다는 의미다.

찢어지는 목소리로 말하는 것은 큰 소리로 말하는 것과는 좀 다르다. 한때 범국가적 이슈였던 '우루과이라운드'란 말의 발음이 제대로 되지 않아 '우르르'하다가는 뒷말을 잇지 못해서 흥을 잡히던 사람이 있다. 이런 사람 곁에 있으면 그야말로 무엇인가가 우르르 쾅쾅 몰려오는 것 같아 소란스럽기 짝이 없다.


## 음폭이 정교하지 못한 사람,
## 인심 좋은 막걸리 타입?

음폭이 정교하지 못하고 옆으로 새는 듯한 느낌을 주는 음성을 그림으로 그려 보면, 마치 직선을 단번에 주욱 그어 놓은 듯하다. 이런 음성을 지닌 사람으로는 매력 만점의 남성 탤런트 이덕화를 예로 들 수 있다. 흔히 말하는 인심 좋은 막걸리 타입이라고 하면 적당할 것이다.

체격은 작지도 마르지도 않고, 남에게 좋은 인상을 주는 인물이다. 얼굴은 비교적 둥근 편이고, 대체로 살점이 많은 편이며 기관지나 폐 등 호흡기 계통에 병력을 가지고 있는 일도 있다. 성격이 깔끔하지 못한 대신 남과 어울리는데 부담감이 없는 사람이다. 자신에 대한 극기심이 많으며, 비교적 남을 잘 이해하는 편이지만 한번 고집이 나면 끝까지 관철하려는 우직함도 겸비하고 있다.

이런 사람에게는 조용한 자리를 만들어서 자신의 약점, 어려움을 진지하게 이야기할 만하다. 막걸리 타입의 사람이므로 술좌석이나 유흥장소를 택하면 더욱 좋다. 당신의 어려움을 진지하게 들어 주고, 당신의 일에 대해서 같이 걱정해 주고, 해결의 실마리를 찾는 데 도움을 아끼지 않을 것이다. 이런 사람은 잘 사귀어 두는 것이 좋을 것이다.


# 무게 있고 고른 음성을 지닌 사람

무게 있고 고른 목소리를 가진 사람이 말하는 것을 듣고 있으면, 반듯한 도로로 드라이브를 나선 것 같이 시원하다. 이런 사람은 정장의 옷차림을 즐기며, 그 어법은 아주 논리적이다. 논리로 완벽하게 무장하여 한 치의 빈틈도 남기지 않아서 침입해 들어가기가 무척 힘들다. 주로, 요직에 있거나 부하를 많이 거느린 사람에게서 이런 성향을 많이 볼 수 있다.

이런 사람 앞에서는 문제만 제시하고 결론을 내리지 않는 편이 현명하다. 윗사람의 기질과 근성이 배어 있는 사람이기 때문이다. 따라서 성급한 결론을 내려 주면 호감은 반감된다는 점을 고려해야 할 것이다. 대개 사람들은 상대가 질문을 하거나 어려운 문제를 상의할 때 우월감을 느끼게 됨과 동시에 상대에게 호감을 느끼게 된다. 잘난 체하며 설치기보다는 상대에게 자주 질문하는 것도 처세에 있어서 아주 중요한 부분이다. 그래서 옛 어른들은, "아는 길도 물어 가라"라는 속담을 즐겨 썼던 것 같다.

간혹, 사람을 만나는 일진과 시간대를 필자에게 문의해 오는 경우가 있다. 그러면 만나려고 하는 상대의 직업이나 용모, 음성, 기타 사회적인 신분을 고려해서 상면할 시간까지 잡아준다. 혹자는 이를 미신으로 취급하기도 하는데, 그렇게 생각하는 사람은 비합리적인 사고를 지닌 사람이다. 예를 들어, 어머니가 가계부를 정리하느라고 머리 싸매고 있을 때 눈치 없이 용돈을 달라고 손을 내밀면 어떻게 되겠는가? 야단이나 맞을 게 뻔하다. 어리석은 짓이지 않은가.

근무하는 중에는 사고가 극도의 논리적인 판단으로 고조되기 때문에 개인 용무를 위한 설득의 틈은 보이지 않는 법이다. 반대로, 퇴근 시간 무렵에는 긴장이 순간적으로 풀어져서 마음이 느슨해진다. 개인적인 부탁을 하려면 이 틈을 노려라. 사적인 부탁을 하기 위해서 한창 직무에 몰두하고 있을 낮에 찾아가는 것은, 마치 솜방망이로 바위를 깨려고 덤비는 것 같은 무모한 행동이다. 거부 반응이 약해진 시간대에 만나는 것이 지혜로운 일이다.

그리고, 이런 음성을 가진 사람에게는 섣부르고 성급한 방법으로 설득하려고 하지 말라. 아주 논리적인 사람이기 때문에 어설픈 논리는 통하지 않는다. 오히려, 합리적인 방법으로 본인의 처지를 진지하게 털어놓는 편이 더 효과적이다.

# 쇠붙이 끝으로 긁는 소리 같은 음성

얼마 전에 성남시에 살고 있다는 어떤 여인이 전화를 해온 적이 있었다. 헌데 수화기를 통해 들려온 그 여인의 목소리는 마치 쇠붙이 끝으로 무엇을 긁는 듯한 그런 음성이었다.

"당신은 이혼녀이며 부모덕도 없는 사람입니다."

불쑥 내뱉는 필자의 말에 그 여인은 깜짝 놀라며 틀림없는 사실이라고 말하였다. 그러면서 사람의 목소리도 함부로 노출할 것이 아닌 것 같다고 덧붙였다.

이런 목소리는 여자에게 많은데, 예를 들면 연기력이 일품인 여배우 윤여정이 대표적이랄 수 있겠다. 이런 목소리를 지닌 여성은 육친의 덕이 없으며 자손도 번성하지 못하고, 내외간에도 금실이 좋지 않거나 하여 결국 이혼을 하는 경우가 많다. 필자의 친척 중에도 이런 목소리를 가진 여성이 있는데, 역시 집 안팎으로 여러 가지 좋지 않은 일이 많다.

쇠붙이 끝으로 무엇을 긁는 것 같은 음성은 듣기에도 썩 좋지 않다. 이런 음성을 지닌 사람은 대체로, 성격이 급하고 뒤끝이 약하며 속이 좁다는 평을 많이 듣는다. 또한, 사람을 골라서 사귀는 성격이어서 아무나 쉽게 접근하지 못한다. 신경성 위장병이나 장 계통의 질환으로 고생하는 경우가 많으며, 감기와 같은 일기에 민감한 질병에 당하기가 쉬운 체질이다.

만약 지금 사귀고 있는 여자가 이런 목소리를 가졌다면 당신은 그녀와의 만남이나 결혼에 관해서 재고해야 할 것이다. 더욱이 독점욕과 질투심이 많고 속이 좁기 때문에 언행을 극히 조심해야 할 것이다. 이런 여인과 일생을 함께하려면 상당히 피곤하지 않을까 싶다.

마찬가지로 사귀는 남성이 이런 목소리를 가졌다면 여성도 똑같이 재고해 보아야 할 것이다. 이런 남성은 일을 변변하게 처리하지도 못하면서 뒤에 가서 잔말이 많고 남의 흠 잡기를 좋아한다. 특히, 성격이 대범하지 못하고 속이 좁아서, 큰일을 할 위인은 절대 못 된다.

## 대화 중간에 말이 흐릿해지는 사람

대화하다 보면 중간중간에 말소리가 잦아들어서 무슨 말을 하는지 알아듣기 어려운 사람이 있다. 이런 사람과 대화하려면 몇 번씩이나 반복해서 물어야 하는 경우가 많으니 참으로 피곤한 일이다. 체격은 보통일지라도 심약하여 정신적인 병변을 가지고 있는 경우가 많다. 이런 사람은 대화 중에 남의 말을 진지하게 듣지도 않는다. 성격이 내성적이면서 아집은 센 편이다. 매사에 끝을 맺지 못하고 자기 방식대로만 처리하려는 고집도 있는 사람이다.

더욱이 여성이 이런 목소리를 가졌다면, 남편이나 자식들을 콩 볶듯 들들 볶아댈 체질이니 사전에 전략을 잘 세워 차단하지 못한다면 평생을 들볶이며 살아갈 각오를 단단히 해야 할 것이다. 이런 사람은 진지하게 대하고 세심하게 이해해 주면 아주 호감을 살 수 있는 유형이다. 당신의 사람을 만들고 싶으면 진지하게 접근하여 세심하게 보살피며, 약점을 이해하려는 노력을 보여줘라.

## 말 끝부분을 꼭 올려 긋는 목소리의 사람

이런 목소리는 비교적 가늘게 그어 나가는 소리다. 톤이 약하고 가늘게 그어 나가는 목소리에서 많이 들을 수 있는 음성이다.

이런 사람은 자기주장을 내세워서 상대방을 꼭 이기려는 이상한 고집이 있기에 실제보다 더 부풀려서 아는 체를 한다. 마치, 한 치라도 더 크게 보이려고 발뒤꿈치를 올리고 서서 말하는 느낌이 든다. 이는 상대를 자기의 주장 속으로 끌어들이려는 강한 의식을 가지고 말하는 모양새다. 따라서 말에 힘은 들어가 있지만 다소 천박한 느낌이 든다. 말할 때 여유를 갖거나 조리를 갖추려 하지 않고 무조건 상대를 끌어들이기에 바쁘니 이런 어투가 형성된 것이다.

이런 사람은 칭찬에 아주 약하다. 그래서 조금만 치켜세워 주면 바보스러울 정도로 입을 헤헤 벌리고 떠들어댄다. 칭찬에 약한 반면 자존심도 강하므로 자존심을 상하지 않도록 주의해라. 또한 남의 말을 잘 퍼트리고 옮길 때는 꼭 말을 덧붙이는 습관이 있으니 중요한 말은 삼가는 것이 좋다. 또한 유념해야 할 점은, 말 힘이 좋고 남에게 지지 않으려는 억지가 많아서 말할 때는 침이 잘 튀니 마주 앉을 때는 사정거리를 고려해서 적당한 거리를 유지해야 한다는 것이다.

# 잘 다듬어지지 않은 연필로
# 주욱 그어 간 것 같은 음성

이런 음성은 허스키하고 축축하게 젖은 듯하며 음폭이 고르지 못하다. 강하지도 약하지도 않은 중간대의 음성이다. 비교적 몸이 왜소하며 평균 신장보다 약간 작은 키의 사람들이 이런 음성을 가진 경우가 많다. 언뜻 들어보면 상대에게 안정감을 주는 것 같지만, 실제로는 불안정한 정신의 소유자이며, 마음속에는 불만이 꽉 차 있다. 반면에, 극기심이 많고 내성적이며 남에게 폐를 끼치는 것을 싫어해 가능한 한 자기의 일은 스스로 해결하려고 노력하는 사람이다.

이런 음성을 가진 남자는, 여성 취향이어서 액세서리 같은 것도 자그마하고 앙증스러운 것을 좋아한다. 또한 이런 음성을 지닌 여성은 생김새와는 달리 의외로 색정적인 구석이 많다. 연애는 센스 있게 하지 못하면서도 색을 밝히는 경향이 있어서 구설에 오르는 경우가 많은 것이다. 게다가 여성에게는 치명적인 단점이랄 수 있는, 분위기에 둔한 면을 지니고 있기도 하다.

이런 사람과 함께 커피숍에 가면 재미있는 점을 알아차릴 수 있다. 의자가 네 개 있는 테이블을 택해서 먼저 앉으라고 권해 보아라. 그러면 정면보다는 엇물려서 앉는 무의식적인 행위를 보인다. 이렇듯 정면을 피하는 사람은 나약하면서도 상대에게 굴복적이거나 협조적인 성향을 지닌 인물이라고 보면 된다.

이런 사람에게는 동적인 이미지보다는 정적인 이미지를 창출하는 연출이 필요하다. 속마음을 이해해 주면 의외로 당신 편으로 전향할 것이다. 한편, 이런 타입의 여성은 한 번 사랑에 빠지면 상대를 끝까지 물고 늘어지는 근성을 지니고 있기도 하다.


## 반듯한 나뭇조각에 먹을 묻혀
## 꼭 눌러 그은 선 같은 음성

이런 음성을 그림으로 나타내면, 처음과 끝이 일관성 있게 지나가며 선이 뚜렷하고 강한 느낌을 준다. 너무 강해서 상대가 거부 반응을 일으키기 쉽다. 이는, 건장하며 뼈대가 굵은 사람에게서 나오는 음성으로, 근골질(筋骨質) 체질에서 많이 볼 수 있다. 성질이 급하고 자기 주장이 강하다 보니 아는 체를 하기 위해서 대화에 필요한 내용들을 미리 준비하는 치밀성도 가지고 있다.

남에게 지기 싫어하는 성격으로 인해 언제나 상대를 먼저 설득하려는 자세로 덤벼다. 그래서 자칫 교만하게 보이는 경우가 많다. 이러한 면을 보완하려면, 자기 수양에 힘을 쓰고 음성의 톤을 조금 더 부드럽고 리드미컬하게 조절해야 한다. 그러면 다른 사람들에게 좋은 이미지를 심어줄 수 있을 것이다. 또는 자신의 음성을 녹음하여 반복해 들으면서 스스로 다듬어 가는 것도 좋은 방법이 된다. 이러한 훈련들은 처세에는 물론이고, 더 나아가서는 장차 살아가는 데 있어서 매우 유익할 것이다.

이런 사람은 과도기나 혼란기에 정치가나 대중 연설을 업으로 삼는 직업에 종사하면 성공할 수 있다. 이런 사람과 함께 커피숍에 가서 실험을 해보아라. 의자가 네 개 있는 테이블을 택해서 먼저 자리에 앉으라고 권해 보라. 그러면 정면으로 마주 앉는 무의식적인 행동을 보이는데, 이는 상대를 설득할 자신이 넘치는 심리적 행동이다.

또한 의자 등받이 쪽으로 몸을 기대는 것보다 몸을 앞으로 끌어당겨서 두 팔꿈치를 탁자 위에 얹고 두 손을 모아 깍지 끼는 습관이 많은데, 이는 상대를 자기 안으로 끌어들이려는 조급한 심리 현상에서 나타나는 자세다. 이런 사람에 대한 처방은 의외로 간단하다. 무조건 처음부터 동조해 주고 인정해 주는 체해라. 그러면 무방비 상태로 된다. 바로, 그런 틈을 타서 반대 의사를 넌지시 제시하면서 설득 작전을 펼쳐라. 어느 정도는 먹혀들 것이다.

반대로, 이런 사람이 의자 등받이에 몸을 젖히고 느릿하게 말하며 목소리를 착 가라앉히면 장기전에 돌입한다는 예고이며 당신을 얕잡아 본다는 의사표시이다. 특히, 목소리를 가라앉히면 가장된 술수를 쓰고 있다고 보아도 무리는 없을 것이다. 이때는 특히 조심스럽게 대응해야 할 것이다.

# 간들간들한 목소리를 가진 남성

외모를 보면 분명 남자인데, 목소리가 하도 간들간들하여 '정말로 남자인가'라고 한 번쯤 의심이 들게 하는 사람이 있다. 언뜻 들으면 간사함이 깃들어 있는 음성 같기도 하다. 실제로, 이런 사람의 걸음걸이를 보면 사극에서 내시가 걸어가는 것을 연상케 한다. 그래서 대담한 여자들은 남자가 가까이 다가와서 이런 음성으로 속삭인다면 고자 같아 기분이 나쁘다고 한다.

이런 목소리를 가진 남성은 마음이 대범하지 못하며, 내면에는 열등의식이 깔려 있다. 그래서 남의 말에 오해를 잘하고 삐지기를 잘한다. 따라서 잘못 건드렸다가는 감당하기 힘들 정도로 불쑥 내미는 성미에 곤욕을 치를지 모르니, 앞에서는 농담도 함부로 하지 않는 것이 좋다. 반면에 남에게 해악을 끼치는 일을 하지도 않지만, 대범하지 못한 성격 때문에 큰일을 감당하기는 어렵다.

이런 사람은 대개 부모 형제간의 덕이 없고, 세상살이가 고달프다. 게다가 꼼꼼하면서도 소심한 성격이어서 친구가 많지 않은, 외롭고 고독한 사람이다. 그러나 한 번 사귄 사람에게는 헌신적으로 대해 주는 면도 있으므로 친밀하게 사귀면 오래도록 좋을 것이다. 이런 사람에게는 당신이 먼저 진실한 마음으로 다가서면 사귐이 이루어질 것이다.


## 힘없이 퍼진 듯한 목소리

힘없이 퍼진 듯한 목소리를 가진 사람은 표현력이 부족하고, 말하는 도중에 실언을 많이 하는 타입이다. 이런 사람은 할 말이 생각나면 여과 없이 곧장 쏟아부어 버리기 때문에 곁에 있으면 꽤 시끄럽다. 다른 사람에게 어려운 부탁을 하려고 할 때 이런 사람과 함께 간다면 무척이나 불안할 것이다. 공을 세워 자랑하고 싶어서 무조건 먼저 나서기 때문이다. 언뜻 보기엔 시원스러운 점이 있어 좋을 것 같지만 한편으로는 실수나 하여 다 된 밥에 재나 뿌리지 않을까 싶어 곁에 있는 사람은 심장 박동이 빨라질 것이다.

이런 사람은 근본적으로 심성이 악하지는 않은데 표현력이 부족하기 때문에 남에게 오해를 사서 다투는 일이 많으며, 본의 아니게 욕을 먹는 경우가 많다. 만약 여자가 이런 목소리를 가졌다면, 남의 일에 나서서 자발적으로 해결사 역할을 도맡아 하며 여걸 기질을 유감없이 발휘하기도 한다. 반면에 참을성이 부족하고 헤퍼서 정조 관념이 의심스러운 경향이 많다.

상대에게 생각할 여유도 주지 않고 바가지로 물을 끼얹듯 좌악좌악 부어대다가 말로 인해 책잡히면 뒤통수 한두 번 긁적이는 것쯤으로 넘겨버린다. 자기표현에 망설임이 없어서 다른 사람들의 눈에는 명랑하게 보이며, 모임에서는 우스갯소리를 도맡아 한다. 모임 같은 데에서 남의 앞에서 실수나 하지 않을까 하고 망설이는 성격 때문에 머뭇거리는 사람이 볼 때는, 거침없이 말을 잘하는 것이 무척 부럽게 보인다. 그래서 심지어는, 돈 빌리듯이 좀 빌렸으면 하는 생각까지 하게 된다.

그러나 이런 사람에게 중대사를 의논하거나 비밀 이야기는 절대로 안 하는 편이 신상에 이로울 것이다. 생각 없이 아무에게나 말을 쏟아내서 자칫 오해를 불러일으키거나 일을 그르칠 수 있기 때문이다. 그러므로 이런 사람에게는 과묵하게 처신하고, 매사에 말을 조심하여 비밀을 노출하지 않는 편이 좋다.

# 앳된 목소리로 말하는 남자

앳된 목소리를 지닌 사람은, 마음이 약해서 일에 부딪히면 정작 똑 부러지게 거절을 못하면서도 보이지 않는 데서는 큰소리를 잘하고 남이 해놓은 일에 먼저 흠 잡기를 잘한다. 비교적 네모진 것을 싫어 하여, 카드 같은 것을 자를 때에도 꼭 귀를 잘라서 둥글게 한다. 이는 부드러운 본성이 무의식적으로 나타나는 행위라 볼 수 있다. 또한 어 려운 일을 당하면 싸워서 이기려는 것이 아니라 우선은 피하고 보자 는 경향이 강하다.

이런 사람은 형제가 여럿인 집에서 막내로 자란 경우가 많은데, 성 인이 되어서도 어린애 같은 기질이 언어 습관으로 나타난다. 이런 남 자는 사랑하는 여성에게서 자신의 어머니와 같은 면이나 모성애를 찾으려고 한다. 그래서 결혼 후에도 아내에게 의지하는 경향이 강하 다. 흔히 '마마보이'라고 하는데, 신세대 엄마들의 자녀들에 대한 지 나친 애착 때문에 앞으로는 이러한 마마보이들이 더욱 많아지지 않 을까 싶다.

이런 사람과 가까워지려면 다정다감한 마음가짐이 필요하다. 물 론 마음이 약하고 부드러워서 남에게 해를 끼치는 일은 하지 않는다. 반면에 결단력과 독립심이 부족하다. 그러나 잘 사귀어 두면 해가 되 는 일은 없다.


# 위압적인 음성은 자아도취형

"어휴! 저놈의 목소리 듣기도 싫어."

흔히 직장에서 못된 상사가 자리를 비우기만 하면 아랫사람들은 의기투합하여 그의 흉을 보면서 스트레스를 해소하곤 한다. 이런 상사들은 굳이 보지 않아도 뻔하다. 그 목소리는 늘 위압적이고 권위적인 냄새가 풍기며, 고압적이다. 또한 그 음성에는 과장이 잔뜩 묻어 있다. 아랫사람들에게 자신의 약점을 노출하지 않으려고 말할 때는 언제나 목에다 깁스를 해서 목소리의 톤이 점차로 일정하게 높아진다.

필자가 아는 사람 중에 이런 목소리를 가진 사람이 있다. 어느 날 갑자기 찾아와서는, 잘 다니고 있던 회사에서 퇴직하고 사업을 시작하겠다는 것이었다. 필자는 극구 말렸지만, 소귀의 경읽기였다. 결국 그 사람은 3년을 못 버티고 완전 알거지가 되고 말았다.

필자의 친구 한 사람이 학원 강사로 있을 때였다. 그 친구에게 용무가 있어 학원으로 전화를 하면 원장이 직접 받는다. "아아~ 여보세요오~" 하는 굵은 바리톤 음성이 귓가에 울린다. 의자 등받이에 상체를 기대고 아랫배에 억지로 힘을 넣는 모습이 눈에 선하다. 바로 억지로 힘을 얹은 그 목소리 때문에 언제나 그 원장에 대해서는 거부 반응이 일어났다. 참다못해 한 친구가 그 원장의 버릇을 고치겠다면서 전화를 걸어서는 대뜸, "야, 이 ×××야!"라고 욕설을 퍼부어댔던 일도 있다. 결국 아랫사람들에 대해서 너무 고압적인 태도를 유지했던 탓으로 그 원장이 경영하던 학원은 오래가지 못했다.

이상의 두 가지 사례에서처럼, 이런 사람은 인간적으로 성공하기보다는 실패하기가 쉽다. 어쩌다가 윗자리에 올라가거나 자기 사업을 할지라도 아랫사람이나 다른 사람을 대하는 데 문제가 많은 것이다. 특히, 아랫사람과 원만한 인간관계를 맺지 못하는 게 치명적인 단점이라 하겠다.

그렇다면 이런 사람들은 어떻게 상대해야 할까. 이처럼 위압적인 음성을 지닌 사람은 자아도취에 잘 빠지는 유형이다. 그래서 헛칭찬에 아주 약하다. 만일 당신의 상사가 이런 유형이라면 당장 실험을 해보라. 당신의 뜻을 쉽게 성취할 수 있으리라.

# 가느다랗고 높은 목소리의 여성

여성들과 대화하다 보면 가느다랗고 높은 목소리로 주위를 의식하지 않고 큰 소리로 말을 쏟아붓는 여성이 있는데, 이런 여성은 상대에게 좋고 싫은 감정을 매정하리만치 분명하게 나타내는 성격이다. 반대로 가만가만히 점잔 빼면서 분위기를 잡아가며 말하는 여성은, 아주 쉬운 여성이지만 깊이가 없다.

가느다랗고 높은 목소리로 주위를 의식하지 않고 말하는 여성은 처음에는 접근하기가 매우 어렵지만 사귀고 보면 변함이 없다. 사귈수록 깊이가 있고 상대에게 믿음을 주는 한편, 좋고 싫음을 즉시 표현하지 않기 때문에 조심해서 접근하고 판단해야 한다. 이는 꼭 여성에게만 해당하는 것은 아니다.

남성의 경우, 큰 소리로 말하는 것은 매사에 자신이 있고, 현실적으로 안정감이 있는 사람의 언어 습관으로 볼 수 있다. 반면에 조용조용 말하는 남성은 매사에 자신감이 결여해 있지만 마음은 진실한 사람이다.

# 화술로 읽기

**2**

## 말을 잘하는 아이가 똑똑하다?

"힘센 아들보다는 말 잘하는 아들을 두라."라는 말이 있다. 말을 잘한다고 해서 교언영색으로 상대방을 호리라는 뜻이 아니다. 조순 씨가 1995년에 서울시장 선거에 출마했을 때, 당시 출마한 후보자들 모두가 텔레비전에 출연하여 TV 토론을 하였던 적이 있다. 그 모습을 필자도 지켜보았는데, 조순 시장의 경우는 달변이 아니었다. 동석했던 다른 후보들에 비하면 약간 어눌하고 어색한 듯한 말주변과 표현이었지만, 오히려 진실성이 있어 보였다.

이처럼 말할 때는 거침없이 하여 상대방을 완전히 압도하는 것도 중요하지만, 일부러 어눌하게 표현하여 상대방을 안도하게 만드는 것도 매우 중요하다. 즉, 상대방으로 하여금 약간 불안감을 느끼게 하면서도 안정감과 진실성을 느낄 수 있게 하기 때문이다. 이러한 것은 화술에만 국한된 것이 아니다. 실제로 사람이 너무 똑똑함을 드러내어 오히려 손해를 보는 경우가 많음을 익히 보거나 들었을 것이다.

언어로 표현하는 것은 인간만이 지닌 고유 능력이다. 인간의 기준으로 볼 때는 불완전할지라도 동물의 세계에서도 의사소통은 이루어지고 있다. 어떤 경우에는 발달한 인간의 언어로써 표현하는 것 이상의 의사소통이 서로 간에 이루어지는 것이다. 그런데, 발달한 언어를 사용하는 인간이 오히려 상대방을 불쾌하게 만드는 경우가 많다.

일반적으로 우리는 어린이가 말을 일찍 하는 것이 지능 발달에 아주 좋다는 선입견이 있다. 그러나 얼마 전에 이러한 선입견에 대응되는 미국 심리학자들의 연구 결과가 발표되어 주목받고 있다. 즉, 96년 11월 25일에 미국 예일대학의 심리학 교수인 스티븐 레즈닉은 다음과 같이 쌍둥이 어린이 408쌍의 지능 발달 과정을 관찰한 결과를 발표하였다.

"언어 표현 능력은 지능 발달과는 아무런 관련이 없다. 따라서 일찍 말을 시작하는 아이가 말이 더딘 아이보다 지능이 우수하다고는 할 수 없다."

그는 또한, '중요한 것은 언어 이해 능력'이라면서 "어린이가 말이 없다고 해서 걱정할 필요는 없다."라고 덧붙였다.

그는 유전인자가 완전히 동일한 일란성 쌍둥이 204쌍과 절반만 같은 이란성 쌍둥이 204쌍을 대상으로 하여 생후 14, 20, 24개월 3차례에 걸쳐 언어 능력과 지능 발달 간의 상관관계를 조사하였다. 그 결과 언어 표현 능력은 주로 유전인자와 관계가 있으며, 언어 이해 능력은 환경적 요인에 의해 좌우되는 것으로 드러났다. 또한, 어린이의 지능 발달은 말을 일찍 또는 늦게 하는 언어 표현 능력보다는 언어 이해 능력에 의해 결정되는 것으로 밝혀졌다.

그러므로 말을 잘하는 것과 지능 발달은 비례한다는 선입견은 버릴 필요가 있다. 말을 잘하고 못 하고는 지능과는 별개인 표현력의 문제일 뿐이다. 중요한 것은 그 속에 진실이 담겨 있는가, 아닌가다. 그렇다면, 말 잘하는 사람, 상대를 미혹시킬 정도의 화술을 가진 사람을 어떻게 평가할 것인가.

# 두 번째 신(scene)에서 할 말을 하라

필자는 나이 사십에 뒤늦게 공부를 시작하면서 글을 쓰고 싶다고 생각했다. 그래서 문학 강좌를 듣기도 하였고, 본격적으로 대학에서 문학 공부를 하기도 했다. 그리고 오십의 나이에 신춘문예에 희곡 2편이 당선되는 행운을 얻기도 하였다. 그러나 글 쓰는 것을 업으로 삼지는 않아 다작은 못 하고 있다. 그렇지만 희곡을 무대에 올리곤 한다.

드라마 기법 중에, '두 번째 신(scene)에서 말하라'는 것이 있다. 처음에는 말을 많이 하지 말라는 의미이다. 사람을 만나 무조건 말을 쏟아내는 것이 말을 잘하는 것으로 착각하는 사람들이 많다. 그러나 처음에는 상대방의 호감을 살 수 있을지는 몰라도 얼마 못 가서 싫증을 느끼게 되기 마련이다.

그러므로 처음 만나는 사람과의 대화에서는 말을 적게 하면서 상대방을 인정해 줘라. 동시에 상대방에 대한 탐색전을 펼쳐라. 그런 다음 두 번째 만났을 때 비로소 당신이 하고 싶은 말을 하라.


# 말이 장황하고 앞뒤가 맞지 않는 사람

속담에 "짖는 개는 여위고 먹는 개는 살찐다."라는 말이 있다. 수다를 떨면서 여기저기 찾아다녀 봐도 항상 궁색을 못 면하는 사람들이 있어서 이를 비유해서 생긴 말이다.

일반적으로 사람들이 긴박한 상황에 닥쳤을 때를 유심히 관찰하면, 말의 앞뒤가 맞지 않고 장황하게 서둘러 이야기하는 모습을 볼 수 있다.

그런데 그렇게 급박한 상황이 아닌데도 이런 언어 습관이 나타나는 사람이 있다. 어린 시절에 결손 가정에서 자랐거나, 양친의 사랑을 듬뿍 받지 못하고 자란 사람인 경우가 많다. 이런 사람은 일관성이 없는 성격의 소유자이며 정서가 불안정하고 마음도 매우 조잡한 사람이다. 따라서 성격이 급하며, 치밀함이나 침착성은 찾아볼 수가 없다. 사고가 단순한 편이고, 매우 이기적인 성격이 많다.

이런 사람의 표정을 유심히 관찰하면 얼굴에 잔주름은 많지 않으나 혈색은 좋지 않다. 또 비교적 살이 찌지 않은 사람에 많다. 쓸데없는 걱정을 많이 하는 타입이라서 살이 찌지 않는다는 것이다. 내적으로 고뇌를 하는 것이 아니라 언어나 동작으로 곧장 표출해 버리기 때문에 얼굴에 다양한 주름이 생기지 않는다.

이런 사람은, 자신에게 잘 대해 주거나 마음이 통한다 싶은 사람에게는 그야말로 희생정신을 발휘해서 헌신적으로 대하는 타입이다. 그러므로 이러한 특성을 적극 활용한다면 당신에게 상당한 플러스가 된다.

이런 사람 앞에서는 논리를 전개하거나, 달변을 늘어놓으면 안 된다. 그저 침묵의 표정으로 경청하면서 적당하게 맞장구를 쳐주면서 때를 기다려라. 그러다 보면 당신에게 속마음을 털어놓게 되는데, 이때가 가장 적기다. 5월 5일 한 낮에 익모초를 캐서 그늘에 말리면 아주 좋은 약이 되는 것처럼, 타이밍이란 매사에 아주 중요한 것이다. 이런 사람일수록 타이밍을 잘 맞추어 접근하면 헌신적으로 당신을 따르게 될 것이다.

하나의 단면만을 보고서 쉽게 결론을 내리고 사람을 멀리하는 것은 오늘같이 험난하고 복잡한 세상을 사는 지혜가 아니다. 최첨단 장비로도 고치지 못하는 기계를 단지 드라이버 하나로 척척 고쳐내는 사람이 진정 기술에 능숙한 사람이다. 명필은 붓을 안 가리고, 기술이 약한 사람일수록 도구 탓을 한다고 하던가. 사람마다 장단점이 있기 마련이니 결국은 쓰기 나름이다. 이런 사람에게는 침묵이 다이아몬드!

# 말이 빠르고 성격이 급한 사람

성격이 불같아서 성급하고 쉽게 화를 잘 내는 중년 이상의 사람은 심장병의 원인이 되는 관상동맥 질환이 발생할 위험이 그렇지 않은 사람에 비해 2~3배나 높다는 연구 결과가 있다. 미국 하버드대 의대의 가와구치 이치로 박사는 미국 심장학회의 학술지인 서큘레이션에 발표한 연구보고서에서, 재향군인들을 대상으로 7년간에 걸쳐 연구한 조사 분석 결과, 이 같은 사실이 밝혀졌다고 말했다.

가와구치 이치로 박사는 1,305명의 조사 대상자 중 불같이 화를 잘 내는 그룹으로 분류된 사람 중에서는 59명의 관상동맥 질환자가 발생한 반면, 온순한 성격으로 평가된 사람 중에서는 그런 환자가 8명에 불과했다고 발표했다. 가와구치 이치로 박사는 여기서 말하는 '불같이 화내는 사람'이란 분노의 정도가 폭발적이어서 가구를 부수거나 사람을 때리는 경우라고 말했다.

이렇듯 성격이 급한 사람은 순간적으로 이성이 흐려지기 때문에 중대한 일을 그르치는 경우가 많으니 조심해야 한다. 사람의 운명이란 성격에 좌우되는 경우가 많다. 성격이란 환경 요인에 의해서 주로 형성되며, 기타 유전인자나 다른 요소가 가미된다고 한다.

그러므로 성격이 급하고 말을 빨리하는 사람은 자신을 위해서라도 좀 느긋한 마음을 갖는 게 좋을 것이다. 마찬가지로 이런 사람을 대할 때 처음부터 기선을 제압하려 하는 것은 어리석은 짓이다. 실패를 자초하는 것이기 때문이다. 따라서 절대로 초전에 이기려고 하지마라. 마음을 느긋하게 먹고 상대가 잠잠해질 때를 기다릴 줄 아는 사람이 정말 현명한 사람이다.


# 우물거리며 말하는 사람

소가 새김질하는 것도 아닌데 말을 우물거리는 사람이 있다. 이런 사람은 정확한 의사 전달을 못 하고 이빨 빠진 노인이 사탕 먹듯 입속에서만 우물우물한다. 이런 사람을 자세히 관찰하면 고생이 많고 근심 걱정이 잘 날 없는 과거를 지닌 경우가 많다.

속으로만 웅얼거리는 성격 탓에 남에게 과감하게 어필한다거나 남을 크게 원망하는 성격이 아니다. 그저 매사를 지렁이처럼 속으로 속으로만 기어드는 성격이 고착된 인물이다. 때문에, 자신에 대한 극기심은 강한 편이라 볼 수 있겠다. 반면에 의사 전달이 정확지 않은 만큼 남의 이야기에도 신경을 곤두세우려 들지 않기 때문에 자연 비사교적인 성격의 소유자로 간주한다. 또한 아집도 센 편이어서 남의 의견에 선뜻 따르려 들지도 않는다.

이런 성향을 지닌 여성은 자녀나 가족에 대한 애착이 남 못잖게 강한데, 이는 그 마음이 외향적으로 표출하는 것이 아니라 내적으로 적체되는 까닭에 남편이나 자식에게 정성을 쏟는 걸로 자신을 충족시키는 보상 심리가 강하기 때문이다. 그래서 자식에게는 "내가 어떻게 너를 키웠는데!" 하는 말을 연발한다.

당연히 대범한 편이 못 되기 때문에 큰 재산을 모으기는 어렵지만 먹고 살 만큼은 모으는 적극성을 가지고 있다. 물론 모험이나 투기는 절대 맞지 않으므로 항상 조심해야 한다. 이런 타입은 한마디로 고생

을 지고 사는 운명이니, 만약 당신이 이런 타입이라면 당장 고치기를
바란다.

　이런 사람의 성격이나 주변을 분석해 보면 외로운 사람을 선호한
다. 본인 또한 외로운 스타일이기 때문이다. 모험을 싫어하기 때문에
좀처럼 폭넓고 많은 대인 관계를 맺지는 못하지만 반면에 한 번 사
귄 사람에 대해서는 좀처럼 배신을 하지 않는다. 이런 사람과 교제하
고 싶다면 속마음을 이해해 주면서 접근하는 것이 최선이다.

# 남의 성공한 이야기를 화제로 삼는 사람

늘 남의 성공담을 화제로 삼는 사람은 남녀를 불문하고 실패의 경험
이 많고, 속주머니에는 돈 대신에 열등의식이 꽉 차 있는 경우가 많
다. 물론 어쩌다가 한두 번쯤 화제로 삼는 경우는 누구에게나 있을
수 있는 일이다. 그러나 빈번히 일가친척, 지인 등의 성공한 이야기
를 입에 침이 마르도록 해댄다면, 듣는 사람도 몹시 피곤한 일이다.

　당신 주위의 누군가로부터 그런 말을 많이 들어 왔다면, 과연 그
사람이 남에게 내놓을 만한 성공을 거둔 사람인가를 생각해 보라. 절
대 아닐 것이다. 그런데, 당신에게만 유독 이런 행동을 보이는 여성
이라면 당신을 마음속으로 사랑하고 있다는 것을 알아차려야 한다.
이는 당신에 대한 열등의식의 작용이며, 자신의 취약점에 대한 일종
의 보상 심리의 반작용이다. 마치 고양이나 개가 싸움을 할 때 털을
꼿꼿이 세워서 자기 몸을 크게 부풀리는 것처럼, 자신의 보잘것없는
처지를 과장하려는 무의식적인 심리가 바닥에 깔린 것이다.

　그러나 남자가 이런 형이라면 매사에 실패가 많고 또한 허세로 포
장된 인물이다. 그래서 자기보다 강한 사람에게는 비굴할 정도로 아

부하는 데에 전 신경을 곤두세우지만 자기보다 아랫사람에게는 거만해지기도 하는 성격이다.

　이런 사람에게는 침묵으로 대하는 것이 상책이다. 그러면 기고만장해서 자신이 출세한 것처럼 떠들다가는 종국 멋쩍어서 주춤하고 끝내는 스스로 그만두게 된다. 이런 사람은 칭찬에 약하다. 심지어는 말도 안 되는 과장된 칭찬을 해도 흔쾌히 받아들인다.

## 꼬장꼬장한 투로 말하는 사람

언제나 꼬장꼬장한 투로 말하는 사람은 남에게 함부로 농담을 걸지 않는 성격이다. 그러니 자연 비사교적일 수밖에 없다. 허튼 행동이나 말을 하지 않기 때문에 주위로부터 양심 바르고 착하다는 평을 많이 듣는 편이다. 그리고 한번 옳다고 생각하면 좀처럼 굽히지 않기 때문에 '고집이 세다'라는 말을 많이 듣는다. 자신에게 관련된 일 외에는 관심을 두지 않기 때문에 시야가 좁은 단점이 있다. 얼굴은 비교적 수척하며 흰 편이 많다.

　이런 성격은 남성보다 여성에게 많은 편이다. 깊이 사귀기는 무척 힘든 반면 한번 가까워지면 좀처럼 변하지 않는다. 좀처럼 속마음을 주지 않는 반면 한 번 준 마음은 쉽게 걷어가지 않는 우직함도 동시에 지니고 있다.

　이런 사람을 사귀기 위한 무기는 오직 진실밖에 다른 방법이 없다. 교제의 폭이 넓지 않은 편이니, 당신이 진실한 마음으로 먼저 마음을 열면 의외로 마음을 주고 의지하게 될 것이다. 이런 사람에게 사례를 할 일이 있을 때는 선물 꾸러미보다 현금 봉투가 더 효과적일 때가 많다.

# 딴청 피우듯 말하는 사람은 함정이 있다?

딴청 피우듯 말하는 사람은 여러 가지로 판단할 수 있다. 대범하지 못한 사람이라고 보는 경우도 있고, 상대와 대결 의식을 가지고 있는 경우도 있다. 또한, 마음속으로 상대방에게 죄를 지은 경우도 있다.

지난밤에 남편이 외박하고 들어왔다면, 남편의 얼굴을 한 번 똑바로 쳐다보라. 만약 당신이 예민한 여자라면, 남편이 지난밤에 음흉한 짓거리를 하였는지 아닌지를 알 수 있을 것이다. 지난밤에 남편이 음흉한 짓거리를 하였다면, 당신의 시선을 피하며 쓸데없는 것을 공연히 만지작거리기도 하고, 쓸데없이 말을 많이 한다거나, 엉뚱한 말을 지껄이는 것을 발견할 수 있을 것이다.

이런 사람은 자기보다 나은 사람과 마주하면 정면으로 직시하지 못하고 시선을 돌리거나 아래로 떨어뜨리는 성향을 지니고 있다. 이런 형은 특히 한 가지 유형으로 속단하지 말고 세심한 주의를 기울여야 한다. 유형별로 다른 판단을 내릴 수 있으니 주의하기를 바란다.

또한 이런 사람의 속마음에는 반드시 배수진(背水陣)이 있으니 적당한 기회를 포착하여 정곡을 찌르는 역습을 시도해 보라. 금방 균형을 잃을 것이다. 이것이 이런 사람의 속마음을 읽어내는 비법이기도 하다. 당신에게 아쉬운 부탁을 하러 온 사람인가. 당신을 비난하기 위한 마음인가 등을 파악할 수 있을 것이다.


# 남의 이야기만 들으려고 하는 사람

상대방의 이야기를 들으려고만 하는 사람은, 자존심이 강하고 열등의식에 사로잡혀 있다고 볼 수 있다. 그래서 남과 타협하지 않고 좀처럼 약점을 노출하지도 않는다. 대화에 서툰 사람들은 이런 상대를 만나면 쉽게 설득할 수 있을 것으로 판단을 하지만 절대 얕잡아봐서는 안 된다.

이런 사람의 마음을 열려면 칭찬밖에 없다. 자신에게 칭찬이 날아드는데도 멍하니 보고만 있다면 정신적으로 결함이 있거나, 아니면 진짜로 무서운 인물이다. 섣불리 대화의 기선을 잡으려고 덤비다가는 샅바도 잡기 전에 모래판에 널브러지기 십상이다. 이럴 때는 프랑스의 철학자 로슈후코의 "적을 만들고 싶으면 친구에게 이기고, 자기편을 만들려면 친구가 이기도록 하라."라는 말을 한 번쯤 되새겨 볼 만하다. 즉, 남의 말 잘 듣는 사람이 가장 말을 잘하는 사람이라는 것을 명심하기를 바란다.

## 대화 중에 저명인사와 잘 아는 체하는 사람

대화 중에 성공한 친척이나 친지, 친구에 관해서 주로 이야기하는 사람과 비슷한 유형이다. 다만, 출세 지향적인 성향이 강하고, 아랫사람을 얕잡아 보는 특성 또한 강한 인물이다.

대화 중에 외국의 유명한 학자나 저명인사의 말을 꼭 인용하는 사람이 있다. 이런 사람은 권위주의에 사로잡혀 있다고 볼 수 있다. 상대를 설득하려는 의욕과 남에게 인정받고자 하는 의욕이 무척 강한 사람이다.

또한 유명한 사람을 한 번쯤 만나본 일 갖고서, 그 사람의 약점 등을 시시콜콜 말해대면서 마치 그 사람과 아주 절친한 것처럼 말하는 사람도 있다. 그러나 사실은 그렇지 않으며, 그 이야기가 모두 새빨간 거짓말이라는 것은 금방 드러나게 된다. 몇 번 만나보면 늘 반복

되는 이야기라 그 진위가 쉬 밝혀지기 때문이다.

　대체로 이런 사람은 외로움을 많이 타는 경향이 있으며, 속이 비어 있는 경우가 많다. 이런 사람일수록 칭찬에 아주 약하다. 즉흥적으로 입고 있는 옷이나 소품 등 하찮은 것이라도 찾아서 칭찬해 주면 간단히 무너지는 타입이다.


# 남의 말 건성으로 들으며 딴 짓하는 사람

상대방의 말을 건성으로 듣는 듯한 사람은, 사실은 상대방의 말 중에 들을 것은 다 듣는다. 그러면서도 상대방의 말에 진지한 관심을 두지 않는다. 그래서 헛소문을 퍼뜨리는 데는 귀재다. 이런 사람일수록 남을 설득하려는 경향이 강하다. 또한 이것저것 닥치는 대로 일은 벌이지만 하나도 올바르게 매듭을 짓지 못한다. 진실성이 없으며 사람을 좀처럼 믿지 않는 의심이 많은 사람이다. 이런 사람과는 깊이 사귀지 않는 것이 현명하다.

　대인 관계에서 주의력을 집중하여 상대의 말을 들어 주는 것은 대단히 중요하다. 자기 말을 진지하게 들어 주는 사람을 싫어하는 사람은 없다. 대화 중에 상대가 자기의 말을 귀로 듣는지 눈으로 듣는지를 관찰해 볼 일이다. 눈으로 듣는다는 것은 곧 마음으로 듣는다는 것이며, 이는 성실성이 있고 신뢰할 수 있는 사람이다.

　예를 들어, 물건 하나를 살 때에도 고객이 요구하는 점을 이해하고 잘 들어 주는 점포에서 사고 싶은 것이 인간의 심리이다. 손님의 의사와는 상관없이 마구잡이로 설득하려는 사람에게서 억지로 물건을 사고 싶은 생각은 없는 것이다.

　필자가 20여 년 전에 동대문 시장에서 물건을 사다가 주인과 말다

툼을 벌였던 적이 있었다. 결국 주인으로부터 미안하다는 사과를 받고 나서, 고객의 심리에 대해 진지하게 말해 주었었다. 그때의 상점 주인은 현재 영등포에서 큰 매장을 가지고 있는데, 장사로 대성공했노라며 이따금 그때의 이야기를 하곤 한다.

보석이 아무리 작아도 가치가 있듯이 하찮은 말일지라도 성공의 열쇠가 되기도 한다. 남의 말을 귀담아들을 줄 아는 자세가 성공의 열쇠가 될 때가 있는 것이다.

## 고향 이야기를 안 하는 사람

필자가 아는 사람 중에 어디를 가나 고향 이야기만 나오면 엉뚱한 말로 얼버무리는 사람이 있다. 이처럼 고향을 숨기는 사람의 심리를 분석해 보면, 출신 성분이 떳떳하지 못하거나 고향에 관해 아름답지 못한 추억을 지닌 경우가 많다. 이런 사람은 고향뿐만 아니라 가정에 관한 이야기도 좀처럼 꺼내지 않는다.

사업을 같이 하려고 한다거나 교제하고 싶은 사람이 있다면 우선 그 사람의 가정환경부터 파악하는 것이 좋다. 가정을 파악하는 것은 그 사람의 뿌리를 파악하는 것이다. 그래서 어른들이 자식들 혼사 문제를 거론할 때 가족 관계를 먼저 살피는 것도 이와 같은 맥락에서이다.

가정과 고향을 숨기려는 사람은 자신의 깊은 내면을 내보이지 않는 사람이다. 이런 사람을 신뢰하여 마음을 열어 주면 훗날에 반드시 손해 볼 일이 생긴다. 절대로 깊이 신뢰하지 마라. 반면에 초면에 고향을 자주 거론하는 사람은 사귐성이 좋은 사람이다. 자기 허점이나 어려웠던 시절을 서슴없이 잘 털어놓는 사람은 신뢰할 만하다.

# 신변의 약점을 먼저 털어놓는 사람

자신의 약점이 되는 신변 이야기를 털어놓는 사람에게는 우선 친밀 감이 먼저 가게 마련이다. 일단은 솔직한 사람이니까. 그러나 정도가 지나치거나 징징거리면서 우는 사람은 경계해야 한다.

상대방이 자신의 약점을 넌지시 말하면서 신변을 이야기한다는 것은 당신을 신뢰한다는 증거이니, 우선 가까이 해도 무방한 인물이 다. 이런 사람 앞에서 "실은 나도…" 또는 "나의 삼촌도 당신과 같이 이혼해야 할 처지인데…" 등의 없는 약점까지 만들어서 털어놓으면, 상대는 더욱 위안과 용기를 얻어 속마음까지 털어놓게 된다.

이런 사람일수록 마음이 단조롭고 악의가 없는 사람이니 안심하 고 교제해도 좋을 것이다. 단, 주의해야 할 점은, 결단력이 부족하다 는 단점도 지닌 사람이니 중대사는 발설하지 않는 편이 좋다.


# 비밀처럼 소곤대며 말하는 습관을 지닌 사람

상대방에게 얼굴을 바짝 들이대고는 입냄새를 눈발처럼 풀풀 날리 며 속삭이듯 말하는 이는 믿을 만한 사람이 못 된다. 더욱이 남자가 이렇다면 징그러울 정도로 음흉한 사람이다. 큰일 하기는 애초에 틀 린 인물이니 기대조차 하지 말아야 한다.

소심한 성격이며, 항상 신경성 노이로제나 히스테릭한 기질을 지 니고 있어서 대인 관계에서도 대담하지를 못하다. 육체적으로 병약 하여 운도 쇠해져서 되는 일이라곤 없는 사람이다. 정력마저 옹달샘 에 물이 마르듯 고갈된 지라 실전에는 약하면서 여자에게 귀찮게 추 근대기도 잘하고, 입으로만 양기가 올라서 음담패설은 혼자 도맡아

하며, 이성의 흉을 잘 잡아 말을 만들어낸다.

매사에 일관성이 없으며, 음흉하기 짝이 없어서 믿음이 가지 않는 인물이다. 이런 사람에게는 절대로 속마음에 있는 비밀 이야기를 발설하지 않는 것이 현명한 일이다.


# 성급한 언어 습관을 지닌 사람

이는 요즘의 신세대들이 지닌 언어 습관의 특징이라고 볼 수 있다. 남이 가로챌까 봐 생각할 겨를도 주지 않고 성급하게 속사포로 쏴댄다. 신세대들의 이런 언어 습관은 오늘날 사회 현상의 단면을 그대로 반영해 주고 있는 셈이다. 신세대들은 실재(實在)의 인간보다는 전자 오락기 속에 등장하는 주인공들과 더 친숙해져 있기 때문에 이웃과의 감정 교류에 서툴다. 전자 오락기 속의 인물들이 언제든지 짜릿한 성취감을 가져다주고, 또한 자기 의사대로 움직여 주기 때문에 타인을 깊이 생각해 주는 마음이 모자란 현상이다.

대인 관계에서도 그러한 환상을 무의식적으로 요구하기 때문에 대화에서도 정지할 줄 모르는 일방통행의 습관이 형성되어 있다. 기계 속의 인물은 배신도 반항도 하지 않고, 또한 조작자의 의지대로 조정되기 때문에 정신적인 갈등이 심화해 성격이 급해지고 남을 이해하기가 힘들어서 자연히 일방통행식의 대화가 이루어질 수밖에 없다.

그러나 나이가 많은 사람이 이런 언어 습관을 가지고 있다면 정신적, 심리적으로 불안하고 외로운 사람임이 틀림없다. 주위 사람들로부터 인정이나 애정을 받지 못하기 때문에 제2의 매체를 찾아 나선다. 술이나 도박 등에 빠져들기가 쉽다는 말이다. 도박을 하는 사람들이 대개 정신적인 여유가 없어지고 말이 조잡해지는 것은 이런 심리적인 배경이 밑바탕에 깔려 있기 때문이라고 봐야 할 것이다.

이런 사람과의 교제에서는 조용하고 차분한 분위기보다는 시끄럽고 기계적인 움직임이 있는 동적인 분위기가 좋다. 특히, 이런 사람에게는 논리적인 전개보다는 감정을 앞세우는 것이 더 효과적이다.

## 어순이 조잡하고
## 말을 또박또박 하지 못하는 사람

인간의 내면에는 공격 욕구가 내재해 있다. 그러나, 상대를 무차별 공격하는 것이 아니고 어린아이나 나약한 여자, 혹은 자기보다 월등하게 강하거나 형편없이 약한 자에게는 공격 욕구가 발산되지 않는 것이 일반적인 인간의 심리다. 간혹, 남성의 경우에 이 공격 욕구가 성적인 욕구로 변화되어 표출되기도 한다.

어순이 조잡하며 말을 또박또박 하지 못하는 사람일수록 내면에는 공격 욕구가 강하다. 상대의 강약을 따져볼 겨를도 없이 마구잡이로 덤비는 경우가 많은 사람이다. 시도 때도 없이 공격 욕구가 발산되어서, 어린아이나 나약한 여성에게도 도덕적으로 허용되지 않는 성폭행 같은 행위를 서슴지 않고 자행하기도 한다.

이런 사람은 주로 결손 가정에서 자란 경우가 많아서 인격 파탄자로 낙인찍히기 일쑤다. 구사하는 언어는 조악하고, 말을 횡설수설하거나, 또박또박 말하지 못한다. 그러나 아집이 세어서 감당하기가 만만찮으므로, "서울 안 가본 놈이 서울 가본 놈을 이겨낸다."라는 속담을 떠오르게 하는 인물이다.

결론적으로 말하면, 정상적인 사람의 상식으로는 이해하기 힘든 인물이다. 그러므로 무조건 가까이하지 않는 것이 상책이다.

## 말투가 차분하고 조용한 남성

남성인데도 말투가 나약하고 잔잔하며, 힘이 없어 보이는 사람이 있다. 의자 위에 달걀을 올려놓고 그 위에 앉아도 달걀이 깨지지 않을 정도로, 앉는 모습이 조심스럽고 힘이 없다. 매사에 추진력이 없는 것도 당연한 일이다. 또한 여성과의 관계에서도 나약함이 나타난다.

필자를 찾아오는 커플들을 관찰하기 위해서 앉기를 권해 보면, 다음의 두 가지 경우로 구분할 수 있다. 먼저, 남성이 여성보다 먼저 의자에 털썩 주저앉으면서 여자를 바깥쪽에 앉히는 사람이 있다. 이런 남성은 여성을 주도하며, 권위주의에 사로잡힌 사람이며, 장남이거나 엄한 가정에서 자란 사람이다.

반대로, 여자를 먼저 앉힌 연후에 자기가 바깥쪽에 조심스럽게 앉는 사람이 있다. 이런 남성은 매사를 아내와 의논하며, 자녀들을 민주적인 방식으로 키우는 가정적인 타입이다. 대인 관계에서도 상대방의 의사에 따르는 경우가 많고, 비교적 소심한 성향을 지닌 사람이다. 비교적 말투가 느리고 잔잔하며, 조용조용하게 말하는 남성이 주로 이런 타입이다. 마치, 무슨 죄라도 지은 것처럼 상대방을 대하는 지나친 '조심형'도 있다. 이런 사람은 실수를 잘 저지르지 않으면서 상대방 위주로 일을 처리하는 성향이 있다.

이런 사람과 일을 도모하거나 교제할 때는 조용한 분위기를 선택하라. 시끄럽거나 번잡한 분위기보다는 조용하고 아늑하며 여성적인 분위기를 택하는 것이 좋다.

# 말을 아끼고 잘 안 하는 사람

말을 잘 안 하는 사람은 사랑을 받지 못한 과거가 있거나, 혹은 현재 사랑을 받지 못하는 상태에 있는 경우이다. 당신이 말을 잘하는 사람일지라도 이런 사람 앞에서는 달변을 자제하고 좀 어눌하게 말하는 것이 좋다. 당신이 달변을 늘어놓으면 아예 자기 입에다 스스로 재갈을 채울지도 모른다.

이처럼 말을 안 하는 사람을 대하기란 가장 어려운 법이다. 초면에 말을 안 하는 사람일수록 친숙해지면 진지해진다. 반면에, 처음 만났을 때 후한 사람이 차차 갈수록 더 인색해지는 경우가 있는데, 이런 사람은 언제 어디서나 자기 이익에 급급한 사람이다. 말하는 모습을 보면 이런 사람은 금방 구별해낼 수 있다.

말을 아끼는 사람은 다른 사람에게 좀처럼 마음을 주지 않지만, 진실이 숨어 있다. 이런 사람과 친숙하게 사귀어 두면 좋다. 교제하려면, 당신이 달변가라고 해도 상대가 그런 느낌을 받지 않도록 어눌하게 처신해라.


# 회합이나 파티 장소에서
# 귓속말하기 좋아하는 사람

남녀를 막론하고 여러 사람이 모인 장소에서, 중요하지도 않은 말인데도 귓속말을 하기 좋아하는 사람이 있다. 이런 경우의 화제는 대부분 중요하지도 않은 것임은 물론이고, 현장에 있는 사람의 흉을 본다거나 자기 의사에 반대하는 사람을 힐난하는 것들이다.

이런 유형은 남을 흉보는 데는 안목이 있어서 잘 꼬집지만, 자신에 대한 결점은 볼 줄 모르는 사람이다. 게다가 성질이 조급하고, 자기만 잘났다고 생각하는 사람인 경우가 많다. 특히, 미풍에 흔들리는 가느다란 버들가지 같아서 남의 비밀을 지켜 줄 만한 진득함이 없는 사람이다. 이런 사람 옆에서는 고압선 아래를 지나듯 늘 경계하는 것이 좋다.

그러므로 이런 사람은 깊이 사귈 만한 인물이 절대로 못 된다. 이런 사람을 깊이 사귀면 낭패를 당하기 십상이다. 처음부터 방패 막을 단단히 쳐서 화근을 예방하는 것이 좋다.

## 장황한 대화에 핵심이 없는 사람

이웃에서 물건을 얻으러 온 사람이 용건은 이야기하지 않고, 공연히 화단에 핀 꽃에 관해서 이야기하거나 혹은 당신이 입고 있는 옷에 대해 칭찬을 늘어놓는 경우가 있다. 마치, 방앗간 근처를 맴도는 참새 같다는 느낌이 든다. 이런 경우, 즉 당신의 주변에 관해 이야기 한다거나 과잉 친절 혹은 칭찬이 깃들었을 때는 당신에게 아쉬운 부탁을 하러 온 것이 분명하니 잘 분석해서 처세해라. 당신을 이용하고 싶어서 트릭을 쓰는 것인지도 모른다.

수다를 떨면서 핵심을 말할 듯 말 듯하며 말꼬리가 묘연할 때는 그 사람이 늘어놓는 장황한 언어들을 놓치지 말고 잘 분석해야 한다. 그 이야기가 당신에게 관계된 것인가 아니면 당신과 관계없는 세상 돌아가는 이야기인가를 잘 분석해 보면, 상대의 속마음을 읽을 수 있다. 그러나 흔히 작은 일을 무심코 넘기기 때문에 상대를 보는 데 실패하여, 마치 작은 개미구멍 때문에 둑이 무너지는 것처럼 엄청난 결과가 초래되는 것이다.

사람의 속마음이란 어떤 방식으로든 노출되기 마련인데 그 핵심을 알지 못하고서 변죽만 두드리는 사람의 시선만 따라다니니 알 턱이 없는 것이 아닌가. 공을 던져 놓고 강아지에게 물고 오라고 손가락질을 아무리 해봐도 손가락 끝만 쳐다보는 미련한 강아지도 있는가 하면, 금방 알아차리고 쏜살같이 달려가서 공을 물고 오는 영특한 강아지도 있다. 자칫 손가락 끝만 보는 우(愚)를 범하지는 말아야 인간관계에 성공을 거둘 수 있으리라.

## '창작형' 허풍에는 칭찬이 약이다!

간혹 보면, 있지도 않은 일을 만들어가면서 허풍을 떨어대는 사람이 있는데, 이를 편리한 대로 '창작형' 허풍이라고 해두자. 이 창작형 허풍은 남에게 칭찬이나 인정을 받지 못하고 자란 고독한 사람에게서 흔히 볼 수 있다. 이런 사람은 성인이 되어서도 남에게 인정받는 경우가 드물어서 이야기할 때 곧잘 꾸며낸 무용담을 늘어놓아 주위의 환심을 사려고 하는 것이다.

필자가 아는 사람 중에도 이런 인물이 있는데, 있지도 않은 일을 만들어서, 마치 자기가 겪었던 일인 것처럼 무용담을 늘어놓는다. 이 사람 역시 어렸을 때부터 어머니가 밖으로 일을 하러 나가셨기 때문에 늘 혼자 지내는 습성이 배어서 자랐다. 남에게서 칭찬이나 인정을 받아보지 못하고 자란 것이다.

이런 사람은 사람들 앞에서는 말도 잘하고 명랑한 체하여 사교성이 뛰어나다는 평을 듣는다. 그러나 실상은 무척 외로움을 타는 사람이다. 이런 사람일수록 칭찬에는 무척 약하다. 이런 사람의 능력을 칭찬해 주고 인정해 주면서 접근하면 자기 속마음을 쉽게 열어 주기도 한다. 칭찬으로 사로잡아라.

# 자신의 약점이나 집안의 치부를 서슴없이 말하는 사람

자신의 약점이나 집안의 치부까지 거리낌 없이 쏟아놓는 사람을 간혹 볼 수 있다. 이런 사람을 보고 처음에는 굉장히 솔직하고 진실한 사람이라고 단정하기가 쉽다. 이런 사람의 말하는 모습을 보고서, '오늘날 같은 불신 사회에서 참으로 솔직하고 믿을 만한 인물이구먼!' 하고 속으로 감탄할지 모르지만, 실은 이런 사람이야말로 경계해야 할 경우가 더 많다. 왜냐하면 이런 행동은 진실과는 무관한 경우가 더 많기 때문이다.

　일반적으로 사람은 성장하는 과정에서 인간관계를 터득하게 된다. 그런데 이런 사람은 인간관계에서 상대에 대한 배려를 익히지 않은 채 어른의 세계로 접어들었다고 볼 수 있다. 고로, 성장 과정에서 문제가 있는 사람이다. 온전한 사랑을 받을 수 없는 가정에서 자랐거나 결손 가정에서 자란 사람인 경우가 많다. 이런 사람을 만나면 금방 친숙해지는 것 같은 착각을 느끼고 마음속으로 금방 좋아하게 되는데, 얼마 가지 않아 싫증을 느끼거나 싫어지게 되는 경우가 많다.

　이런 사람은 의지력이 약하고, 한편으로는 믿기 어려운 사람이다. 자신의 마음을 완전하게 감추지 못할 정도로 의지력이 약한 사람을 믿고 섣불리 당신의 이야기를 털어놓을 수 있어서는 안 된다. 당신이 얘기한 것을 아무런 거리낌도 없이 남에게 그대로 앵무새처럼 전하는 위험성을 지닌 사람인 것이다. 그렇기 때문에 항상 주의하지 않으면 낭패를 당하기 십상이다. 자신의 치부를 잘 드러내는 만큼 당신의 비밀을 지켜줄 만한 의지력이 없는 인물이라고 판단하면 거의 틀림이 없다.

정도가 아주 심한 사람도 있다. 심지어 자기 부모나 형제지간의 가정 파탄이나 혹은 드러내기 힘든 치부까지도 서슴없이 얘기하는 변태적인 사람도 더러 있다. 이는, 어렸을 때부터 정서 순화가 제대로 되지 않은 상태로 어른의 길목으로 뛰어든 사람이기 때문에 일어나는 일종의 정신적인 괴리 현상이라고 볼 수 있다.

필자에게 찾아오는 단골손님 중에도 이런 사람이 있었다. 그는 정상적으로 사회생활을 이어가고 있었으며, 지적인 수준도 어느 정도의 궤도에 오른 사람이었다. 필자는 이런 습관을 고쳐 주려고 노력해 보았지만, 그 사람과 대화가 통하지 않아 포기한 적이 있었다.

이런 사람에게는 믿고 사귀는 친구가 적어서, 외로움을 많이 타는 편이다. 모처럼 좀 절친하게 대해 주는 사람을 만나면 속에 있는 말을 죄다 끄집어내는데, 하나 같이 자기 자신의 치부밖에 없다. 이런 사람과는 깊은 대화나 비밀 이야기는 삼가는 것이 좋다.


# 대화 중에 제삼자를 성토하는 사람

대화하다 보면 상대방이 제삼자에 대해서 지나치게 불만을 터뜨리거나 흉을 잡는 경우가 있다. 이야기를 가만히 듣고 분석을 해보면, 실제로 그렇게 나쁜 사람이 아닌데도 지나치게 성토하면서 욕을 해 댄다 싶다. 이럴 때는, 무의식적으로 당신에게 저항하고 싶어서 대신 제삼자를 대상으로 하는 것이라고 단정하라.

주로, 내성적인 성격의 소유자가 이런 습관을 지니고 있다. 특히, 술에 취하면 평소의 불만을 터뜨리는 족속도 이에 해당한다. 또한 반갑지 않은 시댁 손님이 찾아와서 며칠쯤 묵으면 여자들이 쓸데없이 아이들을 울려대거나 죄없이 구박할 때가 있는데, 이 경우도 이에 속한다.

이런 사람의 마음속은 이기심으로 가득 차 있다. 특히, 이런 유형의 남자는 소심한 성격이지만 질투심이 무척 강하고 열등의식에 사로잡힌 인물이다. 이런 사람은 논리적으로 설득하기가 힘들다. 그렇지만 무조건 칭찬을 해주면 아주 좋아한다.

## 심성질 체질은 로맨틱한 감상에 끌리기 쉽다?

사람이 몇 명만 모여 있어도 말을 조용히 듣고 있는 유형과 번번이 말을 주도해 나가는 유형으로 분류된다. 비교적 심성질 체질은 남 앞에서 말하기보다는 듣기를 좋아하는 편이면서도 말의 논리가 맞지 않을 때는 귀담아들으려 하지 않는다. 그러면서도 상대의 잘못을 지적하거나 간섭하지 않는다. 아랫사람에게는 항상 관대한 체하면서도 논리적으로 따지기를 좋아하고 권위를 내세우려는 사람 중에 심성질 체질과 근골질 체질이 많다.

심성질 체질을 가진 사람은 현실적인 문제보다는 상상적인 문제나 비약적이거나 미래 지향적인 이야기를 화젯거리로 삼기 좋아한다. 이런 사람은 이성 교제에서나 사업상의 관계나 혹은 교우에 있어서도, 현실 문제에 관한 이야기만 하지 말고 추상적이거나 로맨틱한 감상으로 끌고 들어가 보면 재미있는 대화의 끈이 연결될 수 있다. 이런 사람 앞에서는 논리적인 말을 아껴라.

# 제삼자를 통해서 칭찬하는 테크닉

상대방에게 제삼자에 관해서 칭찬하는 것은, 자신이 칭찬이나 인정을 받지 못하는 것을 보상받으려는 심리에서 비롯된 행동이라고 볼 수 있다. 칭찬을 직접 하는 것보다는 제삼자를 통해서 하는 것이 더 효과가 있는데, 이때 제삼자를 칭찬하는 사람은 칭찬의 대상보다는 자신에게 그 효과가 돌아오기를 바라는 심리가 내재해 있는 것이다. 이런 사람은 그만큼 자신이 남에게 칭찬을 받지 못하거나 인정을 받지 못하고 있다고 볼 수 있다. 이렇듯 제삼자의 칭찬을 해대는 사람에 관해서 무조건 호감부터 느낀다면, 당신은 독심술을 익히기에 부적합한 사람이다.

칭찬의 심리학에서는 직접 받는 것보다는 간접적으로 받는 것이 더 효과적이기도 하여 받는 사람으로서는 더욱 기분이 좋다. 왜냐하면 늘상 만나는 사람으로부터 혹은 잘 모르는 사람으로부터 칭찬을 받았을 때는 객관성이 더 강하게 작용하기 때문에 더욱더 감동하게 되는 것이다. 그러나 이때 칭찬을 듣는 사람의 기분보다는 제삼자의 칭찬만 늘어놓는 사람의 심리 상태를 면밀히 파악해 볼 필요가 있다.

자신이 인정받기를 은연중에 바라면서 제삼자의 칭찬을 해대는 사람은, 어떤 결정적인 시기에는 반드시 자신이 칭찬해 준 것 이상으로 험담한다. 이것이 그런 사람들의 공격법이다. 자신의 열등의식을 감추려다가 뜻을 못 이룰 때 상대방을 험담하기 시작하는 것이다. 당신은 제삼자를 통해 칭찬받았다고 하여 그저 즐거워할 일이 아니라 이런 사람일수록 변절하기 쉽다는 것을 명심해야 할 것이다. 제삼자를 통해서 칭찬하는 테크닉을 익혀서 처세에 응용하라.

# 몸을 흔들면서 부정적인 말만 하는 사람

사람이 상대방을 설득하고자 할 때에도 상대에게 부정적인 면부터 이야기한 후에 긍정적인 면을 이야기하는 것보다는 긍정적인 면부터 이야기한 다음에 부정적인 조건을 제시해 주는 것이 더 유리하다. 이는 심리학적인 측면에서도 아주 타당하다고 본다. 어떤 정보를 상대방에게 주입할 때는 상대방은 제일 앞서서 주어진 정보를 더 믿게 되는 경향이 있다. 이것을 심리학에서는 수위효과(首位效果)라고 하는데, 첫 번째로 어떤 정보를 제공하느냐가 매우 중요한 것이다. 이와 마찬가지로, 초면에 상대방에게 어떤 인상을 주느냐가 상대방과의 인간관계를 결정짓는 데 중요한 요소가 된다.

　사람을 처음 만났을 때 긍정적인 말을 많이 하는가 아니면 부정적인 말을 습관적으로 많이 하는가를 잘 관찰하면 그 사람의 내면에 들어 있는 사고를 파악할 수 있을 것이다. 나아가서는 그 사람의 장래 문제나 운명에 관계된 일들까지 유추해 볼 수 있는 것이다. 독심술이나 관상은 아주 타당성이 있는 과학적인 사고라는 전제를 앞세우면 더욱 흥미가 있을 것이다.

# 대화 중 습관과
# 태도로 읽기

3

## 정중한 자세로 이야기를 듣는 사람

시각장애인에게 거짓말하기가 쉽다고 느끼는 것은 행동이나 몸짓을 들키지 않기 때문일 것이다. 사람을 판단할 때 말보다는 그 사람의 몸짓과 행동을 더 유심히 관찰해야 한다는 것은, 아무리 강조해도 지나치지 않을 것이다. 말하고 있을 때의 자세를 보면 그 사람의 속마음을 알 수 있다. 상대의 속마음을 간파하는 것은 마치 주부가 달걀 가게에서 상한 달걀과 싱싱한 달걀을 골라낼 때처럼 요모조모를 따져보면 그렇게 어려운 일은 아닐 것이다.

말하고 있는 당신의 모습을 상대방이 항상 주시하고 있다는 생각도 아울러 염두에 두어야 할 것이다. 누군가가 항상 자신을 지켜보고 있다고 생각하면 아무렇게나 행동할 수 없을 것이다. 걸음걸이, 서 있는 태도, 사람을 만나서 앉아 있는 몸가짐 등에 항상 신경을 써야 하는 것은 살아 있는 사람이기 때문에 따라다니는 과제라고 생각하면 좋을 듯하다.

대화 중에 상대방이 코를 후비거나 귀를 긁어대거나 머리를 만지작거리는 경우가 있다. 이것은 당신의 이야기에 흥미가 없다는 표시이니 재빨리 이야기를 멈추어라. 이야기를 들으면서 코를 자주 만지작거리는 사람은 대화 내용에서 자존심이 상했거나 거부 반응을 나타내는 표시이기도 하다. 여자보다는 남자에게 있어서 무의식 행위가 코로 집중되는 경우가 많다. '콧대가 높다' '콧대를 꺾어야 한다'라는 말을 곧잘 인용하는 이유는 코가 자존심의 상징이기 때문이다.

똑바로 앉아서 이야기를 듣는 사람은 매사에 자신감이 넘쳐 보이고 신뢰감을 준다. 이런 사람은 상당히 고지식한 면이 많으며, 논리적으로 말하기를 꽤 좋아한다. 또한, 자존심도 강하여 의리나 체면을 중시하는 경향이 있다. 이런 사람일수록 적당주의를 아주 싫어한다. 그러므로 이런 사람을 대할 때는 정중하게 대하고, 칭찬할 때도 겉으로 나타난 부분보다는 내면에 있는 문제, 즉 그 사람의 인생관, 처세, 성격, 노력하는 자세, 업적 등을 들추어서 구체적이고 논리적으로 칭찬하라. 그러면 당신에게 호감을 느낄 것이며, 당신이 어려운 때에 넌지시 손을 내밀어도 쉽게 거절하지는 못할 것이다. 단지, 주의할 점은 의상이나 외모 등 겉으로 보이는 것들을 섣불리 칭찬하는 것은 역효과만 초래할 수 있으니 삼가야 할 것이다.


## 여자 앞에서 자랑 심한 남성은 이중인격자!

정작 따질 일이나 남자들 앞에서는 논리 정연하게 말을 하지 못하면서도 여자 앞에서는 유독 잘난 체하는 사람이 있다. 이런 사람은 자기보다 못난 듯하게 보이는 사람에게는 잘난 체를 하지만 윗사람에게는 낯간지러울 정도로 아부를 해대는 야비한 성격을 지닌 이중인격자다.

자기가 아무리 우월한 것을 많이 가졌다 해도, 남들은 소중하게 여겨 주지 않는 것이 인간사다. 미국 로스앤젤레스에서 일어난 처참한 지진보다는 자기 구두 속에 들어 있는 쌀 톨만 한 돌멩이가 더 불편하게 느껴지는 것이 인간의 본성이라고는 하지만, 아무리 그래도 자신밖에 생각하지 못한대서야 어디 인간이라 할 수 있겠는가.

마찬가지로 자신만이 자랑할 말을 가진 것은 아니지 않은가. 더욱이 남자보다 감성이 예민하고 섬세한 여성 앞에서 점수를 따겠다고 떠들어대다가는, '말이나 안 하고 있으면 둘째나 가지!'라는 핀잔을 들어 마땅할 일이다. 이런 사람 앞에서는 남녀를 불문하고 절대로 속마음을 보여서는 안 된다. 그 이유는, 자기보다 못하다 싶으면 상대방을 업신여기는 기질을 가지고 있기 때문이다.


## 상대의 말에 쉽게 공감하는 사람

대화 중에 상대의 말을 들으면서 고개를 자주 끄덕이며 표정이 금방 진지해지는 사람이 있다. 이런 사람을 만나면 '아! 이 사람이 내 말에 감동받았구나' 하고 지레짐작하는데, 이는 술 받아줄 사람은 꿈도 안 꾸고 있는데 안주부터 생각하고 군침 흘리는 격이라 할 수 있다.

필자가 청소년들을 만날 기회가 많아서 그들에게 충고를 해주는 경우가 더러 있다. 그런데 요즘 젊은이들은 영악해서인지 아니면 냄비 체질이라 그런지 남의 말에 잘 동화된다. 그러나 쉽게 동조하는 만큼 돌아서면 그만큼 쉽게 잊고 그 사람을 비난하기를 잘 한다. 즉, 쉽게 공감하는 사람은 쉽게 변하기가 쉽다는 말이다.

상대방의 말에 쉽게 공감하는 사람은 성격이 여리고 인정이 많은 편이다. 특히, 잔정이 많은 사람이라 어려운 부탁을 받아도 쉽게 거절하지 못하는 약점을 지니고 있다. 반면 결단력이 부족하다는 결점도 지니고 있으며, 신뢰성에도 약간의 문제가 있다.

구원을 바라는 손길을 슬며시 내밀어 봐라. 아마도 쉽게 거절당하지는 않으리라.


# 방어적인 시선을 가진 남성

대화 시에 유심히 관찰하면 눈도 입만큼 의사 전달을 하고 있다는 것을 금방 알 수 있다.

남성은 양(陽), 여성은 음(陰)인데, 음은 양과 비교할 때 정적(靜的)이다. 대부분의 만물이 낮에는 생동[動]하고 밤에는 휴면[靜]을 취한다. 그래서 밤은 음이고 낮은 양이다. 동(動)은 공격적인 데 반해 정(靜)은 방어적이다. 그래서 여성은 생리학적으로나 해부학적으로도 방어적인 기전을 갖추고 있다. 섹스의 행위에서도 남성은 공격적이지만 여성은 방어적이다.

대화하는 것도 유심히 관찰하면 섹스하는 행위와 유사하다. 남성은 비교적 상대 여성에게 공격적인 시선을 보내는 반면, 여성의 시선은 문을 닫으려는 방어적인 태도가 은연중에 나타나기도 한다. 어찌 보면, 조건반사 행위같이 본능적으로 성을 보호하려는 행동과도 같다.

일반적으로, 사람들은 대화를 하면서 시선에 대해서는 신경을 쓰지 않는 경우가 많은데, 눈의 안배도 적절히 해야 한다. 남성은 능동적이고 공격적인 시선인 반면, 여성은 무의식적으로 방어적이며 감성적인 시선을 갖는다는 점을 염두에 두어라.

실제로 간단한 실험을 통해서 이를 알 수 있다. 여성과 대화하거나 전철을 타고 있을 때 의식적으로 상대를 응시해 보라. 그러면 여성은 십중팔구 시선을 자동으로 피한다. 간혹가다가, 시선을 피하지 않고 탁구공을 되받아치려는 자세로 뻣뻣이 고개를 들고 정면으로 도전하는 여성이 있다. 이런 여성은 성격이나 고집이 보통을 넘는 수준이다. 이처럼 공격적인 시선의 여성은, 남편에게 의존하기보다 본인의 주장대로 살려는 사람이다. 이런 여성을 보고 남자들은 영업용이지 자가용은 못 되겠다는 농담들을 서슴없이 내뱉기도 한다.

개중에는 남성일지라도 집중적인 시선 공격을 받으면 쩔쩔매는 사람이 있는데, 이러한 사람은 내성적이며 여자관계가 없는 편이다. 시선이 방어적인 남성은 여성적인 내면을 지닌 경우가 많으며, 나약하고 부드러운 심성의 소유자다. 이런 사람과 교제하기를 원한다면 아늑한 분위기를 연출해라. 화려하고 밝은 조명보다는 은은하며 약간 부드러운 듯한 조명을 택하고, 소란하고 번잡한 장소보다는 아늑하고 잔잔한 분위기의 장소를 택하라.

# 말할 때 표정이 굳어 있는 사람

텔레비전을 보면 뉴스를 전하는 아나운서들이나 앵커들의 표정과 코미디를 하는 개그맨들의 표정은 너무 대조적이다. 뉴스를 전하거나 방송 논평을 하는 아나운서와 앵커들을 유심히 관찰하면, 논리를 전개하려고 애를 쓰기 때문에 표정이 너무 굳어 있다. 오직 말하는 그 자체 외에는 마음의 여유가 없어서 자연 표정이 굳어지는 것이다.

딱딱한 것들은 죽어가는 것이고 부드러운 것은 생명이 있는 것이다. 풀이나 나뭇가지나 화초들도 죽으면 뻣뻣해진다. 사람도 죽으면 순식간에 뻣뻣해진다. 딱딱한 것은 생명에 위협이 닥친 것이다.

평상시에 딱딱하게 굳은 표정으로 말하는 사람들을 보게 되는데,

이들은 권위주의에 사로잡힌 사람들이다. 이런 사람과 말하고 있으면, 듣는 사람 처지에서는 몹시 부담감을 느끼게 되어서 좋지 않다. 그러나 평상시에는 그렇지 않던 사람이 갑자기 표정이 굳어 말하는 경우가 있다. 이런 경우는 어디에선가 저기압의 기류가 몰려오고 있는 조짐으로 보면 틀림없을 것이다.

이처럼 말할 때 그 표정이 굳어 있으면 논리로 당신을 설득하려는 증거라고 생각해라. 이런 사람 앞에서 함부로 조크나 유머를 썼다가는 낭패를 당하기 쉽다. 상대적으로 말 한마디에도 심혈을 기울여서 대하는 것이 좋다. 만일 당신도 이런 습관이 있다면 속히 부드러운 표정으로 바꾸어야 할 것이다.


# 말할 때마다 눈에 힘이 들어가면서 고리눈 되는 여성

일반적으로 사람들은 대화 시에 말소리만 들으려고 집중하는데, 오히려 음성보다는 표정을 관찰하는 것이 더 중요하다. 대화 시 속마음을 숨기려고 애를 쓸지라도 얼굴은 거짓말을 하지 못하기 때문이다. 사람들이 이야기하고 있는 모습을 관찰하면, 편안한 느낌을 주는 인상과 억지로 편안한 느낌을 주려는 가식적인 인상이 있음을 알 수 있다. 말할 때 얼굴의 균형이 맞지 않고 쭈그러진다면 분명히 다른 속마음이 있음을 간파해야 한다.

말할 때 얼굴 근육이 곱게 움직이는 사람과 눈에 힘이 들어가면서 고리눈이 되는 사람이 있다. 특히, 말할 때 눈에 힘이 들어가면서 고리 모양으로 되는 여성이 간혹 있다. 이런 여성은 마음에 독한 구석이 많다. 구석이 많다는 말을 쓰는 것은, 아무리 악한 사람이라도 24

시간 동안 계속해서 독기만 품고 있는 것은 아니기 때문이다.

　이런 사람은 다른 사람은 생각하지 않고 자기 위주로만 일을 처리하려고 하므로 드센 사람으로 보이기도 한다. 또한 이런 여성은 소문내기를 좋아한다. 그러니, 비밀 얘기는 절대로 털어놓지 않는 것이 좋다.

# 대화 중에 사람을 툭툭 치면서 말하는 습관이 있는 사람

사람을 툭툭 치면서 말하는 습관은 주로 여성에게서 많이 볼 수 있다. 이런 사람은 남의 일에 지나치게 간섭하려 드는 경향이 강하다. 특히, 남의 마음을 자기 주관 속에다 몰아넣으려는 심리가 강한 사람이 이런 습관이 있다. 이런 습관을 지닌 사람을 보고 버릇없이 자라서 천한 사람이라고 단정해 버리는 이들도 있다.

　보통 이런 사람들은 급하게 말하는 경향이 있으며, 무슨 일이든 속으로 참지 못하고 금방 밖으로 내뱉어버리기 때문에 인내력이 부족하다는 말을 듣기도 한다. 또한, 지나치게 자기중심적이면서 마음이 변하기를 잘 해서, 마음 놓고 깊이 사귈 만한 인물이 못 된다.

　만약, 여성이 이런 행동 습관을 지녔다면 이 꽃 저 꽃을 날아다니는 나비 같은 기질을 가지고 있다고 할 수 있다. 자기가 좋아하는 남성을 만나면 호주머니에 있는 것들을 죄다 주려는 자세로 덤빈다. 그러다가도 한 번 마음이 비뚤어지기 시작하면 남의 말은 소용없고 세상에서 자기만 옳은 사람처럼 홱 돌아서 버린다. 돌아설 때 큰 아픔을 느끼지도 않고, 쉽게 잊어버리는 타입이다. 한편, 남자가 이런 습관을 지닌 경우가 있는데, 마음은 악하지 않지만, 나약한 구석이 많고 남에게 의지하려는 의타심이 많은 인물이다.

아무튼, 말하면서 사람을 툭툭 치는 사람 곁에 앉아 있다가는 몸 어딘가가 멍들기 십상이니 아예 사정거리에서 멀리 벗어나는 것이 좋다. 으슥한 구석에 숨어 있다가 불쑥 나타나 상대를 깜짝 놀라게 하면서 껴안는 장난도 이런 사람들의 전매특허다. 이런 장난을 죽을 때까지 한 번도 해본 적이 없는 사람이 있는가 하면, 이런 장난을 취미 삼아서 하는 사람들도 있다.

이처럼 사소한 행동 하나에도 그 사람의 성격이 확연히 드러나 있으므로, 이런 것들을 눈여겨봐라. 그러면 상대를 파악하기가, 구름 한 점 없는 그믐밤 하늘에서 별 보기보다 더 쉬울 것이다.

# 말할 때 자신을 상대에게 밀착시키는 사람

필자가 아는 사람 중에 말할 때마다 지나치게 친절을 베풀면서 상대에게 가까이 다가가는 사람이 있다. 그는 상대의 코앞에다가 자기 얼굴을 바짝 들이대고 말한다. 못생긴 얼굴을 눈앞에 대면하고 있으려면 얼마나 고역이겠는가. 그래도 그것까지는 참을 만한데, 말할 때마다 입냄새가 푹푹 풍겨 나오니 아무리 예의를 차리려고 해도 얼굴이 저절로 찌그러지게 되는 때가 많다.

말할 때 상대에게 자신을 꼭 밀착시키려는 습관은 허구적인 친절을 베푸는 것을 은폐시키려는 무의식적인 행동으로 봐야 할 것이다. 가까이 다가와서는 말하다 말고 넥타이를 슬쩍 만지면서 색깔이 예쁘다거나 모양이 멋있다고 헛칭찬을 하기도 하고, 아무것도 묻어 있지 않은 옷깃을 공연히 툭툭 털기도 하면서 신빙성 없는 말을 지껄여대기도 한다.

이런 사람일수록 과잉 친절을 베풀면서 꼭 '형' '아우' 등의 호칭을 남발해 대는 게 특징이다. 그러다가도 짐이 될 일이나 자신에게 손해될 일이다 싶으면 제일 먼저 줄행랑을 친다. 마치 새 양복 입고 있을 때 흙탕물 묻은 강아지라도 만난 것처럼 재빠르게 도망쳐버리는 사람이다. 이익 있을 때 덤비고 손해 생길 때 도망가는 것이 인지상정이기는 하지만, 그래도 정도가 지나치다.

이런 사람에게는 평소에 미리 그물을 쳐두어야 한다. 당신이 곤란한 상황에 부닥치게 될 때 도망치지 못하도록!

# 중복해서 말하면 강박관념이 강한 사람!

커피숍 같은 데에 가서 상대에게 먼저 앉기를 권해 보면, 의자에 털썩 주저앉는 사람이 있는가 하면 꼭 먼지를 털거나 의자를 살펴보고 앉는 사람이 있다. 좀 더 심한 사람은, 의자에 방석이 있으면 뒤집어서 앉거나 똑바로 정리하고 앉는다. 물론 방석들이 아주 흐트러져 있는 상태라면 그러는 것이 당연하겠지만, 약간 흐트러진 것까지도 세심하게 신경을 쓰는 사람이 있다.

흐트러진 것을 그냥 보아 넘기지 못하고 꼭 정리 정돈하는 사람은 강박관념이 강한 사람이다. 남녀가 데이트할 때는 자칫 이런 행동이 깔끔하고 매력적인 것으로 보일 수도 있다. 하지만 이런 사람들은 자기중심적인 성격이거나 강박관념이 내재해 있는 경우가 많다. 잘 살펴봐야 할 것이다. 지나치다 싶을 정조로 너무 깔끔하게 정리 정돈하는 것은 옆 사람을 피곤하게 만드는 동시에 자신에게도 피곤한 짓이다.

이처럼 깔끔을 떠는 사람은 강박관념이 강하기 때문에 말할 때도 방금 전 한 말을 힘을 줘서 강조하거나, 한 번 한 말을 반복해서 확인하려 든다. 상식적으로 봐도 잘 될 만한 일을 지나치게 염려하거나 비관적으로 본다. 이런 사람들은 남과도 잘 어울리지도 못하여 늘 같은 사람끼리만 어울리는 편이다. 이런 사람과 교제할 때는 마음을 다치지 않게 아주 조심해야 한다.


## 대화 중에 눈을 내리깔고
## 상대를 쳐다보지 않는 남자

"아직도 이혼 안 시켰어요?"

"딸년이 말을 들어야죠! 처음 그 녀석을 데리고 왔을 때부터 도통 맘에 안 들어서 반대했는데… 그때 내가 끝까지 말리지 못한 게 이렇게 후회가 되네요."

"처음부터 뭐가 그렇게 맘에 안 들던가요?"

"처음에 집에 데리고 왔을 때 보니까, 어른이 말을 해도 무슨 죄지은 놈도 아니고 꿀 먹은 벙어리도 아닌데, 눈을 이렇게 차악 내리깔고는…"

이런 말을 하면서 흥분하는 아주머니의 심정이 오죽할까. 얼마나 분통이 터지면 필자에게까지 사위 욕을 해댈까 싶어 안타까웠다.

"말할 때 눈 내리깔고 앉은 놈치고 음흉하지 않은 놈 하나도 없는 법이라던데… 처음부터 꼴을 보기가 싫어서…"

딸자식이 좋아하는 사람이라고 해서 더 이상 말리지 못하고 결혼을 시켰는데, 딸자식을 고생만 시키니 부모가 얼마나 속이 상하겠는가. 툭하면 집을 나가기도 하고, 밖에서는 온갖 사기꾼 짓은 다 하면서 돌아다니는 사위 때문에 격분하는 아주머니 말씀이 필자가 듣기에도 거북했다.

대화할 때 눈을 내리깔고 앉아서 상대를 절대 쳐다보지 않는 사람이 간혹 있다. 이런 사람은 상대방의 말을 들으면서도 마음속으로는 연신 다른 생각을 하는 음흉한 인물이다. 어린 시절에 부모에게서 온전한 사랑을 받지 못하고 자라서 정서가 결핍된 사람인 경우가 많다. 이런 사람을 만나면 자칫 상대방이 자신의 이야기에 감동해서 그러는 줄로 착각할 수가 있는데 잘 관찰해야 한다.

이런 남자는 여자를 상당히 피곤하고 힘들게 하는 유형이다. 결혼을 앞둔 여성이라면 이런 남자는 무조건 멀리해라. 특히, 결혼은 꿈도 꾸지 말아라. 이런 남자와 결혼한다는 것은 고달픈 생활로 가는 티켓을 예약하는 것이나 마찬가지임을 명심해라.

# 대화하면서 이 사람 저 사람 쳐다보는 여성

심리학자들의 견해에 따르면, 공적인 장소에서 거짓말을 할 때 여성의 행동과 남성의 행동은 서로 다르게 나타난다고 한다. 남자는 거짓말을 하게 되면 고개를 숙이고 있거나 다소곳해지지만, 여자는 반대의 현상이 일어난다는 것이다. 이런 상태를 심리학에서는 '반동 작용'이라고 하는데, 자신의 거짓을 감추기 위해서 반대의 행동이 나타나게 되는 것을 말한다.

생리 기전으로 보면 여성은 정적인 반면, 남성은 동(動)적이어서 공격성을 갖추고 있는데, 남성은 거짓말을 하게 되면 의식적으로 반동 작용을 일으키려고 애를 쓰기 때문에 다소곳해지는 행위가 나타난다. 그러나 행동에서는 어딘지 언밸런스한 면이 나타나기 마련이다. 마찬가지로 생리 기전상 정적인 여성은, 거짓말을 할 때는 반드시 이 사람 저 사람의 시선을 살피게 된다.

말하면서 이 사람 저 사람을 유독 쳐다보는 여성에게는 기회를 노렸다가 역습을 시도해 봐라. 그러면 그녀가 거짓말하고 있다는 것을 알아차릴 수 있을 것이다.

## 상대를 인지로 지적하면서 말하는 사람

상대방에게 손가락질을 하면서 말하는 사람이 간혹 있는데, 직업적으로 고압적인 위치에 있으며 평소에 남을 좀처럼 존중할 줄 모르는 인물인 경우가 많다. 말할 때 유심히 관찰하면 유독 인지로 상대를 지적하면서 말하는 사람이 있다. 상대를 인지로 가리키는 사람은 상대를 얕잡아보는 오만불손함이 무의식적으로 내재해 있다고 할 수 있다. 반대로, 사람을 가리킬 때 손바닥을 펴서 지적해 주는 사람은 자신보다 상대방을 먼저 앞세우는 사람이다.

필자의 경험담이다. 어느 술좌석에서 처음 만난 사람인데, 말할 때 상대를 인지로 가리키는 것이 아닌가.

"당신, 말할 때마다 검지로 사람을 가리키는 습성이 있는데, 그 버릇부터 좀 고치시오."

"그래요? 저는 잘 모르겠는데요."

그렇게 말하면서도 얼굴에는 거만한 표정이 일렁이고 있었다.

"맞아요, 선생님. 얘는 그런 버릇이 있어요."

옆에 앉아 있던 친구가 더 흥분한다.

상대를 가리킬 때는 손바닥을 펴고 약간 안으로 구부린 상태로 하라고 일러줬다.

말은 입으로만 하는 것보다 전신으로 하는 것이 설득력이 있을 때가 많다. 그러나 경우에 어긋나게 하거나, 천박한 느낌을 주게 되면 잘 될 일도 그르칠 수가 있으니 주의해야 한다. 특히, 말의 내용과 몸의 움직임이 서로 일치하지 않으면 반드시 거짓말을 하고 있다는 증거다. 몸짓과 말이 서로 다르게 나타나면 반드시 마음속에 다른 생각이 일고 있다는 것을 감지해야 한다.

특히, 말할 때 유난히 손짓을 많이 하는 사람은 거만스러운 구석이 많고, 상대를 설득하고 싶어 안달이 난 사람이다. 게다가 상대를 무시하는 경향이 많은 사람이다. 이런 사람을 만날 때는 사전에 철저히 대비를 해야 한다.


# 상대방의 시선에서 진의를 파악해라

상대의 시선을 관찰하면 상대가 당신의 속마음을 꿰뚫어 보려는 심리가 작용하는 경우인지, 당신의 의사에 전적으로 동감을 나타내는 경우인지 등을 알 수 있다.

말은 하지 않고 빤히 쳐다만 보는 사람 앞에서는 흐트러뜨리는 작전이 매우 좋다. 특히, 당신에게서 시선을 떼지 않고 눈망울의 초점을 고정하고 있는 사람을 설득하고자 할 때는 농담을 해서 상대방의 시선을 한 단계 풀어 주는 것이 매우 중요하다. 사람이 웃을 때는 긴장이 풀리면서 상대방을 받아들일 수 있는 자세로, 즉 수용적인 자세로 변화되기 때문이다.

상대의 눈을 뚫어지게 바라보고 있으면 쉽게 시선을 피해버리는 사람이 많다. 대부분 한국 사람은 시선을 뚫어지게 보고 있으면 금방 시선을 피하는 경우가 많은데, 이는 전통적인 문화 관습과 밀접한 관계가 있다고 보아야 한다. 그러나 심리학자들에 의하면, 이런 사람에게는 일관된 자기 존재감이 희박하기 때문이라고 한다. 이런 사람은 거울에 비친 상대방을 통해서만 자신을 확인할 뿐이지 진정한 자아 확립이 잘 안된 경우로 볼 수 있다는 것이다.

반면에 수줍음이 결여한 사람도 더러 있는데, 이런 사람은 대화 도중에 아무리 시선을 보내도 빤히 마주보기만 한다. 이런 사람은 자라온 환경이 좋지 않았거나 정서가 결여한 사람이니 말을 조심해야 한다. 잘못하면 마음에 상처를 주기 쉬우니 주의하기를 바란다. 이런 사람은 직장생활이나 기타 사회생활에 잘 적응하는 것처럼 보인다. 하지만 실제로 분석해 보면, 모든 일에 자의식을 표출하지 못하기 때문에 그저 저항 없이 받아들이는 것일 뿐 자신의 내부에는 항상 갈등이 많은 사람이다.

인간관계에서 가장 중요한 것 중의 하나가 상대의 진의를 파악하는 것이라 할 수 있다. 상대의 진의를 알려면 상대의 시선을 읽어라. 그러나 자칫 자신의 잣대에다 맞추어서 사람을 보려고 해서 상대의 진의를 제대로 파악하지 못하는 경우가 많다. 항상 냉정한 객관성을 잃지 않아야만 독심술을 터득할 수 있다. 또한 언제나 예외가 있다는 것도 간과해서는 안 된다.

# 대화 중에 이것저것 만지는 사람

대화 중에 책상 위에 있는 신문이나 책 등을 만지작거리거나, 공연히 호주머니에 손이 들락날락하기도 하고, 호주머니에서 무엇인가 꺼내서 만지작거리는 행동을 하는 사람은 긴요하게 할 말이 있어서 찾아온 사람이다. 십중팔구는 당신에게 어려운 부탁을 하러 온 사람이 분명하다. 단순히 안부 차 들렀거나 메시지를 전하려고 온 사람이라면, 그렇게 망설일 필요가 없지 않겠는가.

당신이 말하고 있을 때 듣는 상대가 꼼지락거리면 산만해질 것이다. 또한 상대의 마음속에는 부탁할 것이 자리하고 있어서 당신의 말을 건성으로 듣게 된다. 상대가 당신의 말을 건성으로 듣는다면 기분 나쁜 것은 당연지사다. 그렇다고 해서 불쾌한 감정부터 갖는다면 당신은 독심술에 재주가 없거나 처세에 한 발짝 뒤지는 사람이다. 이럴 때는 상대방의 마음을 재빨리 간파할 수 있는 기동력을 발휘할 줄 알아야 한다. 기분 나쁘다고만 해서야 되겠는가.

한번은 친구가 찾아왔었는데, 이야기를 하면서 보니까 이 친구가 필자의 얘기는 건성으로 듣고 자꾸 신문만 만지작거리면서 딴청을 피우고 있었다. 여느 사람 같으면 기분이 나쁘다는 정도로 끝났겠지만, 이상하다는 생각이 들었다. 그래서 그 친구의 관상을 유심히 관찰했다. 궁지에 몰린 상태라는 것을 얼굴에서 읽을 수 있었다.

"돈이 급하구먼. 얼마가 필요한데 그래?"

이렇게 의표를 정확하게 찔렀더니 그 친구는 당장에 돈이 필요하다고 실토했다. 아이가 학교에서 반 친구와 어울려 일을 저질렀다는 것이다. 그런데 변상할 돈 액수는 차치하고 마누라에게 사건의 전말을 말하기가 창피하다는 것이다. 그래서 돈이 급하게 필요한데, 마누라 몰래 변상하겠다고 털어놓았다.

혹자는 이를 보고, "에이, 관상을 보는 전문가니까 그렇지!" 하고 말할 수도 있을 것이다. 그러나 이렇게 말하기에 앞서서, 먼저 사람을 읽는 힘을 기르도록 노력해라. 만일 당신이 이런 순간을 잘 포착할 수 있다면 보다 더 중요하고 큰일들도 놓치지 않을 예리한 판단력과 사람을 보는 힘이 생길 것이다.

# 몸을 꼬면서 말하는 남자는 외로운 사람이다?

몸을 비비 꼬면서 말하는 남자를 간혹 볼 수 있는데, 심한 경우 의자에 앉아 있으면서도 반쯤 드러눕는 사람도 있다. 이런 자세는 어린 시절을 엄한 가정에서 보낸 사람에게서는 찾아볼 수 없다. 다소 개방적인 환경에서 성장한 사람에게서 나타나는데, 이런 사람은 진득하게 일을 하지 못한다. 그래서 직장을 여기저기 옮겨 다니거나 여러 가지 직업에 종사하는 경우가 많다.

이런 사람은 윗사람 노릇하기보다는 남의 밑에서 직장생활을 하기가 더 어렵다. 그렇지만 인정이 넘쳐서 모진 마음을 갖지 못한다. 또한 인정에 치우치는 경우가 많고 심약한 데가 많아서 남이 보기에는 우유부단하게 보이는 경우도 많지만 자신에 대한 극기심은 강한 편이다.

이런 사람은 외로움을 많이 타는 편이니 먼저 정을 주면서 접근해라. 마음을 다독거려 주면 당신에게 쉽게 기울 것이다. 마음이 모질지 못해 인정에 치우칠 때가 많은 사람이니 잘 사귀어 두면 당신에게 유리할 때가 있을 것이다.


# 말과 웃음을 동시에 흘리는 사람

할머니들은 반찬 투정하는 사람을 보면, 물에다가 밥을 말아 먹으라고 말한다. 사실, 반찬이 없을 때 물에다가 밥을 말아 먹으면 쉽게 넘어가기는 한다. 물에다가 밥을 말아 먹듯, 말할 때마다 웃음을 동시에 흘리는 사람이 있다. 진짜로 재미있는 장면이 있어서 참지 못하고 웃음이 터져 나오는 경우는 제외하고, 보통 때도 말과 웃음을 섞어서 흘리는 습관이 있는 사람이 있다.

이런 사람은 실제보다 허풍이 심해서 거짓이 많고, 쓸데없는 말을 많이 한다. 또한 남의 흉을 보기 좋아하는 사람이니, 말을 아껴서 말꼬리를 잡히지 않도록 주의해야 한다. 말을 하면서 허허대는 사람의 진의를 모르는 사람은 깜박 속아 넘어가기 쉽다. 그러나 이런 사람일수록 상대방 면전에서는 완전히 동조하면서 존경하는 척을 잘하다가도 돌아서서는 상대방의 흉을 보기 일쑤다. 이런 사람과 대화를 나눌 때는 얼버무리는 웃음의 트릭에 넘어가기 쉬우니, 항상 주의해야 한다.

만약 당신이 이런 사람과 마주하게 되면 모르는 체하고 동조해 봐라. 그러면 당신을 이용하기 위해서 갖은 수다를 다 떨면서 당신의 혼을 뺄 것이다. 그러나 이런 사람은 믿음성이 없으며 매사에 신빙성이 없으므로 깊이 사귀지 않는 것이 현명하다. 절대로 속마음을 내보이지 말고, 적당히 얼버무리는 게 상책임을 기억해라.

## 상대의 말을 지긋이 듣고 있는 사람

당신의 말이 끝날 때까지 시선을 고정하고 지긋이 듣고 있는 사람은 당신의 말을 분석하고 반격할 자세를 취하는 중이라고 볼 수 있다. 심한 경우 메모지까지 동원하는데, 이는 당신의 말을 경청한다는 차원을 넘어서 자기의 뜻을 전개할 궁리를 하는 증거다. 이런 경우 당신의 말을 상대가 경청하고 있다고 여기고 좋아할 일이 아니다.

이런 사람은 따지기를 좋아하는데, 주로 마른 체질인 경우가 많다. 이를 '심성질' 체질이라 하는데, 전반적으로 몸이 야윈 편이고 눈빛은 비교적 초롱초롱하며 예민해 보이는 체질에 많다. 이런 사람에게는 섣불리 인정에 호소하면 오히려 손해가 따르니 주의해야 한다. 그보다는 논리적이고 합리적으로 대해야 하는 인물이니, 이 점을 잘 고려하여야 할 것이다.

즉시 대항하여 이런 사람의 예봉을 논리적인 방법으로 꺾을 수도 있고 다음 기회를 기다릴 수도 있지만, 일단 상황을 제대로 파악해야 한다. 당신이 어떤 관계로 사람을 만나든 그 사람의 일거수일투족을 잘 관찰해서 그 사람의 행동을 잘 체크하는 습관을 기른다면 유익한 인간관계를 맺을 수 있을 것이다.

# 말할 때 몸을 지나치게 많이 움직이는 사람

말할 때 몸을 지나치게 많이 움직이는 사람은 성질이 급하고, 지구력이 부족하고, 매사에 싫증을 빨리 내는 유형이니, 사귀는 데 있어서 조심해야 한다. 이런 대화 습관을 지닌 사람을 보고 성질이 급하고 지구력이 부족하다고 할 수 있는 것은, 우선 자기 처지만 생각하는 경우가 많기 때문이다. 특히, 이런 사람은 자유분방한 환경에서 자랐기 때문에 남에게 구속받는 것을 싫어한다. 그래서 여자를 사귀어도 쉽게 헤어지거나 싫증을 빨리 내면서도 본인은 외롭다고 호소하는 경우가 많다.

필자가 아는 사람 중에 이러한 대화 습관이 있는 사람이 있었다. 안 좋은 대화 습관이므로 필자가 교정을 시켜 주었더니, 자연적으로 성격에도 변화가 오는 것을 알 수 있었다. 사람이 입는 의상이나 말하는 습관, 걷는 태도 등을 고쳐 나가면 성격에도 변화가 온다. 성격에 따라 운명이 정해지는 것이니, 성격의 변화에 따라서 운명이 바뀌는 것은 당연한 일이 아니겠는가.

말할 때 요동한다거나 몸을 지나치게 많이 움직이는 것은 마음이 안정되지 않은 상태를 뜻한다. 급박한 상황에 몰려 있는 사람을 곁에서 가만히 지켜보면, 안절부절못하게 되는 것은 자연적인 현상이라는 것을 알 수 있다. 그런데 성격이나 습관이 이런 사람은 환경이나 상황에 상관없이 그런 태도가 나타나는데, 이는 마음이 조급하고 하는 일이 제대로 되지 않는 상태를 표현하는 것이다. 이처럼 사람의 태도는 그 사람의 운에 따라서 다르게 표현되는 것이다.

# 용무가 끝났는데도 미적거리고 있는 사람

용무가 끝났는데도 갈 생각은 하지 않고 쓸데없는 말을 계속 시키는 사람이 있다. 상대가 이렇게 나올 때 자칫 방심하면 허를 찔리기 쉬우니 주의해야 한다. 질문을 하기도 하면서 계속 말을 시키는 사람을 유심히 관찰하면 그다지 논리에 맞지도 않는 말을 지껄이고 있다는 것을 금방 알 수 있다.

말이란 사람과 사람 사이에 의사를 연결하는 기호이며 상대방에게 자신의 마음을 전달하는 도구이다. 그래서 말을 들음으로써 그 사람의 의지나 기분, 마음속을 알 수 있으며, 말을 함으로써 자신을 표현할 수 있는 것이다. 그러나 어떤 때는 본심이 아니라 겉치레로 하는 말이 통용되기도 한다.

예를 들어, 이웃집에 놀러 갔을 때 "이리 와서 식사 좀 해요."라고 권한다고 해서 말이 떨어지기가 무섭게 선뜻 달려들어 숟가락부터 집어 든다면 눈치 없는 사람으로 여길 것이다. 심지어 이상한 사람으로 볼 수도 있을 것이다. 서양 사람들은 이런 경우에 당연히 포크를 들고 덤비거나, 정중하게 사양하는 의사를 분명히 나타낼 것이다. 그러나 우리의 경우는 좀 달라서, 아무리 뱃속에서 쪼르륵 소리가 난다고 해도 선뜻 덤벼들 일이 아니다.

우선, 말한 사람의 진의부터 파악하기 위해 해석을 해봐야 할 것이다. 우리 언어 감각은 이중 구조가 있어 해석이 곤란할 때가 많다. 마찬가지로 상대가 얄밉거나 보기 싫을 때 지나친 친절을 나타내는데, 이것을 심리학에서는 '반동형성'이라고 말한다. 이를 모르고 액면 그대로 받아들여서 바보 취급을 받는 사람들도 더러 있다.

용무가 끝났음에도 불구하고 갈 생각은 안 하고 미적거리면서 헛칭찬을 늘어놓거나 논리에 맞지 않는 질문을 계속 늘어놓는 사람은 정보를 빼내려는 사람이다. 상대가 지금 무엇을 노리고 있는가, 어떤 정보를 빼내고자 하는가를 면밀히 살펴보아라. 상대의 본뜻을 금방 알 수 있을 것이다. 이럴 때는 입을 봉하는 것이 상책이다.


# 대화 중에 거짓말하는 사람 알아내는 방법

소파에 앉아서 대화할 때 시선을 피하면서 지나치게 느슨한 척하는 경우가 있다. 과장된 여유를 보이면서 말하고 있지만 말의 앞뒤가 잘 맞지 않는 경우가 있는 것이다. 이런 경우, 상대방에게 약간 어려운 질문이나 부탁을 하면서 상대의 심증을 읽어낼 수 있다.

상대는 빨리 대답하기 위해 논리에 맞지 않는 대답을 하거나, 혹은 엉뚱한 방향으로 화제를 돌리기도 한다. 이럴 때는 당신에게 어떤 목적을 가지고 거짓말을 하고 있다는 것을 간파해야 한다. 또한 말을 하면서 지나치게 손짓을 하거나 쓸데없이 물건을 만지작거릴 때는 속마음과 말이 일치되지 않는다는 것도 알아야 한다.

인간은 자신을 표현하는 데 있어 말 이외에 대략 70만 개나 되는 기호를 사용한다고 한다. 사람이 이렇게 많은 기호를 사용하여 의사소통하고 있다니, 정말 놀라운 일이 아니겠는가. 그중에서도 움직임, 몸의 동작, 표정 등을 관찰하면 재미있는 현상을 발견할 수가 있다. 유심히 관찰하면, 거짓말은 입으로 하는 것이 아니라 동작으로 하는 것임을 금방 알 수 있다.

대화가 도중에 끊기는 경우도 거짓말을 꾸며대고 있다는 증거로 포착할 수 있다. 이때 날카로운 질문을 던져보면 자신이 하는 거짓말의 공백을 메우려고 재빨리 대답하게 되는데, 유연성이 없어지며 몸짓까지 뻣뻣해지기도 한다. 또 평소와는 달리 말이 빨라지기도 한다. 말에 유연성이 없어지기 때문에 자연 대화가 건조해질 수밖에 없다. 어린이는 순수하게 거짓말을 감추지 않고 하는데도 그 행동이 달라지는 것과 마찬가지로, 어른이 거짓말을 할 때도 행동으로 드러나게 된다.

지금까지 말하던 음성보다 톤이 갑자기 튄다거나, 유독 강조하는 말을 할 때는 유심히 관찰해 보아야 할 필요가 있다. 이럴 때 말하는 사람은 "이건 절대 거짓말이 아니야!" 하는 억지로 태연한 표정을 지어 보인다. 그렇지만 그것이 반동 심리 작용에서 나오는 것임을 미리 간파하고 있다면, 어색한 행동과 부자연스러운 음성에서 배어 나오는 거짓말의 신호를 금방 파악할 수 있다.

# 대화 중에 손을 지나치게 놀리는 사람

낯선 사람으로부터 걸려 오는 전화를 받는 경우가 많다. 어떤 때에는 필자를 찾아오려는 사람에게 사무실 위치를 정확하게 설명해 줘야 한다. 이런저런 전화를 받으면서 메모지에다 무의식적으로 낙서하

는 경우가 많다. 전화를 끊고 나서 낙서 내용을 살펴보면, 안내하고
자 하는 위치를 써놓았거나 상대방에게 말한 내용을 그대로 써둔 경
우가 많다. 이렇게 글을 써가면서 말하고 나면 자신도 모르게 긴장이
풀리는 수가 많다. 반드시 글을 써가면서 대답해야 할 필요가 없는데
도 낙서하는 것을 보면, 정신 내부의 긴장을 어떤 동작을 통해서 해
소하기 위한 것임을 알 수 있다.

이처럼 무의식적인 행동이 겉으로 표출된다는 것을 생각하면, 아
찔한 생각이 들 때가 많다. 어떤 사람은 잠꼬대하다가 아내 몰래 사
귀는 여자가 있다는 사실이 들통났다던데……. 무의식 속에 있는 생
각이나 행동은 꿈으로만 나타나는 것이 아니라 전화를 받는 모습에
서도 나타난다. 이처럼 모든 행동은 마음속의 표현이 의식적으로 또
는 무의식적으로 표출되는 것이다. 이런 행동 하나하나를 세심하게
관찰할 줄 안다면 당신은 이미 독심술의 대가라고 할 만하다.

전화를 받으면서 무의식적으로 놀리는 손동작 하나하나가 정신의
긴장을 풀어 주는 역할을 한다. 또한 전화를 받고 나면 벽이나 달력
같은 데다 낙서를 해놓는 버릇이 있기 때문에 가족들은 낙서만 보고
도 필자가 누구와 어떤 대화를 했는지 죄다 알게 된다. 다른 일을 하
면서도 손으로 필요 없는 동작을 계속하면 긴장감이 해소된다는 것
을 체험으로 깨달은 뒤부터는 사람들과 대화할 때 몸동작을 유심히
살펴보는 버릇이 생겼다. 어떤 일을 하면서 긴장해 있는 사람은 무엇
인가를 계속 만지작거리거나 필요 없는 몸동작을 한다.

연인끼리 앉아서 대화하는 모습을 보면 여자가 남자를 더 좋아하
는가, 남자가 여자를 더 좋아하는가 하는 문제를 제기해 본다. 곁에
서 유심히 살펴보면, 그들의 행동에서 금방 해답을 찾아낼 수가 있
다. 또한 이런 세심한 주의력을 키우는 것은 상대방 속마음을 파악하
는 바로미터가 될 수 있다.

사람이 어떤 긴장된 분위기에 휩싸이게 되면, 그 긴장 상태를 몸의 다른 부분의 단순한 행동 처리를 통해서 완화하려는 본능적인 욕구가 발동하게 된다. 이를 신경 생리학적인 면에서 살펴보면, 정신적인 활동과 육체의 움직임이 현재 직접적으로 관계가 없으면서도, 신체의 일부분을 단순 반복적으로 움직임으로써 신경계나 정신 내부의 긴장된 상태를 완화하는 활동이 본능적으로 개시된다고 한다.

난생처음으로 텔레비전에 출연하는 사람은 자신도 모르는 사이에 다리를 떤다거나 손을 필요 이상으로 올렸다 내렸다 한다고 한다. 이는 긴장된 정신 상태를 육체의 다른 부분이 자연스러운 동작을 통해서 해소하려는 무의식적인 행위다. 이런 미세한 움직임 하나라도 세심히 관찰하면 침묵의 언어를 들을 수 있을 것이다.

대화를 하면서 상대방에게 무의식적으로 손가락질을 하는 사람은, 상대방에게 어떤 열등감을 느끼고 있다고 봐야 한다. 상하의 서열이 현격하게 차이 나는 사람 앞에서는 손가락을 함부로 움직이지 못하고 깍지를 끼거나 주먹을 살며시 쥐었다 펴기도 한다. 그러나 대등한 관계에 놓였을 때 무의식적으로 손가락질을 하는 행위는 당신에게 열등감을 느끼고 있거나 당신에게서 스트레스를 받는 증거라는 것을 알아차리려야 한다.

손가락질한다고 해서 무조건 자신을 무시하는 처사가 아닌가 하고 기분 상해 하거나 흥분하기보다는 상대의 동작을 세심하게 살펴보는 것이 독심술을 익히려는 마음가짐이다.

## 대화할 때 가깝게 접근하는 사람

두 남녀가 걸어가는 모습을 보면 어느 정도의 사이인지를 짐작할 수 있다. 만약 그들이 연인 관계라면 그 애정의 깊이를 짐작해 볼 수도 있다. 커피숍 같은 데서도 두 사람의 대화하는 모습을 유심히 관찰하면, 마주 앉는 경우와 같은 방향으로 앉아서 얘기하는 경우가 있다. 이들을 면밀히 관찰하면 어떤 관계인지 알 수 있게 마련이다.

자신의 운신 폭을 둘러싸고 있는 공간 영역을 심리학에서는 '세력 공간'이라고 한다. 이 세력 공간의 폭을 넓게 잡는 사람은 마음이 약하거나 내향적인 성향인 경우가 많다. 반면에 대화 시에 세력 공간을 좁혀서 접근하는 사람이 있다. 이는 적극적이고 외향적인 인물이다. 소극적이며 내향성인 사람이나 여성들은, 방어 기전을 발휘하여 자신의 세력 공간을 의식적이든 무의식적이든 넓히려고 애를 쓰기 때문에 상대의 접근에 무척 신경을 쓴다.

이때 유심히 관찰하면, 적극적인 사람이 소극적인 사람에 비하여 접근 거리를 더욱 좁혀서 대화하려고 애쓴다는 것을 알 수 있다. 관상학적으로 보면 비교적 뼈대가 굵고 운동 기질로 보이는 근골질 체질의 사람이, 나약하고 섬세하게 생긴 심성질 체질보다는 세력 공간을 좁히려고 애쓰는 유형이다. 이런 사람은 상대방을 적극적으로 설득하고자 애쓰는 경향이 많다. 심리적으로 분석해 보면, 상대방에게 설득당하지 않으려면 상대방이 거리를 좁히는 것을 허락하지 않는 것이 좋은 방법이다.

필자를 처음 찾아온 고객의 카운셀러 역을 할 때는, 항상 한 가지 실험을 해본다. 상대방에게 아주 가까이 접근하여 대화를 해보기도 하고, 약간 떨어진 거리에서 대화를 해보기도 하는 것이다. 그러면 성격에 따라서 가까이 접근하는 것을 경계하는 사람과 예사로 받아넘기는 사람으로 구별이 되는데, 경계를 하는 사람이 확실히 소극적인 성격의 소유자임을 알 수 있다.

상대가 밀착하여 대화할 때는 당신을 설득하기 위한 작전이라는 것을 생각해야 한다. 설득당하지 않으려면 접근 거리에 신경을 써라. 반면 당신이 상대를 설득하고자 할 때는 가능한 한 공간을 좁혀서 시도하는 것이 더 유리할 것이다. 또한 언제나 가까이 다가와서 이야기하려는 사람은 그만큼 적극적인 인물이고 외향적인 성격을 지닌 인물이라는 것을 명심해라.

# 대화 중에 눈을 심하게 두리번거리는 사람

사람은 외부로부터의 정보를 먼저 감각 기관을 통하여 받아들이고 나서 그 정보를 분석한 뒤에 행동 방침을 결정한다. 이러한 과정의 첫 단계에서 정보 수집의 70%가 눈을 통해 들어온다고 한다. 외부의 정보는 시각, 청각, 촉각, 미각 등을 통해서 전달되지만 그중에서 시각이 가장 으뜸이다. 그래서 '백문 불여일견'(百聞不如一見)이라는 말을 자주 쓰게 된다.

대화 중 눈을 심하게 두리번거리는 사람은, 정서 불안인 경우와 습관적인 경우의 두 가지로 구분된다. 여기에서 문제가 되는 것은 습관적으로 눈을 두리번거리는 경우인데, 이런 사람은 우선 남의 일에 궁금증이 나서 견디지 못하는 유형이다. 또한 말 퍼뜨리기 좋아하고, 남을 헐뜯는 데 앞장서는 사람이니 조심해야 한다.

열애 중인 남녀는 우선 눈부터 관찰하면 알 수 있다. 남녀 사이에서 사랑의 가교역할을 하는 것이 다름 아닌 눈이기 때문이다. 사랑의 커뮤니케이션 수단으로서는 단연 시선을 빠뜨릴 수는 없다. 사람에겐 몸짓이나 음성 혹은 표정 등이 커뮤니케이션 수단으로 받아들여지고 있지만, 눈만큼 민감한 반응을 보이는 것도 없다.

시선이란 상대방에게 전달되는 말의 보조 수단이기도 한데, 이때 과잉 반응을 보이거나 두리번거리는 것은 은밀한 의중이 숨어 있다는 증거다. 특히, 눈을 두리번거리는 사람은 당신의 비밀을 캐려는 사람이다. 그러므로 상대의 눈을 잘 관찰해서 보안을 유지해야 할 것이다.

# 대화 중에 제삼자에게 당신을 칭찬하는 사람

만약 당신이 합석한 자리에서 제삼자에게 당신에 관해서 입에 침이 마르도록 칭찬을 해대는 사람이 있다면 무조건 좋아할 일만은 아니다. 당신을 칭찬하고 있다는 자체가 역으로 생각하면 당신에게 질투를 느끼고 있다는 증거이다. 이럴 때는 미리 마음속으로 대비해야 한다.

일반적으로, 질투라고 하면 여성만이 갖는 전매특허처럼 생각하기 쉽지만, 남자도 여성 못지않게 질투심이 강하다. 특히, 남성들끼리의 세계라면 더하다. 동료가 진급했을 때, 혹은 아들이 일류대학에 입학했을 때 입술에 발린 말로써 칭찬이나 축하를 하면서도 속으로는 딴생각을 품고 있는 사람이 많다. 사람을 옆에 앉혀 놓고 계속 칭찬이나 자랑을 해대는 사람의 저변에는 자신도 그렇게 되고 싶다는 염원과 질투심이 깔려 있다는 증거다.

남자가 겉으로 질투를 나타내지 않고 속으로 감추는 이유는 남성 우월주의의 사회문화적 배경에서 비롯되었다고 볼 수 있다. 특히, 여성의 질투는 애교나 애정의 표시로 받아들여져 대수롭지 않게 여기지만, 남성의 질투란 못난 행위로 치부되는 사회적 인습 때문일 것이다. 그래서 여자의 질투가 직선적이라면 남성의 질투는 다분히 곡선적이거나 우회적이라 하겠다.

남성들은 우선 상대를 질투하고 싶은 생각이 들 때는 칭찬으로부터 시작하는 경우가 많다. 남자에게는 질투란 사내답지 못한 거라는 인식이 강하게 심겨 있어서 여성과는 달리 우회적인 수법을 쓰게 되는 것이다.

필자가 잘 아는 사람이 있는데, 그는 항상 상대방을 앞혀 놓고 제삼자에게 상대방에 관해서 칭찬하는 습관이 있다. 그러나 그 사람이 자리에 없을 때는 영락 없이 칭찬하는 척하다가 꼭 단서가 붙는다.

"그 사람은 이런 점은 좋은데, 다만…"

이런 식의 어투로 상대를 깎아내리는 수법을 쓰기도 한다.

이런 남자의 심리는, 여자가 남자를 좋아하면서도 우선 싫어하는 체하고 싶어 하는 것과 같다. 여성은 속으로 좋아하는 남성이 있으면 남이 듣는 장소에서는 강한 부정을 표현한다. 여자가 동료들 사이에서 어떤 남자를 지목하여 강하게 흉을 본다거나 혹은 헐뜯는 말을 입에 올린다면 따라서 눈여겨봐야 한다. 이는 그 여자가 그 남자에게 관심을 두고 있다는 의미로 해석해도 무방하다.

# 눈을 자주 깜박이며 이야기하는 사람

상대방과 마주 앉아서 대화하다 보면 눈을 자주 깜박이는 사람, 고개를 흔드는 사람, 몸을 비비 꼬는 사람 등의 여러 유형의 사람들을 볼 수 있다. 대화 중에 의식적으로 또는 무의식적으로 드러나는 사람들의 행동들은 참으로 다양하다. 그런데 이런 경우에는 습관적으로 그런 행동을 하는 사람인가, 혹은 평상시에는 그렇지 않던 사람이 갑자기 그런 행위를 하는가를 면밀히 잘 검토해 보아야 사람을 제대로 판단할 수 있다.

습관적으로 눈을 자주 깜박이는 사람은 어렸을 때부터 긴장된 분위기에서 자랐거나, 정서 처리가 순화되지 않아서 그런 습관으로 전이된 경우가 많다. 이런 사람은 우선 완벽주의에 가까울 정도로 남에게 실수하는 것을 매우 싫어하는 성격이기 때문에, 상대와 마주 앉으면 모든 신경이 눈으로 집중되어서 일종의 이상 현상을 일으키는 것으로 보면 정확할 것이다. 많은 사람이 모인 곳에서도 극히 절친한 사람하고만 이야기를 나누는 편이다. 사람들 앞에서 자기 의사를 발표하거나 자신을 소개할 때도 이런 현상이 나타나기도 한다.

이런 사람은 이성을 쉽게 사귀지 못하기 때문에 고독하게 지내는 경우가 많다. 그러나 일단 가정을 꾸리면 아내에게는 좋은 남편, 자녀들에게는 좋은 아버지가 된다. 특히, 웃어른을 모시고 살 때는 자신을 희생하면서까지 헌신적으로 섬기는 타입이다. 그래서 집안의 친지들에게도 신임받으면서 성실하게 가정생활을 꾸려 나갈 타입이다. 관상학적으로는 비교적 초년에 궁색하게 살거나 고생을 많이 하지만, 중년기가 넘고 말년기에 가서는 잘살 수 있는 상이다.

이런 사람에게는 칭찬이나 충고보다는 있는 그대로 대하는 것이 효과적이다. 허영을 부린다거나 쓸데없는 자존심을 내세우지도 않는 성격이기 때문에 과장 없이 현실 그대로만 진실하게 보여 주면 좋은 인간관계를 맺을 수 있는 사람이다.

한편, 평소에는 그렇지 않던 사람이 갑자기 눈을 깜박이며 말하는 경우가 있는데, 이는 당신에게 관심을 품고 있다는 증거이다.

## 상대와 시선을 마주하면서 대화하는 사람

만일 눈이 입보다 말을 더 많이 한다는 것을 파악할 정도라면 당신은 이미 독심술에서 상당한 경지에 이르렀다고 볼 수 있다. 일반적으로 사람들은, 눈이 입보다 말을 더 많이 한다는 것을 상식적인 이야기라고 치부해 버리기 쉽다. 그러나 아주 조그마한 불씨가 엄청난 대화재를 일으키듯, 세상을 살아가다 보면 사소한 일이나 상식적인 일을 예사로 넘기다가 일을 그르치는 경우가 많다. 흔히 대화할 때 상대의 눈을 유심히 보게 되면서도 예사로 넘기는 경우가 많은데, 사실은 눈은 입으로 말하는 것보다 더 진솔한 표현을 하고 있다는 것을 간과해서는 안 된다.

공휴일에 근사한 커피숍이나 레스토랑에 가보면 맞선 보는 젊은 남녀가 눈에 띈다. 그들의 좌석과는 다소 먼 거리에 자리하고 있어서 그들이 하는 말소리는 귀에 들리지 않을지라도, 상대에게 호감을 느끼고 있는지 아닌지를 알 수 있다. 그것은 바로 상대에게 던지는 시선을 읽을 수가 있기 때문이다. 그들이 나누는 말을 알아들을 수는 없지만, 표정에서 가장 예민하게 작용하고 있는 시선을 주시해 보면 첫 만남에서 그들이 서로 어느 정도의 호감을 지니고 있는지는 금방 알 수 있는 것이다.

상대와 마주 앉아 대화할 때 어느 정도는 상대의 시선과 시선을 마주하면서 대화하는 것이 상대에 대한 예의이기도 하고, 상대방에게 강한 인상을 심는 좋은 방법이기는 하다. 그러나 간혹 보면, 이야기하는 처음부터 끝까지 상대의 눈을 주시하고 있는 사람이 있는데, 이럴 때 상대는 때에 따라 민망해지기도 하여 먼저 시선을 피하기도 한다.

이처럼 처음부터 끝까지 계속해서 상대방의 눈을 쳐다보고 있는 사람은 단순한 데가 많고 처세에 미숙한 사람이다. 마음은 정직하고 진실하지만, 처세에 약하여 고지식하다는 소리를 많이 듣게 된다. 이런 사람은 관상학적으로 마음고생이 많으며 인덕이 없는 사람이기도 하다.

# 남의 말을 모두 이해해 주는 체하는 사람

대화 중에는 상대의 말을 모두 이해해 주고 수용하는 체하면서도 정작 실천에 옮길 때는 오리무중(五里霧中)인 사람이 있다. 이런 사람은 부탁받으면 즉석에서 모두 들어줄 것처럼 말을 쉽게 하고, 또한 무슨 일이든 깊이 생각하지 않고 잘 떠맡는다. 상대가 어려운 취직을 부탁하거나 난해한 일을 의논하면 자기 능력은 생각지도 않고 쉽게 확답부터 먼저 해버린다. 그런 연후 실천해야 할 시점에서는 흐지부지 넘겨버리며, 구멍 속으로 들어가는 뱀 꼬리처럼 슬며시 꼬리를 감추는 것이다.

이런 사람을 가만히 관찰하면, 경솔하게 처세하는 경우가 많기는 하지만 양심적이므로 의도적으로 남을 속이는 일은 없으며 의외로 인정에 치우치는 경향이 많다. 지극히 단조로우며 인정에 치우치는 성격의 소유자이기 때문에 당신이 인간적으로 대해 주면 좋은 인간관계를 맺을 수 있을 것이다.

이런 사람을 대할 때는 반대 의사만 펴지 않으면 무난하다. 이런 사람에게 강력하게 반대 의사를 편다거나 직설적으로 약점을 지적하면, 마음의 문을 열지 않을 뿐만 아니라 대화가 곧바로 단절되어 버리게 된다. 그러나 일단 상대에 대해서 좋은 인상을 받으면 자신의 힘닿는 데까지 도와주려고 하기도 하고, 물질을 아낌없이 베푸는 인간미도 있는 인물이다.

# 대화 중에 호탕하게 웃어대는 사람

하등동물과는 달리 웃음의 문화를 누리는 것은 인간만의 특권이라고 할 수 있겠다. 사람의 웃는 모습이 얄밉다거나 혹은 복스럽다고 하는 이야기를 자주 들을 수 있는데, 사람이 웃을 때에 그 모습이 자연스럽다면 진실을 나타내는 것이라 할 수 있다. 그러나 웃음이 자연스럽지 못하거나 혹은 억지로 과장되어서, 불쾌한 느낌을 받았던 경우를 체험해 보았을 것이다. 그러므로 사람이 웃을 때에 감정의 교류가 가장 많이 이루어진다고 볼 수 있다.

자세히 관찰하면, 웃음 속에는 비수가 들어 있기도 하고 따뜻한 사랑이 들어 있기도 하다. 상대를 앞에 앉혀 두고서 억지로 호탕한 척 웃는다거나 혹은 습관적으로 호탕하게 웃어대는 사람이 있다. 따뜻하게 웃는 모습을 보고 있노라면 금방 마음이 안정되고 편안한 느낌이 들 수 있다. 그래서 수사관들은 범인을 취조할 때 아무것도 아닌 것처럼 호탕하게 너털웃음을 웃어서 일단 범인을 안심하게 만든다고 한다. 그런 다음에 정곡을 찔러서 진실을 캐내는 작전을 쓴다고 한다.

아주 호탕하게 웃어댈 때는 상대가 방심하게 된다는 점을 이용하려는 심리에서 호탕하게 웃어대는 사람이 있다. 이런 사람은 자신의 속마음을 웃음으로 포장하여 두고서 절대로 상대에게 속마음을 쉽게 열지 않는 성향이 있다. 상대가 호탕하게 웃는다고 해서 방심하고 접근했다가는 당신의 속마음을 전부 빼앗기는 계기가 되고 말 것이니, 웃음에 현혹되지 말아야 한다.

마음속에 들어 있는 것이 별로 없이 먼지만 폴폴 날리며, 열등의식이 많으면서도 외향적인 성격을 지닌 사람들이 이런 웃음을 웃는 경우가 많다. 언뜻 보기에는 꽤 대범해 보이기도 하고 마음이 넓은 호인 같아 보이지만, 사실은 이와는 정반대로 냉정하고 편협한 성향을 지닌 경우가 더 많다.

이야기 도중에 별로 해당 사항이 없어도 이빨을 자주 드러내며 헤헤거리거나 호탕한 웃음을 흘리는 사람의 속마음에는 분명 열등의식이 도사리고 있다. 이런 사람의 관상은 권모술수에 능하기도 하고 사람을 좀처럼 믿지 않으려는 의심증을 동반하고 있기도 하다.

호탕한 웃음은 과장된 경우이거나 혹은 헛웃음인 경우가 많다. 나이가 지긋하신 분들이 주로 인용하는 "자고이래로 헛웃음 치는 놈하고 가까이 해서는 안 되는 법이여!"라는 말을 분석해 보면, 헛웃음 치거나 호탕한 척 과장된 웃음을 웃어대는 사람은 경계해야 하며, 이러한 사람을 대할 때는 조심스럽게 임해야 함을 알 수 있다.

# 식사 습관으로 읽기 4

## 밥을 숟가락에 듬뿍듬뿍 떠서 먹는 사람

먹는 행위가 인간의 본능적인 욕구 중에서 가장 기본적인 욕구라고 본다면, 이 기본적인 욕구 충족의 행위가 그 사람의 습관을 가장 잘 나타내는 것이라 할 수 있다. 반복되는 무의식의 행위가 습관이 되고, 그 습관이 성격을 형성해서 운명까지 만들어간다고 볼 수 있다. 이처럼 사소한 식사 습관으로 그 사람의 운명까지도 읽을 수 있다니, 놀랍지 않은가.

음식을 먹을 때 듬뿍듬뿍 떠서 거침없이 먹어대는 사람은 주로 '영양질' 체질에 많은데, 현실적으로 아주 건강 상태가 좋으며 성격도 원만해서 누구하고도 잘 어울린다. 성격은 유머가 많으며 소탈하고, 남을 잘 이해하는 편에 속하며, 대범한 성향이 많은 사람이다. 이런 사람은 먹는 것을 즐기는 식도락가인 경우가 많다.

이런 사람은 겉으로는 꾸밈없이 아무렇게나 있는 그대로 내보이지만, 속에는 내적인 욕망으로 가득 차 있는 인물이니 너무 쉽게 생각해서는 안 될 것이다. 이런 사람을 대할 때는 까다로운 형식이나 절차보다 실리적인 면을 강조하는 것이 효과적이다. 인간관계의 폭이 넓은 반면, 한번 틀어지기 시작하면 회복하기 어려우니 미리 조심하여 대하는 것이 좋을 것이다.


# 갉아먹듯 야금거리면서 밥을 떠먹는 사람

같이 식사하다 보면 다 먹을 밥이면서도 먹기 싫은 밥을 먹듯이 힘들게 먹는 사람이 있다. 이런 사람과 한자리에 앉아서 식사하고 있으면 식욕이 떨어지고 기분이 좋지 않은 경우가 많을 것이다.

이런 사람은 마음속에 열등의식이 많이 내재해 있다. 성장 환경을 살펴보면, 편모슬하에서 온전한 사랑을 받지 못하고 자란 사람이거나, 이와는 반대로 너무 사랑만 받고 자란 이기적인 사람인 경우가 많다. 대부분 외로운 사람인 경우가 많으니 다정하게 대하면 금방 마음을 털어놓는 편이다.

이런 사람의 잠자리나 책상은 항상 깨끗이 정돈되어 있으며, 심하면 결벽증에 가까울 정도로 정리 정돈이 철저하다. 이런 사람일수록 분위기를 잘 타기 때문에 성격을 잘 파악하고 대하면 당신이 하고자 하는 일에 유리한 고지를 점령할 수 있을 것이다.


# 젓가락으로 밥을 찍어 먹는 여성

식사한다는 것은 인간의 기본적인 욕구 중에서도 빼놓을 수 없는 일이며 매일 대하는 기쁨 중에서도 부담이 없는 행위이다. 우리는 숟가락과 젓가락을 사용하는 식생활 문화인 데 반해, 서양 사람들은 포크와 나이프를 사용한다. 포크는 사용하기가 단순한 데 비해서 젓가락은 사용하기가 어렵다. 두 개가 한 벌인 젓가락을 사용하는 것은 먹는 행위 자체에서 협동심을 기른다는 의식이 들어 있다고 볼 수 있겠다.

젓가락은 두 개가 짝이 꼭 맞아 서로 조화를 이루어야 작업을 할 수 있는데, 인간 생활에서도 남과의 화합이 잘 맞아야 조화를 이룰 수 있다. 그러므로 식사를 하면서 협동심과 화합에 관한 실습을 하고 있다고 할 수 있다. 그러나 요즘에는 서양의 식생활 문화가 많이 도입되어 아이들이 즐겨 먹는 음식도 포크와 나이프를 사용하는 음식이 주종을 이룬다고 한다. 그래서 아이들은 젓가락질이 서툴다고 하니, 식생활 문화의 변천 이면에 인생관도 많이 변화되고 있음을 실감케 한다.

옛날 어른들은 여자가 젓가락으로 밥을 찍어 먹는 것도 예법에 벗어난다고 생각해 왔다. 본래 밥은 숟가락으로 뜨고 반찬은 젓가락으로 집어 먹는 것이 어른 앞에서의 식사 예의라고 배워왔다. 지금도 나이 드신 분들은 여자와 겸상할 때 닭이 먹이를 콕콕 쪼아 먹듯 젓가락으로 밥을 먹는 것을 과히 좋지 않게 여기는 경우가 많다.

식사하다 보면 숟가락으로 떠먹어야 할 음식인데도 꼭 젓가락을 사용하려고 애쓰는 여성이 있다. 이런 여성은 자기중심적인 성격의 소유자이며, 타인과의 관계에서도 자기 위주로 행동하기 때문에 폭넓은 인간관계를 형성하지 못하는 경우가 많다. 이성에 대해서는 질투심과 독점욕이 강하므로 자존심을 건드리지 않도록 조심해야 한다. 상대에게 베풀기보다는 받으려는 성격이기 때문에 이런 여자의 남편은 상당히 고달플 것이다. 또한 실리성보다는 분위기나 기분에 좌우되는 경향이 많아서, 차 한 잔을 마시더라도 아무 데서나 마시려고 하지 않는 타입이다.

# 편식하는 사람은 정직한 사람이다?

옛날에는 여러 형제자매가 한 집에서 살을 비비며 자랐지만, 요즘 아이들은 대부분 다른 형제자매 없이 혼자 자라는 경우가 많다. 그리고 필자의 어린 시절에만 해도 먹을 쌀도 넉넉하지 않아서 '보릿고개'라는 말이 있었다. 그러니 간식이라고는 구경도 못 하면서 자란 경우가 태반이었다. 하도 먹을 게 없어서 쓴 것도 달다고 하면서 마구 먹어댈 정도였으니…

옛날에 굶고 지내던 이야기를 요즘 아이들에게 들려주면, 가게에서 빵이라도 사 먹든지 라면이라도 사다가 끓여 먹든지 할 것이지 굶기는 왜 굶었느냐고 어이없는 대꾸를 한다. 참으로 기가 찰 노릇이다. 요즘 젊은 엄마들은 대부분 아이가 잘 먹지 않는다고 걱정한다. 아이들은 배가 고프면 자연적으로 먹게 되어 있는데도 엄마로서는 아이가 섭취해야 할 영양가를 먼저 생각하여 성급한 걱정을 하기 때문에 더 안 먹게 되는 경우가 많다.

한창 공부를 해야 하는 아이들에게 공부하라고 채근을 하면 아이들은 더욱 공부하기를 싫어한다. 이와 같이, 영양가가 높은 음식이라고 해서 아이들에게 자꾸만 먹으라고 강요하면 아이들은 점점 더 먹기를 싫어한다. 그래서 편식하게 되는 것이다. 편식하게 되면, 성격이 소심해지고 다른 사람과의 타협이 결여해 자기중심적인 성격이 형성되기 쉽다.

부모의 사랑만 받고 자라거나 풍부한 음식을 먹기만 강요받고 자라게 되면, 자연 남의 배고픔이나 남의 어려움을 모르는 게 당연하지 않겠는가. 이처럼 사람은 먹는 습관 하나에서도 그 사람의 자라온 환경과 과거를 거울처럼 드러내는 것이다. 편식하고 자란 사람의 환경을 보면 대부분 부모의 과잉보호나 과잉 기대 속에서 자란 외아들이거나 외동딸인 경우가 많고 엘리트 의식에 사로잡힌 사람이 많다.

　이런 사람은 남을 이해하려고 하기보다는 남이 자신을 먼저 이해해 주기를 바라는 성향이 많으며, 사랑하는 연인 앞에서는 유아적인 본능을 내보일 때가 많다. 남을 이해하는 데에는 무척 인색한 편이지만 마음은 정직한 사람이다. 이런 사람은 사귀어 두면 좋다.

# 덜그럭거리며 밥그릇 소리를 내는 사람

어른이나 아이 할 것 없이 밥을 먹을 때 유난히 덜그럭거리며 밥그릇 소리를 내면서 밥을 먹는 사람이 있다. 이런 사람은 어렸을 때 편모슬하에서 어리광과 투정을 많이 부리고 자란 사람이다. 특히, 음식 투정을 많이 하고 자란 사람인 경우이다. 그리고 비교적 초년에 고생을 많이 하고 자랐거나, 젊었을 때 어려운 환경을 거쳐온 사람인 경우가 많다. 이런 사람은 신경질 체질에 의외로 많으며, 혈육과의 화합을 좀처럼 이루기 힘들어서 자식들이 있으면서도 말년에 고독하게 지내는 경우가 많다.

　이런 습관이 있는 사람은 밥을 먹는 행위에서도 무의식적으로 누군가가 자신이 밥을 먹는 것까지도 관심 가져주기를 바라는 잠재 의식적인 욕구가 있어서, 이러한 현상이 나타나는 것이라고 볼 수 있다. 성격이 조급하고 남을 좀처럼 인정하지 않으려는 편인 반면 외롭게 자랐기 때문에 사람을 한 번 믿으면 고지식할 정도로 끝까지 믿는 경향이 많다. 이런 사람에게는 따뜻한 마음으로 접근하는 것이 효과적이다.

　이런 사람과의 인간관계에서는 장점부터 먼저 지적해 주는 것이 좋다. 단점을 먼저 지적하는 것은 아주 위험한 인간관계를 만들 수 있으니 조심해야 한다. 자신이 한 일이 잘못되었을지라도 처음부터 남한테서 충고를 받으면 기분 나쁜 내색부터 내보이는 성급한 성격의 소유자이기 때문에 충고보다는 이해하는 태도를 먼저 내세우는 것이 더 유익할 것이다. 성격은 급하지만, 속마음은 여려서 상대방에게 인정을 선뜻 베풀기도 잘한다. 간혹, 어른 앞에서도 조심성 없이 다듬어지지 않은 행동을 함부로 하는 경우가 많지만, 본심은 착한 구석이 많은 인물이다.

이같이 식생활에서도 그 사람의 자라온 환경이 나타나기도 하고 그 사람의 습관이 나타나는데, 이 습관이 그 사람의 성격으로 굳어지는 것을 알 수 있을 것이다. 또한 성격은 그 사람의 운명에 지대한 영향을 미치기도 한다. 그렇기에 일상생활 속에서 사람들과 식사를 하면서 유심히 관찰하여, 그 사람의 자라온 환경이나 성격을 파악하고 처세에 응용한다면 아주 훌륭한 처세가가 될 수 있을 것이다.


## 식사를 예쁘게 하려고 애쓰는 여성

음식점에서 남녀가 함께 식사하는 모습을 훔쳐보면, 그 두 사람이 얼마나 가까운 사이인지를 가늠해 볼 수 있다. 여성이 부담감 없이, 아주 거침없이 음식을 먹고 있으면 두 사람이 아주 가까운 사이인 것으로 볼 수 있지만, 음식을 먹는 모습이 어딘가 어색한 경우에는 아직 거리감이 있는 사이라는 것을 알 수 있다. 이와 같이 사람은 항상 일거수일투족 속에 자신의 진실을 보여 주고 있는 것이니, 조금만 눈여겨 관찰하면 나만이 알 수 있는 비밀들이 그대로 노출되어 있음을 알게 된다.

맞선을 볼 때 식사를 같이 하면 절대로 성사가 안 된다고 하여 맞선을 보러 가는 딸자식에게 식사를 하지 말라고 신신당부하는 어머니들을 간혹 보게 된다. 이는 미신으로 취급하기에 앞서 타당성이 있는 말이라고 생각된다. 별로 친숙하지도 않은 남자 앞에서 입을 크게 벌리고 게걸스럽게 먹어댈 여성이 얼마나 되겠는가. 입을 조그맣게 벌리고 오물거리는 모습이 초면에는 아무래도 어색할 것이 뻔하지 않은가. 그래서 맞선을 보는 자리에선 절대로 식사를 하지 말라고 하지 않았나 하는 추리를 해볼 수 있다.

여성은 자기가 마음속에 두고 있는 남성 앞에서는 예쁘게 보이고 싶은 욕구가 강하다. 이런 욕구는 남성과 비교해서 더 강렬하므로 그 앞에서 음식을 먹는다는 것이 더욱 힘들 것이다. 사랑하고 싶은 사람 앞에서 입을 크게 벌리지도 못하고 식사를 하려니 정말 힘든 일일 것이다. 신세대들이야 그렇지 않을 것으로 생각할 수도 있지만, 실은 그들도 유심히 살펴보면 정도의 차이는 있을지라도 그런 점이 전혀 없는 것은 아니다.

아직 친숙하지 않은 여성과 식사해 보라. 그녀의 식사하는 태도를 보면 당신에 대한 관심도를 알 수 있다. 식사를 예쁘게 하려고 애쓰는 여성은 당신에게 관심을 두고 있다는 증거다. 기회를 포착해라!

# 마른반찬을 즐겨 먹는 사람

사람들은 비교적 나이가 들어가면서 국물을 많이 먹게 된다. 식생활 습관이 국물을 즐겨 먹게 되는 나이가 되면 성격에도 변화가 온다. 즉, 남을 잘 이해하는 수용적인 성격으로 변하는 것이다. 그러나, 나이에 상관없이 국물을 많이 먹는 식성을 지닌 사람과 그렇지 않은 사람이 있다. 이를 잘 관찰하면, 그 사람의 성격이나 운명과 밀접한 연관이 있음을 알 수 있다.

국물을 즐겨 먹는 사람은 비교적 살이 잘 찐 체형이며, 신경이 좀 무딘 편이며 남을 잘 이해해 주는 타입이다. 반면에 국물을 잘 먹지 않는 사람은 살이 잘 찌지 않는 마른 체형이며, 신경이 예민하며 까다롭고, 성질이 급한 편이다. 또한 자기중심적인 경향이 강하다. 이런 사람을 설득하려는 것은 달걀로 바위를 치는 것과 마찬가지다. 오히려 설득보다는 이해를 앞세워라.

필자도 어렸을 때를 돌아보면, 국물을 잘 먹지 않고 마른반찬만 즐겨 먹는 습관이 있었다. 그러나 나이가 들면서 국물을 많이 먹는 습관으로 변하였다. 국물을 많이 먹지 않았을 때는 밥을 다 먹은 후에도 물을 먹지 않는 경우가 많았다. 그때를 돌이켜보면, 자기중심적이었으며 이해심이 많지 않은 성격을 지녔던 것 같다.

## 채식을 즐기는 사람

육식을 즐기는 사람과 채식을 즐기는 사람을 비교해 보면 그 성향이 정반대로 나타난다. 육식을 많이 하는 사람은 다소 살찐 체형이며 다혈질이고 대범하고 성질이 급한 경우가 많은 반면, 채식을 즐기는 사람은 비교적 마른 체형이며 성격이 꼼꼼하고 세심한 편이다.

채식을 즐기는 사람은 식사의 양도 적어서 많이 먹지도 않는다. 주로 마른 체형의 심성질 체질이 많은 편이며, 눈이 맑고, 유난히 반짝이는 눈빛을 지니고 있다. 이런 사람은 소심하고 꼼꼼하며 사교성이 없어서 친구가 많지 않다. 한편 정직하고 자기중심적인 경향이 많다. 대범하거나 소탈한 면이 많지 않기 때문에 사소한 일에도 쉽게 마음을 다치며, 한 번 마음이 상하면 금방 잊지 않고 오래 간직하는 성격이다.

　이런 사람에게는 함부로 농담하는 것이 좋지 않으니 항상 말을 조심하는 것이 좋다. 이런 사람은 육체적인 면보다는 정신적인 면을 더 강조하기 때문에 항상 마음을 다치지 않게 조심스럽게 대해야 할 것이다. 이 점을 늘 유념해야 할 것이다.

# 식사가 끝난 후 물을 마시지 않는 사람

대부분 사람은 식사를 끝낸 후에 꼭 물을 마신다. 그러나 식사하고 나서도 물을 마시지 않는 사람이 간혹 있다. 물을 마시는 사람이 보면 왠지 불안한 생각이 들기도 하고 걱정도 될 것이다. 그러나 많은 사람을 대하다 보면 사람마다 제각기 다른 개성을 지닌 것을 발견하게 되는데, 마찬가지로 식사하는 습관 역시 제각각이다.

　의학적으로나 생리학적으로 따져보아도 식사 후에 물을 마시지 않는다고 하여 그렇게 나쁠 것도 없으며, 또한 반대로 물을 마셔야만 소화가 잘된다는 근거도 없다. 오히려 어떤 경우는 물을 많이 마시면 위액의 흡수력이 약해져서 좋지 않다고 한다. 위액이 많은 양의 물에 희석되어 버리면 소화가 안 된다는 것이다. 그런데, 식사할 때 물을 많이 마셔야만 소화가 잘되는 줄로 알고 있는 사람이 의외로 많다.

　필자가 만나는 사람 중에 식사하고 나서도 절대로 물을 안 마시는 사람이 있었다. 가끔 만나는 편이지만 함께 식사한 후에 그 사람이 물을 마시는 것을 아직 한 번도 본 적이 없다. 게다가 성격이 급한 편이라 식사하는 시간이 매우 짧다. 그래서 필자는, 그의 소화기관은 매우 튼튼한 편이라고 생각한다.

　이런 습관을 지닌 사람은 성격이 무척이나 급한 편이다. 또한 마음이 정직한 편이다. 이런 사람과 교제하려면 당신의 진실한 마음을 보여 주기만 하면 된다.

## 음식을 싱겁게 먹는 사람, 짜게 먹는 사람

어린 시절에 어른들로부터 '음식을 지나치게 싱겁게 먹으면 몸에 털이 많이 난다'라는 이야기를 들은 적이 있다. 그래서 일부러 싱겁게 먹지 않으려고 애를 썼던 적이 있었다. 이 말이 생리학적으로 타당성이 있는지 근거를 찾기 이전에, 털이 많이 난 산짐승을 연상해 본다. 산짐승들은 특수한 경우를 제외하고는 사람처럼 짠 성분으로 간을 맞추어 먹지 않는다. 그래서 이런 말이 생겨나지 않았나 싶다.

그러나 음식을 지나치게 싱겁게 먹는 사람은 대부분 성격이 자기중심적이면서 또한 형식적인 면을 더 소중히 여기는 경향이 많다. 어려서부터 비교적 사랑을 많이 받고 자랐거나 대접을 많이 받고 자란 사람인 경우가 많다. 이런 사람은 중노동을 할 수 있는 강인한 체질은 못 된다. 그보다는 정신노동에 적합한 허약한 체질이며, 성격이 꼼꼼하고 심성이 매우 예민한 경우가 많다.

사교성이 없어서 사람을 함부로 사귀지도 못하지만, 한 번 사귄 사람은 변함없이 꾸준히 대하는 성격이다. 또한 자기의 마음에 맞지 않는 사람은 좀처럼 인정해 주지 않으려는 성향이 있다. 외형을 중히 여기는 사람이지만, 툭 터놓고 진실성 있게만 대해 주면 좋은 인간관계를 형성해 갈 수 있다. 한 가지 주의할 점은, 털털하게 대하는 것보다는 깔끔하게 대하는 것이 좋다.

반대로 음식을 짜게 먹는 사람은 성격이 급하고 형식보다는 실리를 따지는 타입이다. 친구도 잘 사귀고, 남의 일에 적극성을 띠기도 한다. 남의 잘못된 일에는 자기 일처럼 발 벗고 나서 도와주는 인정미가 많은 사람이기도 하고, 자신에 대한 인내심이나 극기심이 강한 사람이기도 하다. 또, 대부분 성격이 소탈하므로 대하기가 편한 사람이다.

# 술자리에서 읽기

**5**

## 술에 취해서 남을 씹어대는 사람

거울은 우리 자신의 겉모습을 살펴보는 데에는 가장 유용한 도구이
지만, 속마음까지 보여 주지는 않는다. 그렇다면 사람의 속마음을 보
려면 어떤 방법이 있을까. 그것은 바로 술이다. 술버릇을 보면 그 사
람을 제대로 읽을 수 있다.

술버릇은 사람에 따라 각양각색이지만, 술에 취하면 남을 씹어대
는 사람을 주변에서 심심치 않게 볼 수 있다. 이러한 사람은 열등의
식이 강하고, 남이 자기보다 잘 되는 것을 절대 못 보는 삐뚤어진 야
심가이다. 자기한테 득이 되는 사람은 어떤 수단으로든 가까이하려
고 덤비다가도 한순간 자기한테 불이익이 되는 실수라도 저지르면,
마음속에 차곡차곡 담아뒀다가 술에 취하면 이빨 튼튼함을 과시하
기 시작한다.

이런 사람은 자기가 하는 일은 죄다 옳고 남이 하는 일은 항상 잘
못으로 보기 때문에 남에게 불만이 많고, 자기반성의 여지가 없는
사람이다. 성취욕이 강해서 자신에게 이익이 되는 일에는 불문곡직

하고 덤비며, 자기보다 월등 커 보이는 사람에게는 타고난 아부 근성으로 매달리는 사람이다. 반면 자기보다 못한 사람은 아주 싹 무시하는 기질도 지닌 인물이다.

만일 당신의 상사가 이런 유형이라면, 무조건 아부해 봐라. 다른 사람이 자신에게 아부하는 것을 아주 좋아하는 타입이다. 그렇지만, 장마 날씨처럼 변덕이 많으니 그 점에 유의해야 한다. 그리고 또 한 가지 주의해야 할 점은, 술좌석에서라 할지라도 남을 흉보는 일에 절대로 동조하지 말아라. 이때는 침묵을 지켜라.


# 담뱃불을 끌 때 두세 번씩 확인하는 사람

"김형은 담뱃불을 끌 때 두세 번씩 확인을 해야만 직성이 풀리는 성격이지요?"

"아니 그런 것까지 어떻게 알아요?"

"내가 그런 것 보는 전문가 아닙니까."

"어떤 때는 담뱃불을 껐는가 싶어 다시 가서 보는 경우가 있는데 … 그걸 귀신같이 알아맞히네요."

"맞아요. 틀림없는 사실이오. 난 사람 지저분하게 노는 것을 제일 싫어해요."

얼마 전의 일이었다. 관상을 보고서 담배 피우는 습관을 이야기했더니 귀신같이 알아맞혔다고 탄성을 지르는 것이었다. 그러나 사실은 담배 피우는 습관이나 그 밖의 어떤 행동들로 자신을 표현하는 것이, 말로써 표현하는 것보다 더 정확한 것이다.

한 번은 바람이 몹시 부는 날이었는데, 주유소 옆에서 담뱃불을 끈 적이 있었다는 것이다. 그분은 분명히 담뱃불을 껐는데, 자꾸만 긴가

민가하고 마음 한구석이 켕겼다고 한다. 훗날 그 길을 지나가다가 주유소가 그대로 있는 것을 보고서야 안심했다고 한다. 이때부터 담뱃불을 끌 때 두세 번씩 확인하는 습관이 생겼다고 한다. 이런 습관을 지닌 사람은 정직하지만, 소심한 성격의 소유자이므로 교제할 때는 이 점에 유의해야 한다.

즐겨 마시는 기호 식품이나 가지고 있는 소지품 등을 면밀히 관찰해라. 어떤 경우에는 말보다도 그쪽이 정보를 캐내기가 더 좋을 때가 많다. 그래서 사람들은 한시도 쉬지 않고 꾸준히 자신을 나타내고 있는 셈이다. 초면에 사람을 만났을 때 무조건 말을 통해서 상대방을 평가하기보다는 상대방이 하는 행동이나 소지품, 언어 습관 등을 면밀히 관찰하는 것이 더욱 중요한 것이다.

그 사람만의 전형적인 스타일이 어느날 갑자기 변화되었을 때는 반드시 신변에 무슨 일이 일어나고 있다는 것을 파악해야 한다. 그러기 위해서는 친구나 직장 동료들의 개인별 습관이나 행동의 양태들을 당신의 머릿속에 미리 입력시켜 두면, 은행에 저축한 돈을 찾아 쓰듯 편리하게 응용할 수가 있을 것이다.


# 분위기 있는 술집을 찾으려고 애쓰는 사람

자기 얼굴을 보려면 거울을 보고, 상대의 속마음을 파악하려면 술을 먹어보라는 말이 있다. 술이란 매체는 매우 중요한 역할을 하는 것이면서도 때로는 인간관계에서 불편하기도 하다.

또한 술은 마시는 상대에 따라 좋은 역할을 하기도 하고 반대의 결과를 초래하기도 한다. 술을 마시는 습관을 관찰하면 그 사람의 속마음을 알 수 있다.

술을 마실 때는 은연중에 자신의 속마음을 노출하는 경우가 많은데, 이런 때를 예사로 생각하고 지나치기 때문에 상대의 속마음을 파악할 기회를 놓치고 만다. 술을 마시는 행위는, 어떤 때는 불만이나 스트레스를 해소해 주기도 하고 어떤 때에는 마음에 잠재해 있는 숨은 욕구를 드러내 주기도 한다. 어떤 장소에서 어떻게 술을 마시고자 하는가를 잘 관찰하면 상대의 숨기고 있는 속마음을 파악할 수가 있다.

술을 마시고자 할 때 어둠침침하고 분위기가 차분한 곳만을 찾아다니는 사람이 있다. 본래부터 가지고 있는 그 사람의 습관일 수도 있고, 갑자기 나타나는 행동일 수도 있다. 습관적인 행위라면 우선 마음이 심약하며 여성적인 취향이 강한 성격의 소유자이다. 습관적으로 술좌석의 분위기를 몹시 타는 사람은 대범하지 못하고 마음속에 열등의식이 많은 인물이기 때문에 교우 관계 역시 폭넓지 못하다. 이런 사람은 어렸을 때부터 흡족한 사랑을 받아보지 못하고 자란 경우가 많다.

그러나 평소와는 달리 분위기 있는 곳에서 술을 마시려고 당신을 끌고 몇 군데를 찾아다닐 때는 그 사람의 속마음을 깊이 헤아려 보아야 한다.

갑자기 이런 행동을 할 때는 당신에게 특별히 어려운 부탁을 하려고 하거나 당신을 설득하려는 의도를 가지고 있다는 것을 간파해야 한다. 이런 경우는 술좌석에 앉을 때 미리 방비하는 마음으로 상대방을 대해야 한다. 잘못 하면 허를 찔릴 위험이 있으므로 정신을 바짝 차려야 할 것이다.

사람의 행동은 언제나 속마음과 인과 관계가 반드시 있게 마련이다. 무의식적인 행동이든 의식적인 행동이든, 잘 관찰하면 마음속에 어떤 욕구가 있는가를 쉽게 파악할 수 있다.

# 사람 많은 곳에서 술 마시기 좋아하는 사람

남자들의 세계에서는 교제상 술 마시는 장소를 미리 결정하는 경우가 많은데, 장소를 택하는 것 자체만 해도 상대의 성격을 파악하는 데 중요한 정보가 된다. 몇 사람이 동행하며 술 마실 장소를 기웃거리고 있을 때 사람들이 와글거리는 시끌벅적한 곳을 좋아하는 사람이 있는가 하면, 조용하고 아늑한 분위기가 깃든 곳을 선호하는 사람이 있다. 이런 기회를 잘 관찰하면 사람의 속마음이나 성격 등을 쉽게 파악할 수 있다.

우선 장소가 넓으며 많은 사람이 와글거리는 곳에서 술 마시기를 좋아하는 사람은 술 마시는 것 자체를 즐기기보다는 인간관계를 맺기를 좋아하는 사람이다. 이런 사람은 대범하기도 하고 남에게 인정받고자 하는 욕구가 강한 편이다. 또한 과시욕과 지배욕이 무척 강하여 특수한 권력을 가진 사람이나 인기인 등의 특정인과 사귀기를 좋아하는 성향이 있다. 대개 근골질 체질의 체격을 가진 사람이 많다. 심성질 체질의 나약한 체격을 가진 사람보다는 건장하고 뼈대가 강하고 생활력이 강한 사람의 술 마시는 특징이라 할 수 있다.

# 술에 취하면 우는 사람

남녀를 막론하고 술에 취하면 우는 습관을 지닌 사람이 있다. 대부분 이런 습관은 남자보다 여자에게서 많이 볼 수 있지만, 간혹 남자에게서도 볼 수 있다. 돈이 없어서 운다거나 아니면 일이 잘 안 풀려서 우는 경우는 드물고, 주로 애정이나 우정 혹은 인정 때문에 우는 경우가 많다.

　이런 습관은 남에게 인정을 받지 못하거나 정에 굶주린 사람이나, 비사교적이고 마음이 올곧은 사람에게서 주로 나타난다. 대부분 정을 받지 못하고 자란 과거를 지니고 있다. 남자의 경우는 연인에게 실연당했을 때 이런 습관이 나온다. 이런 사람은 인정이 많은 편이지만 한편으로는 맺고 끊는 것이 약한 결점도 있다. 좋아하는 연인이 나타나면 자신의 감정을 냉정히 나타내지 못하고 인정이 앞서는 편이다. 그러다가 거절을 당하면 술을 마시고 울기 시작하는 것이다.

　술에 취해 우는 사람은 남을 지배하거나 책임지고 인물 경영을 할 만한 대범한 인물은 못 되고, 남의 밑에서 뒷바라지나 할 수 있는 인물이다. 이런 사람에게는 물질적으로 잘 해주거나 향응을 베풀어 주기보다는 따뜻한 마음으로 대해라. 이런 사람일수록 따뜻한 정을 보내주면 쉽게 감복한다.

# 술에 취해서 시비를 자주 거는 사람

평소에 누구도 자기에게 관심을 주지 않는 경우가 많아서 외로움을 느끼고 있던 사람일수록 술에 취하면 아무 장소에서나 큰소리로 시비를 먼저 건다. 자신이 가고 있는 길에 항상 어떠한 동조자가 없는 듯 외로움을 느끼면서 살고 있는 사람이다.

　이런 사람일수록 술에 취하지 않았을 때는 누구와도 싸우지 않는 샌님 같은 사람이다. 평소에는 불만이 있어도 말 한마디 하지 않고 있다가, 술에만 취하면 아무에게나 시비를 걸면서 불만을 터뜨린다. 평소에는 얌전하고 나약한 성격이 술의 힘을 빌려서 공격적인 성향으로 발현되는 것인데, 동석한 동료가 말리는 척하면 더욱 신이 나서 큰 소리를 질러댄다.

그러다가도 술이 깨면 언제 그랬느냐는 듯이 시치미를 떼기도 하는데, 술 마시고 한 행동에 대해서는 절대로 책임을 지지 않으려는 습관이 있다. 그러나 다른 사람이 술에 취해서 이런 행동을 하면 이해를 하지 못하고 오히려 앞장서서 그런 행동이 잘못된 것임을 성토하기도 한다. 또한 질투심이 많아서 남의 성공이나 승진을 절대로 인정하지 않으려는 고약한 심보가 있다.

이런 사람은 자기 자랑을 하고 싶어 하는 인물이다. 그러므로 사리를 따질 겨를없이 무조건 칭찬을 해주거나 선제공격으로서 먼저 큰 소리치며 기선을 제압하면 의외로 쉽게 허물어지는 사람이다.


# 술 마시고 설교를 해대는 사람

술 마시고 설교를 해대는 사람은 매사에 자신이 없으며 실생활에서도 용기가 부족한 편이다. 또한 평소 자신을 인정해 주는 사람이 없다고 생각하고 자기 말을 귀담아듣는 사람이 없다고 여겨 외로움을 느끼는 사람이다. 그리고 마음속에는 항상 불안이 도사리고 있는데, 이를 술에 의지하여 해소하려고 애를 쓰는 것이다.

술에 취하면 자녀들에게 잔소리를 해대고 설교를 늘어놓는 사람은 평소에 자녀들이 자기의 말을 따르지 않는다고 불만을 가지고 있는 경우이다. 이런 사람은 이성에 대해서도 용기가 없는 편이다. 그러나 마음속에 둔 이성이 있으면 쉽게 포기하지 않고 집착한다. 그러다가 기회가 생기면 술기운을 빌려서 논리에 맞지도 않는 말을 장황하게 늘어놓으며 설교하려고 덤비다가 일을 그르치고 마는 주변머리 없는 행동을 하기도 한다.

매사에 자신감이 없는 사람이니 함께 일을 도모하지 않는 것이 좋을 것이다.

# 술에 취했을 때 계속 헤프게 웃는 사람

술에 취했을 때 헤프게 웃는 사람이 있다. 이런 사람은 평상시에도 그렇게 잘 웃는다고 생각하면 큰 오산이다. 술을 마셔서 의식이 흐려져 있을 때나 꿈을 꿀 때는 반대 현상이 무의식을 통해서 드러나는 경우가 많으니, 이러한 때를 잘 관찰하면 그 사람의 진실을 알 수 있을 것이다.

평소에 얌전하던 사람이 술에 취하면 포악해지는 경우가 있고, 혹은 평소에는 무척 말수가 적고 샌님 같던 사람이 말을 많이 하거나 자신을 담대하게 나타내고 엉뚱한 행동을 자아내는 예도 있다. 이러한 것들은 모두 술에 취했을 때의 습관에서 곧잘 읽어낼 수 있는 행동들이다.

평소에는 잘 웃지도 않고 나약하기 그지없는 사람이 술에 취하기 시작하면 억지로 여유를 만들어 여유작작하면서 대범하게 웃으려고 한다. 이런 행동은, 평상시의 인간관계에서 지나치게 긴장하고 있기 때문에 술에 취하면 일어나는 반동 심리의 현상이기도 하다. 즉, 평소에 지나치게 긴장되어 생활하는 사람인 것이다. 그러므로 단순히 호감으로만 받아들여서는 안 된다.

이런 사람일수록 평상시에는 예의를 존중하기 때문에 남에게 실수를 하지 않는 꼼꼼한 성격이며, 이성 관계에서도 아주 진지하고 순수하다. 이런 남자는 또한 여성 앞에서는 절대 매너 없이 굴거나, 여성을 귀찮게 하지 않으며 아주 조심하는 타입이다.

# 술 마시고 덤벙대는 사람

술 마시고 덤벙대는 사람은, 성격적으로 남의 뒷바라지하기를 좋아하고 남의 일에 나서기를 좋아하는 편이다. 이런 사람은 남에게 함부로 굴면서 실수하는 것 자체를 두려워하지 않기 때문에 어떻게 보면 가볍게 보이기도 하지만 실속은 야무지게 챙기는 사람이다. 이런 사람에게는 어떠한 일을 맡겨도 있는 힘을 다해서 덤비기 때문에 믿음직스러운 반면, 다소 침착하지 않아 시원치 않은 점도 있다.

이런 사람은 사적인 일과 공적인 일을 잘 구분해서 처리하기도 한다. 남에게 함부로 굴기도 하지만 마음에 악의가 없는 사람이다. 훗날 당신에게 도움이 되는 일을 믿고 시킬 수 있는 인물이니, 잘 사귀어 두면 좋다.

# 술에 취하면 누울 곳만 찾는 사람

술에 취했을 때 나타나는 행동들은 참으로 십인십색인데, 이를 잘 살펴보면 그 사람을 읽는 자료가 된다. 간혹 보면, 술에 취하면 누울 곳만 찾는 사람이 있다. 이런 사람은 인간관계에 있어서 남을 위주로 하는 경우가 많기 때문에 타인과 별 무리 없이 잘 어울린다. 또한 자기주장이 강하지 않기 때문에 적(敵)이 많지 않다. 성격은 내향적이면서도 주위 사람들에게 인정받고 잘 어울리기도 한다.

성격은, 다른 사람과 경쟁하여 쟁취한다기보다는 어물거리며 남에게 양보를 잘하는 편이므로 박력이 없다는 평을 듣는다. 소극적인 반면 한번 쓸데없는 고집을 피우기 시작하면 대책이 없는 정도이다. 그래서 고지식할 정도로 융통성이 없다는 평을 듣기도 하지만 마음은 순수하여 늘 상대에 대한 배려를 아끼지 않는 편이다. 술 마시는 모습을 잘 관찰하면, 컵의 아랫부분을 감싸듯 받쳐서 조심스럽게 술잔을 잡고 마신다. 동석하여 술을 마시고 있는 상대에게 안정감을 주고 마음을 편안하게 하여 거부감을 주지 않으려는 것이다.

이런 사람이 당신을 사랑한다면, 여유를 주지 말고 리드해 나가야 한다. 자기주장이 강하지 않고 박력이나 추진력이 없는 사람이므로, 주로 리드를 당하는 편이다. 매사를 적극적으로 끌고 나가지 못하는 사람이니, 동업 상대자로는 적합하지 않다고 볼 수 있다.

# 술을 마실수록 말똥말똥해지는 사람

대부분의 사람은 술을 마실수록 정신이 혼미해지는데, 오히려 더 말똥말똥해지는 사람이 간혹 있다. 이런 사람의 행동을 면밀히 관찰하면 일상생활을 하면서 바짝 긴장하고 있다는 것을 알 수 있다. 이런 사람의 속마음에는 자신을 완벽한 사람으로 보이게 하려는 심리가 무척 강하여, 자신의 내부를 함부로 노출하지 않으려 한다. 심지어는 가족에게까지도 완벽한 사람으로 보이고자 무척 노력하는 타입이다.

남에게 지는 것을 싫어하며, 무척 자존심이 강한 사람이다. 실수한다거나 속마음을 열지 않기 때문에 친구가 많지 않은 편이다. 자신의 속마음은 함부로 열지 않으면서도, 남의 일에는 호기심이 많은 편이다. 물론 자신의 과거도 좀처럼 이야기하지 않는 타입인데, 이런 사람과 마음을 터놓고 사귀기까지는 시간이 무척 오래 걸리고 힘들다. 교제 비법이라면, 보수적인 기질이 농후한 사람이니 언제나 감정보다는 논리를 앞세워 대하는 것이 어떨지…

# 상대에게만 계속 술을 권하는 사람

함께 술을 마시다 보면, 상대방에게 계속 술을 권하는 사람이 있다. 이런 사람은 우선 아무 데서나 잘 적응하기도 하고, 사람을 잘 사귀는 편이다. 사람을 사귀어도 가려서 사귀는 경우가 드물어서 비교적 많은 사람과 교제하는 편에 속한다. 그러나 깊이 사귀지는 못한다. 또한 남자인 경우에는 여자도 잘 사귄다.

이런 사람은 상대방에게 행여 실수라도 하지 않을까 싶어 언행을 무척 조심한다. 상대를 이해하기도 잘하고 또한 후한 대접을 하기도 좋아한다. 그러나 고집이 센 편이다. 그리고 항상 남을 관찰하려는 사람이니, 당신의 속마음을 함부로 노출하지 말아라.


# 천천히 술 마시며 더디 취하는 사람

지나치게 술을 아끼면서 마셔서 더디 취하는 사람, 술잔을 잡는 모습이 술잔 한가운데를 손으로 아주 꽉 잡은 듯한 인상을 주는 사람은 어떤 타입일까? 이런 사람은 속마음이 아주 단단하여 좀처럼 상대에게 마음을 열지 않으며, 약점을 노출하기를 꺼리는 사람이다. 언뜻 보기에는 완벽을 추구하는 완전형 같지만, 실상은 대범하지 못한 성격의 소유자다. 이런 사람은 술에 취하는 속도도 더디면서 술좌석에 질긴 근성을 갖고 있다.

이런 사람은 말을 한번 시작하면 잘하는데 반면에 한번 침묵을 지키기 시작하면 좀처럼 입을 열지 않는 타입이다. 주로 근골질 체질을 가진 사람에게서 많이 볼 수 있으며, 고집불통인 경우가 많다. 술잔을 쥐고 있는 모습이 '나는 고집이 센 사람이다' 하는 식의 강한 인상을 남기는 형이다. 이런 사람을 대할 때 섣불리 덤볐다가는 큰코다치기 십상이다.

이렇게 술을 마시는 습관이나 술잔을 쥐고 있는 모습 하나에도 은연중에 그 사람의 성격이나 속마음이 노출되는 것이니, 잘 관찰해서 상대를 파악해 보는 습관을 기르는 것도 처세에 도움이 될 수 있다.

# 취하도록 마셔대는 사람

술을 별로 좋아하지 않으면서도 끝장을 보려는 듯이 계속 마셔대면서 상대에게 술 마시기를 청하는 사람은, 평상시에 욕구 불만이 많은 사람이다. 특히, 가족 구성원이나 친지 등의 아주 가까운 사람들에 대해서 불만족이 많은 사람이다. 만약 남자인 애인이 이런 행위를 한다면 당신에게 욕구를 해소하지 못하는 데서 나오는 행동으로 해석해도 무방하다.

특히, 평소에는 별로 친하지 않은데도 술에 취했을 때 우연히 만나면 술자리를 같이 하자고 끈질기게 권하는 사람이 있는데 이는 현생활에 불만이 가득 찬 사람이다. 불만이 쌓여 있는 사람이니, 시비를 걸 만한 빌미를 주지 말아라. 간혹 시빗거리를 남겼다가는 다이나마이트 도화선에 불붙이는 격이 될지도 모른다.

이런 사람은 평상시에 사람을 한번 사귀면 아주 진득한 데는 있지만 아무나 함부로 사귀지 못하는 편이다. 마음이 약한 구석이 많아서 그다지 영악하거나 오달지게 자기 것을 챙기는 사람은 못 된다. 이런 사람에게는 속마음을 열고 진실을 보여 주면 감동을 하기도 한다.

# 술에 취할수록 말수가 적어지는 사람

술에 취할수록 말수가 적어지면서 남의 말을 귀담아들으려고 느긋하게 여유를 보이는 사람은, 언뜻 보기에는 순종형 같지만 실제로는 정반대이다. 이런 사람일수록 마음속에는 남을 지배하고자 하는 야심이 깃들어 있으며, 출세욕이나 대야망을 품고 있는 경우가 많다. 어떤 일을 계획하고 있으면서도 확실히 성사하기 전에는 가족에게도 함부로 발설을 하지 않는 사람이니 만만하게 보아서는 안 될 것이다.

이런 사람은 술에 취해도 좀처럼 남에게 실수를 하지 않는다. 남을 전적으로 인정하는 태도로 나오지만, 자신의 실속을 먼저 챙기는 데 능숙한 인물이다. 이런 사람은 상대를 관망하는 편이지, 먼저 실탄을 함부로 발사하는 일은 없기 때문에 실수하는 법이 없으며 사람을 휘어잡는 강한 내면의 힘을 가지고 있다. 무서운 사람이니, 약점을 노출하지 말지어다.


# 술에 취할수록 말소리가 커지고 호탕하게 웃어대는 사람

술에 취할수록 그 정도에 비례하여 목소리가 점점 커지면서 호탕하게 웃어대는 사람이 있다. 이런 사람일수록 술에서 깨어나면 술에 취했을 때 한 이야기나 행동을 기억 못하겠다고 시치미를 딱 떼기도 한다. 술에 취했을 때는 어떤 약속이든 쉽게 하고 당당하게 행동하다가도, 술에서 깨고 나면 180°로 변하여 아주 다른 면을 보이는 인물이다.

큰소리를 쳐대는 바람에 귀가 솔깃해지기가 쉬운데 절대로 믿을 만한 사람이 못되니 조심해야 할 것이다. 이런 사람일수록 취하면 상사나 강자에게로 화살을 돌려 술안주 삼아서 씹어대기를 좋아한다. 또한 자신이 아주 강자인 것처럼 과잉 몸짓을 하기도 한다.

사람을 잘 볼 줄 모르는 사람일수록 이런 사람을 보면 든든하고 패기 넘친 사람이라고 호감을 느끼기 쉽지만, 사실은 실속이 없는 '속이 빈 강정'과도 같은 사람이다. 또한 뒤끝이 야무지지 못해서 큰일을 하기가 힘든 사람이다. 게다가 자신이 내뱉은 말이나 행동에 대한 책임감이 결여한 인물이니 중요사를 노출하지 말아라.

술에 취해서 큰소리치는 사람은 실속이 없는 법이다. 술에 취해 갈수록 자신을 부풀리려고 은연중에 애를 쓰기 때문에 목소리가 커지고 호탕한 헛웃음까지 동반하게 된다는 점을 깊이 명심하는 것이 좋을 것이다.


# 술에 취하면 노골적으로 추근대는 사람

평소에는 아주 점잖던 사람이 술에 거나하게 취하면 음담패설을 늘어놓기 시작하는 경우가 있다. 사실 평소 대화 시에도 음담패설을 하고 웃는 경우가 있기는 하다. 하지만 술에 취해서 음담패설을 할 때 보면, 그 농도가 아주 진하기 때문에 술에 취하지 않았을 때 같으면 듣는 쪽이나 말하는 쪽이 다 얼굴이 붉어질 정도인데도 태연하게 해대는 경우가 많다.

이처럼 술에 취하면 음담패설을 늘어놓는 사람일수록 평소에는 성에 대한 열등의식에 사로잡혀 있는 경우이다. 또한 술에만 취하면 남이 보기에도 민망할 정도로 여자에게 노골적으로 추근댄다. 마치 자신이 이 세상에서 제일가는 정력가인 것처럼 떠들기도 하는데, 술에 취해서 자신의 정력을 과시하려는 것은 십중팔구 새빨간 거짓말이다.

이런 사람의 성장 과정을 살펴보면 외롭게 자랐거나 온전한 사랑을 받지 못하고 결손 가정에서 자란 경우가 많다. 매사에 일관성이 없는 사람이니, 가까이하지도 말고 술자리도 자주 하지 말아라.

## 술에 취해서 아무 데서나 자는 사람

술에 취한 사람을 볼 때 그저 술에 취해서 저런 행동이 나오겠거니하고 예사로 넘겨버리기보다는 그 내면에 어떠한 것이 있는가를 잘살펴보면, 아주 정확한 속마음을 끄집어내 볼 수 있는 좋은 기회가될 것이다.

술에 취하면 모든 행동에 질서가 없어지고 너무 방자한 언행을 일삼기도 하는 등 불규칙하게 행동하는 사람이 있다. 취하면 아무 데서나 잠을 잔다거나 앞뒤가 맞지 않는 행동을 서슴없이 하는 사람이있는데, 이는 평상시 너무 긴장되어 있거나 자유를 억압당하고 살아가는 사람이라고 볼 수 있다. 이런 사람일수록 외로움을 많이 타며, 인정이 많은 편이다. 그래서 어려운 처지에 처한 사람의 일을 도와주기를 좋아한다.

이런 사람은 소심한 성향이 있어서 평소에는 억압된 생활에 저항도 하지 못하고 순응하기만 한다. 그러다가 술에만 취하면 길가에 방뇨하고 큰소리를 꽝꽝 치면서 세상에서 제일 배짱이 센 사람처럼 행세한다. 이럴 때의 행동을 자세히 관찰하면 사리에 맞지 않는 행위를서슴없이 하는 것을 알 수 있다. 이런 사람은 외로운 사람이니 따뜻하게 대해 주는 것이 좋다.

여러 사람과 술을 마실 기회가 있으면 먼저 취하지 말고 상대의 행동을 유심히 분석해 봐라. 술을 마시면 사람마다 정도의 차이는 있지만 평소와는 아주 다른 행동이 나오게 마련이다. 평상시에는 남에게 자신을 더 좋게 보이기 위해서 의식적으로 선을 가장한 행동을 많이 하지만, 취하면 의식이 둔해지고 무의식이 지배하기 때문에 그 사람의 습관이나 본심이 적나라하게 노출되는 것이다.

# 앉는 자세로 읽기

**6**

## 앉음새로 상대방의 속마음을 읽는다

대인 관계에서 아쉬운 부탁을 하려고 찾아가는 사람은, 몸가짐을 조심해서 속마음을 들키지 않아야 일을 성사할 수 있다. 앉는 자세 하나에도 그 사람의 심리 상태가 반영되어 있기 때문이다.

사무실로 찾아온 사람에게 앉기를 권해 보면, 의자 안쪽에 깊숙이 앉지 않고 끝에다가 엉덩이만 슬쩍 얹고 불안정한 자세를 취하는 경우가 있다. 이때 눈치 없는 사람처럼 지루한 일상의 이야기로 대화의 방향을 잡아봐라. 상대는 세 살짜리 어린애처럼 논리에 맞지도 않는 말로 맞장구를 쳐놓고도 본인은 의식조차 하지 못한다. 공장에서 기계를 사용할 때 갑자기 기계 소리가 이상해지면 내부를 살피듯, 사람의 언행에서 순간적으로 언밸런스한 면이 나타나면 신경을 써서 관찰할 필요가 있다.

이런 행위는 다급한 부탁이거나, 이야기 대상이 못 된다고 당신을 무시하는 행동으로 해석할 수 있다. 그렇지만 사무실로 일부러 찾아온 사람이니 후자는 아닐 것이다. 불안정한 태도를 보이고 있으면 빚 받으러 온 사람처럼 일부러 불쾌감을 주려는 의도적인 행동이니, 잘 관찰한 연후에 마음속에 바리케이드를 어떻게 칠 것인가를 결정해야 할 것이다.

# 커피숍에서 어둠침침한 자리에 앉는 사람

처음 만나는 사람과 함께 커피숍에 들어갔을 때 상대방이 테이블을 선택하도록 맡겨 두고 당신은 수동적인 자세를 취해 봐라. 밝은 곳을 택하여 앉는 사람이 있는가 하면, 반대로 밝은 곳을 피해서 일부러 약간 어둡고 침침한 곳을 택하는 사람이 있다. 밝은 곳을 택해서 앉는 것과 어두운 곳을 택하여 앉는 것에 따라서 첫인상에 각인되는 이미지가 다르다.

필자가 여러 사람을 만나서 실험해 본 결과, 적극적인 사람은 밝은 곳을 택하고 소극적인 사람은 어둠침침한 곳을 택한다는 사실을 알 수 있었다. 특히, 소극적인 사람은 어둠침침한 곳에 앉아야 마음이 편안해진다는 것도 알게 되었다. 한편, 나이 많은 여성이 젊은 남성과 데이트를 하면 꼭 어둠침침한 곳을 택해서 앉는데, 이는 얼굴에 자신이 없음을 커버하기 위한 무의식적 행위로 해석할 수 있을 것이다.

간혹, 대중이 모이는 자리에서는 어두운 곳을 택하지만, 집에 혼자 있을 때는 오히려 어두운 곳에 있으면 답답해하는 사람이 있다. 이 경우는 정신적인 결함을 가지고 있거나, 히스테릭한 성격을 지니고 있기 때문으로 풀이할 수 있다.

일반적으로, 어둠침침한 곳을 선택하여 앉는 사람은 매사에 자신이 없는 사람이다. 이런 상대를 대할 때는 마음을 따뜻하게 이해해 줄 수 있는 준비가 필요하다. 이런 일 하나에도 세심한 관심을 둔다면 당신은 대인 관계에서 앞서갈 사람이다.


# 소파에 앉아서 양반 자세 취하는 사람

필자가 아는 교수님이 있는데, 그분은 대화를 나누다가도 냉큼 소파 위로 두발을 올려서 양발을 접고 앉을 때가 많다. 대화 중에 이러한 행동을 하는 것은, 당신과의 대화에서 격의가 없다는 점을 표시하는 의미도 담고 있지만 한편으로는 당신 앞에서 당당하게 군림하려는 의미로도 볼 수 있다.

이런 사람은 체면치레보다 내용을 더 중요시하는 사람이다. 주로 이런 사람은 의상을 권위의 상징으로 여기는 사람들과는 달라서, 양복보다는 자신에게 편한 복장을 잘 챙겨 입는 스타일이다. 이런 사람은 항상 자신감에 차 있는 반면에 편견과 고집이 세다.

필자와 친한 목사 한 분도 이런 습관이 있는데, 이런 사람은 겉으로는 명예욕이 없는 것 같으면서도 속으로는 대단히 명예욕이 강하다. 겉으로는 그렇지 않은 척하면서 고도의 술법으로 처세하는 학자들, 정치가들도 많다. 학자로서 정치에 오염되지 않은 체하면서 호시탐탐 기회만 노리다가 입신한 인물들이 우리 주위에는 현존하고 있다.

이런 사람 앞에서 논리적인 대화를 유도하면 낭패당하기 십상이다. 본인은 논리를 잘 내세우면서도 상대가 지나치게 논리를 내세우면 과히 좋아하지 않고 귀담아들으려 하지도 않는다. 이런 사람 앞에서는 질문부터 시작해서 마음 문을 열도록 유도해라. 그러면 당신에게 유리한 쪽으로 대화가 전개될 것이다. 이럴 때는 열 개를 알고 있으면서도 서너 개만 아는 체하는 것이 당신의 신상에 이롭다.

상대의 성격을 먼저 잘 파악하는 사람은 자신을 성공으로 이끌어 갈 수 있다. 성격이란 오랜 습관과 환경에서 형성되는 고로, 마음에 안 맞는 의복을 훌훌 벗어 던질 수 있는 것같이 쉽게 고쳐지는 것이 아니다. 그래서 그 사람의 성격을 보면 직업과 환경과 지적인 수준까지 간파할 수 있다. 그러면서도 한편으로는 성격이 그 사람의 교양과는 무관하게 나타나는 부분이 많기 때문에, 그 사람의 진의를 파악하는 데는 여러 가지로 신경을 써야 한다. 무심코 행해지는 행동 하나에 그 사람의 전부가 담겨 있다는 것을 늘 명심하고 사람을 살펴본다면 분명 처세에 밝은 길이 트일 것이다.

# 커피숍에서
# 벽면이나 구석진 곳만 찾아서 앉는 사람

커피숍에서 만나자고 약속을 해놓고 약속 장소에 가보면, 한가운데 앉아서 기다리고 있는 사람이 있는가 하면 찾기도 힘들 정도의 구석진 곳에서 숨어 있다시피 앉아 있는 사람도 있다. 이를 잘 관찰하면 그 사람의 성격을 진단해 보는 좋은 기회가 될 것이다.

초면이든 구면이든 만나기로 한 약속 장소에 나가서 앉아 있는 모습이나 취하고 있는 태도를 잘 관찰하면, 그 사람의 성격이나 처한 환경을 알 수 있다. 때로는 그 사람의 입에서 나오는 메시지보다 더 정확할 때가 있다. 단, 이때 커피숍이 한가해서 앉을 자리를 선택할 여지가 있을 정도의 분위기가 전제되어야 한다. 커피숍 안에 사람이 붐벼서 비집고 앉을 틈이 없는 경우에는 이런 판단을 해서는 안된다.

맨 구석 자리나 벽면에 접해 있는 곳, 또는 주위와 차단된 장소에 앉아 있는 사람은 비사교적인 성격의 소유자이며 대인 관계에서도 대담성이 결여한 성격이다. 이런 사람들은 주로 심성질 체질로서 건강이 좋지 못한 사람이거나 현재 하는 일이 잘 안 풀리는 경우이다. 이런 사람은 마음에 갈등이 많으며 사람들과의 접촉도 꺼리는 편이다. 특히, 정신적인 질환에 가까운 병을 앓고 있거나 갈등으로 많이 지친 사람이다.

이런 사람은 동료와의 교제에서도 원활하지 못하고 서툴기 때문에 비교적 사람이 많이 모인 장소를 좋아하지 않는다. 모임이나 공동 사회에서는 힘들고 어려운 일을 혼자서 묵묵히 떠맡는 경우가 많다. 이런 사람의 말하는 태도를 살펴보면 큰 소리로 말하는 경우가 드문 조용한 타입이며 좀처럼 헤프게 웃음을 웃지 않는 성격이기도 하다. 여러 사람과 폭넓게 교제하지 못하지만 마음은 정직한 사람이다. 그에 맞는 분위기를 만들어 주어라.

이런 사람은 대인 관계가 빈번한 영업직에는 적합하지 않다. 반면 대물 관계에는 능숙한 경우가 많아 기술을 연마한다거나 연구원, 계산이 필요한 직업 등에 가장 알맞은 사람이다. 이런 사람은 결혼 생활에서도 부모나 형제간과도 멀리 떨어져서 부부 중심의 아파트 같은 데서 살기를 원하는 타입인데, 실제로 그렇게 사는 사람이 통계적으로도 많다.

# 커피숍에서 한가운데나 눈에 쉽게 띄는 곳에 앉는 사람

커피숍 문을 열고 들어서자마자 눈에 쉽게 띄는 곳에 버티고 앉아 있는 사람은, 대범함도 있고 성격도 딱 부러지게 강한 면을 지닌 인물이다. 또한 매사에 적극성을 보이는 기질을 가진 사람이기도 하다.

이런 사람은 주로 근골질 체질로, 체력이나 건강 면에서도 자신이 넘치는 사람이고 매사에 정력적인 면을 보이는 매우 의욕적인 편에 속한다.

반면, 이성 교제에서는 남녀 공히 무드가 없으며, 매사에 실리 위주로 살아가려는 성향이 있다. 특히, 이런 남자는 여자를 선택할 때 아주 적극적이고 쉽게 택하며, 강제성을 발휘하는 경우가 많다. 그래서 연애 중에는 아주 박력이 있고 결단력이 있는 남성이라고, 여자에게서 좋은 평가를 받기도 한다. 그러나 실제로 결혼 생활을 하면 무드가 없고 자기 위주의 행동에 길들인 사람이기 때문에 아내로부터 핀잔을 많이 받기도 한다.

그러나 사회생활에서는 매사에 적극적인 면이 많아서 남에게 신임을 쉽게 얻어내기도 한다. 이런 사람들은 군인.소방관 등 활동력이 왕성하며 대중이 관심을 두고 있는 직업에 종사하는 경우가 많다.


# 커피숍에서 주로 창가에 앉는 사람

커피숍에서 주로 창가에 앉는 사람은 매사에 안정 지향적인 성향이 강하며, 겉치레나 형식보다는 실리에 치중하는 사람이다. 입고 있는 의상에도 지나친 치장을 하거나, 분수에 넘칠 정도로 사치스럽게 꾸미는 경우가 거의 없다. 이런 사람은 경제적으로 절약형에 속하는 타입이다.

여성이라면 무척 가정적인 타입이다. 음식 솜씨가 좋으며, 가족에 대해서 늘 관심을 두고 지켜보는 사람이라고 판단하면 된다. 이런 사람은 한번 사귀기는 힘들어도 사귀고 나면 변함없이 믿음직스러운 구석이 많다. 반면 무드가 없는 것이 흠이기도 하다.

결혼기념일 같은 날을 꼭 챙겨서 억지로라도 형식을 갖추는 것을 오히려 싫어한다. 상황에 따라서 남편이 기념일을 챙기지 못할 때는 다음 기회에 챙기면 된다. 그러나 이와는 정반대인 사람도 있다. 남편이 다른 일 때문에 기념일을 챙기지 못하게 될 때 다른 날로 미루어서는 안 된다고 한사코 당일을 고집하는 사람에 비하면, 아주 대조적인 성격을 가지고 있는 편이다.

반면 상대가 잘못 실수하여 한 번 관계가 틀어지면, 다시 원래대로 돌아가기가 무척 힘들 정도로 성격이 올곧다. 이런 사람을 사로잡을 수 있는 무기는 과장 없는 진실이다. 진실하게 대하면 만사는 OK. 진실 그 자체로만 대하면 이런 사람에게 호감을 사기는 아주 쉬울 것이다. 특히, 마음이 넓은 사람이니 감정을 앞세운 인정에 호소해라.

# 커피숍에서
# 어둠침침한 곳만 찾아 앉으려는 사람

커피숍 같은 데에서 어둠침침한 곳만 골라 앉으려는 사람이 있는데, 매사에 자신감이 없거나 건강이 좋지 않은 사람이다. 특히, 신경성 질환이나 정신적인 질환을 앓고 있는 경우가 많다. 이처럼 육체적으로 아주 약한 편이어서 매사에 적극적이지 못하며, 자신감이 없는 편이며, 남 앞에 나서기를 꺼리는 성격이다. 이런 사람의 어린 시절 환경을 살펴보면, 비교적 평화로운 가정에서 자라기보다는 외롭게 자라온 경우가 많다. 육친 관계에서나 사회적으로도 외로움을 많이 간직하고 살아가는 사람이다.

일대일의 인간관계는 부드럽게 잘하는 편이나 대중 앞에 나서서 발표한다거나 혹은 대중을 지도하는 일은 잘 하지 못하는 타입이다. 오히려, 이런 성격은 혼자서 일할 수 있는 직업을 가지면 좋다. 문필가, 사진 예술가, 광고 카피라이터, 조각가 등의 예술 분야에 종사하는 사람이 많다. 이런 사람은 대인 관계보다는 대물 관계에 적응을 잘하는 성격이기 때문에 특수한 기술 분야에 종사해도 성공할 확률이 높다.

이런 사람은 성격이 꼼꼼한 편이고 셈이 철저한 경우가 많다. 또한 정직한 편이지만, 분위기에 약한 단점을 지니고 있다. 사람을 한번 미워하게 되면 좀처럼 되돌리기 어려운 성격을 지니고 있기도 하다. 여성이라면 아주 성격이 곡직(曲直) 하면서 예리한 면을 가지고 있어서 이기적일 때가 많다. 반대로 남성은 음흉한 구석을 지니고 있기도 하다.

초면이든 구면이든, 이런 사람은 분위기에 약한 점을 공략해라. 시끄러운 장소보다는 분위기가 좋은 곳을 택하라는 것이다. 그리고 이런 사람을 대할 때는 당신이 먼저 대화의 화제를 끄집어내서 유도하는 것이 좋다. 이런 사람이 먼저 대화의 장을 열어 주기를 기다리는 것은 바람직하지 않다. 이런 사람에게는 일반적인 세상사에 대한 화제보다는 그 사람 개인의 신변에 관한 이야기를 해주는 것이 더 효과적이다. 특히, 마음을 다치지 않도록 조심스럽게 대하며, 되도록 이해해 주는 쪽에서 이야기를 풀어 나가는 것이 좋다.


# 의자 앞부분에 가볍게 걸터앉는 사람

사람이 앉아 있는 모습을 관찰하면 천태만상이다. 오랜만에 만난 친구가 앉아 있는 자세를 살펴보면, 당신을 별로 달갑지 않게 여기고 있는가 혹은 당신을 그리워하였는가를 금방 알 수가 있다. 또한 마음에도 없으면서 어쩔 수 없이 동석하고 있는 사람인지 아닌지도 알 수 있을 것이다.

대부분 사람은 상대방의 입에서 흘러나오는 말에는 온 신경을 곤두세우면서도, 무의식적으로 표출되는 상대방의 행동은 예사로 넘기기 일쑤다. 그러나 어떤 장소에서 어떤 자세로 앉아서 대화하는가에 따라서 상대의 심리를 파악할 수가 있다. 또한 앉은 자세나 특정한 습관을 잘 관찰하면 그 사람이 처해 있는 현실뿐만 아니라 그 사람의 성격까지도 알 수 있는 것이다.

사람을 처음 만났을 때 가장 중요한 것은 성격을 파악하는 것이다. 성격을 제대로만 파악한다면 처세에 있어서 기선을 제압할 수 있을 것이다. 앉는 자세도 그 사람의 평소 습관인가, 아니면 그 사람이 현재 처해 있는 상황 때문에 무의식적으로 갑자기 표출되는 자세인가를 파악하는 것이 아주 중요하다.

사람을 두 번 이상 만날 때는 그 사람에게서 특징적으로 나타나는 행동 습관을 파악하여 당신의 머릿속에 입력시켜 두면 그 사람을 정확히 보는 데 상당한 도움이 될 것이다. 어부가 조류(潮流)의 간만(干滿)이나 물의 흐름 또는 고기의 생태를 잘 살펴보고 어느 곳에 고기떼들이 많이 모이는가를 파악한 연후에 그물을 던지듯이, 사람을 만날 때도 항상 사전에 정보를 입수해 두는 것이 처세의 지혜라 할 수 있을 것이다. 그러므로 누구를 만나더라도 사전에 인지망을 조직해 두는 것이 아주 유리하다.

지금 당장 당신의 앞에 앉아서 대화하는 사람의 앉은 모습부터 잘 관찰해 보아라. 자신의 내부에 숨겨진 습관이나 성격을 그대로 드러내고 있을 것이다. 특히, 의자의 끝에 앉아 있는 사람은 당신에게 무언가 부탁할 것이 있거나 당신과 오래 있지 못할 사정이 있는 사람이다. 그러므로 너무 장황하게 긴 이야기를 하며 잡아두는 것은 좋지 않다.

의자 끝에 걸쳐 앉는 습관이 있는 여성은 질투심이 아주 강하고, 남과 좀처럼 타협을 하지 않는 자기중심적인 성향이 강하다. 깊은 마음을 주지 않는 것이 제일 좋은 방법이다. 이런 여성을 설복시키고자 할 때는 그 사람의 약점인 질투심을 유발하게 하는 게 좋다. 다른 여성과 재미있는 시간을 즐긴 이야기나 동료 여성을 칭찬하는 이야기를 넌지시 내밀어봐라. 즉각적인 반격의 질투를 내뿜을 것이다. 이런 여성에게는 역동 심리를 이용하는 것이 더 효과적일 것이다.

반대로 이런 습관이 있는 남성은 타협심이 결여해 있는 사람으로서, 항상 남을 비방하려는 몸짓을 많이 하는 편이다. 성격도 급해서 무슨 일이든 즉흥적으로 처리해 놓고 금방 후회하는 경우가 많은 사람이다.


# 의자 깊숙이 앉는 사람

의자 깊숙이 앉는 습관이 있는 사람은 상대방을 제압하려는 야심을 가진 인물이다. 특히 이런 타입의 남성은 매사에 자신감이 넘치는 긍정적인 사고와 성격을 지니고 있는 반면 상대방을 설득하려고 하는 야심을 지닌 사람이기도 하다.

그러나 습관이 아닌 일시적인 행동일 때는 시간과 마음의 여유가 있다는 의미이며, 오래 눌러앉아서 당신을 설득할 자세라고 볼 수 있다. 또한 식사 후 포만감을 만끽하는 상태이거나 경제적으로 여유로움을 느끼고 있는 상태로도 볼 수 있다.

상대가 이렇게 앉아 있을 때 바쁜 상태임을 암시하는 제스처를 한

번 취해 보아라. 그래도 자세가 바뀌지 않으면 일시적인 행동이 아니라 습관적인 행위라고 볼 수 있다.

한편 이런 사람을 대할 때는 성급하게 대하지 말고 논리적인 사고로 접근하는 것이 좋다. 인정에 호소하는 것보다 타당성 있는 행동으로 맞서는 것이 훨씬 유리할 것이다.

# 양 무릎을 붙이고 앉는 사람

양 무릎을 붙이고 앉는 자세는 아무래도 여성적인 모습이라고 생각될 것이다. 이런 습관을 지닌 남성은 소극적이며 의존심이 강한 성격을 지닌 경우가 많다. 어렸을 때부터 받고만 자란 사람이기 때문에 투정을 잘 부리는 성격을 지니고 있으며, 마마보이 기질이 있어 아내를 보호하기보다는 아내에게 의지하려는 경향이 많은 사람이다.

이런 사람은 주로 신경질 체질로서 마른 체형이 많으며, 건강상 위장이 좋지 않거나 식성이 왕성하지 못한 경우가 많다. 한 번 마음에 걸리는 일은 오래도록 간직하는 소심한 성격이다. 남과 투쟁해서 쟁취하기보다는 뒷전에서 남의 비평을 곧잘 한다. 한편, 이런 습관을 지닌 여성은 속마음이 옹골차고 생활력이 강하며 질투심도 강한 편이다.

이런 사람은 예능이나 예술 방면에 종사하면 성공할 확률이 높다. 성격이 소심한 편이지만 정직한 사람이다. 소심하면서도 꼼꼼한 구석이 많아서 마음을 다치기가 쉬운 사람이니, 함부로 대해서는 안 된다. 조심스럽게 접근해야 할 것이다.

남녀를 막론하고 앉은 자세를 면밀하게 검토해 보면 습관적으로 같은 행동을 취하는 경우가 많은데, 앉을 때마다 다른 태도를 보이는 사람도 간혹 있다. 앉는 자세를 자주 바꾸는 사람은 정서가 불안정하거나 기분이 고르지 못하고 내면의 욕구 불만이 분출되는 증거이기도 하다. 같은 시간에 여러 곳의 장소로 옮기면서 관찰하면 금방 속마음을 파악할 수 있을 것이다.

## 의자에 앉아 몸을 지나치게 뒤로 젖히는 사람

의자에 앉아서 몸을 지나치게 뒤로 젖히며 배를 내미는 사람이 있는데, 이런 사람은 일단 허욕이 많은 사람이라고 판단하면 된다. 이런 사람은 자신을 과장해서 나타내려는 성향이 강하다. 고양이와 개가 만나서 싸움을 걸기 직전에 자신의 털을 꼿꼿이 세워서 상대를 압도하려고 몸짓하는 것을 연상하면 된다.

이런 사람은 실속이 없으며, 대담한 체하다가도 결정적인 시기에 이르면 뒤로 꽁지를 빼는 인물이다. 또한 이런 사람일수록 남에게 속마음을 쉽게 내보이지 않는다. 언제나 남의 약점부터 먼저 알고 나서 입을 열기 때문에 이런 사람이 처음에 하는 말은 건성으로 들어 넘기는 것이 좋다.

또한 이런 사람은 가정에서는 독재를 휘두르며, 가족을 즉흥적으로 대하는 타입이다. 남에게는 좀처럼 약점을 노출하지 않으면서 예의 바른 척하지만, 가정에서는 자신이 편한 대로 처신하기 때문에 가족에게 상당한 스트레스를 준다. 이런 사람일수록 가정에 들어와 있을 때와 밖에 나가 있을 때 하는 행동이 아주 대조적인 경우가 많다. 가족에게는 말수도 없이 근엄하게 대하지만, 밖에 나가면 화젯거리를 혼자서 이끌고 나가는 사람도 있는 것이다.

그래서 연애할 때는 여성에게 예의 바르고 재미있는 사람으로 보인다. 그러나 결혼 후에 가정에서는 말도 없고 재미도 없기 때문에 여성은 사람을 잘못 보았다고 한탄하는 경우가 종종 있다. 이같이 사람을 판단할 때는 밖으로 표출되는 단순한 행동들을 잘 관찰해서 속마음을 읽는 것이 매우 중요한 것이다.

## 의자에 가볍게 걸터앉아 경청하는 체하는 사람

언제라도 일어날 것처럼 의자에 엉덩이를 가볍게 얹어 놓은 것 같은 자세로 앉아 있는 사람이 있다. 그러면서도 다소곳하게 상대의 말을 경청하는 체한다. 대화 중에 갑자기 엉뚱한 방향으로 줄기를 돌리면서 반응을 유도해 보면, 자신도 모르는 말에 고개를 끄덕이기도 한다. 또한, 과잉 제스처를 취하면서 대화에 맞지 않는 반응을 보이기도 한다.

상대방이 이런 자세를 취하고 있는 경우에는 당신에게 분명 무엇인가 요구할 것이 있는데, 그런 속마음을 감추고 있는 것이라고 보면 된다. 이런 경우는 대화를 진지하게 하다가 엉뚱한 방향으로 유도해 보면 속마음이 금방 탄로 난다. 특히, 이런 사람은 당신에게 호감을 사려는 다른 의도를 지니고 있는 것이다.

반면에 습관적으로 이런 행동을 취하는 사람은, 성격이 소심하여 자기의 의사를 강력하게 반영시킬 줄도 모르고 질질 끌려다니는 대인 관계를 형성하고 있는 인물이다. 성격이 꼼꼼하고 소심한 편이어서 상대로부터 자신의 결점이나 험담을 들으면 상당히 오랫동안 마음속에 간직해 두면서 우울해하기도 한다. 이런 사람은 강박관념이나 노이로제 등의 질환을 앓고 있는 경우가 많다.

이런 사람에게는 취약점이 될 만한 이야기는 거론하지 않는 게 상책이다. 이런 사람일수록 가정에서는 근엄한 행동으로 자녀들에게나 아내에게 권위를 내세우려는 성향이 강하다. 육친 관계에서나 사회적으로 상당히 외로운 관상이다. 이런 습관을 지닌 사람에게는 마음을 다치지 않게 조심스럽게 접근해야 할 것이다. 사업가로는 적합하지 않은 인물이다.

# 걸음걸이로 읽기

**7**

## 무릎에 힘을 주면서 걷는 사람

프랑스의 잔 베르크라는 심리학 박사는, 정신병 환자들에게서 일어나는 일상의 행동을 연구하는 도중에 인간의 행동과 성격에는 밀접한 관계가 있다는 것을 발견하게 되었다고 한다. 실제로, 무심결에 나타나는 동작에서 그 사람의 성격이나 현재 마음속에 일어나고 있는 상황을 파악할 수 있다. 인간관계에서 가장 중요한 것은 상대의 성격을 올바로 파악하는 일일 것이다. 걸음걸이 하나만으로도 그 사람의 습관이나 성격 또는 현재 그 사람의 내면에서 일어나고 있는 것을 파악한다면, 인간관계를 이루는 데 큰 보탬이 될 것이다.

무릎에 힘을 팍팍 줘가면서 힘차게 내딛는 걸음걸이는, 성격이 아주 원만하면서도 속으로는 야심이 가득 찬 사람의 태도라고 볼 수 있다. 이런 사람은 건강 상태도 아주 양호한 편이라 매사에 적극적이면서 마음속에는 항상 야심을 가득 채우고 있다. 처음 만나는 사람 앞에서도 주저하지 않고 자신있는 태도로 응대하는 사람이다. 이런 사람에게는 논리적으로 대하는 것이 좋다.

그러나 이런 남성은 여성 앞에서는 무드가 없으며, 보수 성향의 기질이 있어서 여자를 무조건 리드하려고 드는 고집이 있는 사람이기도 하다.

# 양반걸음을 걷는 사람

양반걸음을 걷는 사람은 한마디로, 현시욕이나 명예욕이 무척 강한 사람이다. 이런 유형의 사람은 주로 장남이나 독자(獨子)로 자란 사람에게서 많이 볼 수 있다. 이런 남성들은 아내나 부하에게 군림하려는 권위주의를 매우 소중히 여기는 사람이다. 그래서 아내나 친구, 또는 부하가 직언하는 것을 제일 싫어하는 성격이다. 따라서 이런 사람에게는 적당한 칭찬으로 맞서면 만사가 형통할 것이다. 부추김에 약하기 때문에 부탁이 있을 때는 그 사람의 장점 몇 가지쯤은 미리 알아 두는 것이 상책일 것이다.

이런 걸음걸이로 걷는 사람은 감투를 매우 좋아하고 칭찬에는 매우 약하다. 상대가 과장된 칭찬을 해도 무조건 좋아하는 성격이다. 반면에 양반걸음을 걷는 사람은 남을 칭찬하는 데에는 몹시 인색하다. 좀처럼 남을 인정하거나 칭찬해 주지 않기 때문에 아랫사람에게 원성을 많이 사고 거만하다는 평을 받는 경우가 많다.

사람들은 칭찬이라고 하면 무조건 낯간지럽게 여기는 경우가 많은데, 실은 칭찬이야말로 인간관계를 갖는 데에 가장 중요한 것이다. 우리 동양인들은 칭찬하는 쪽이나 받는 쪽이 다 같이 어색하게 여기는 경우가 많은데, 서양인들은 그렇지 않다. 서양인들은 칭찬을 해주면 진심으로 고마워하지만, 우리는 칭찬받으면 어색해하는 경우가 많다.

그러나 양반걸음 걸이를 하는 사람에게는 칭찬이 상당한 명약이

되는 것이니 장점을 찾아서 한 번 실행해 보기 바란다.

# 보폭이 넓고 구부러진 듯한 걸음걸이를 지닌 사람

보폭이 넓고 구부러진 듯한 걸음걸이의 사람은 속에 야심을 감추고 있으면서 좀처럼 겉으로 나타내지 않는 꼼수를 지닌 인물이다. 또한 스스로 과대평가하는 경향이 많으며, 자신을 부풀려서 나타내려고 과장된 몸짓을 하는 성향도 지니고 있다.

이런 사람일수록 자신의 목적하는 바가 성취되지 않을 때는 더 크게 실망하게 된다. 이런 인물은 겉으로 나타나는 것만 보고 쉽게 생각해서는 절대로 안 된다.

인간관계는 폭이 넓지 못하고 좋아하는 사람하고만 교제하려고 하는데, 특히 자신을 인정해 주는 사람만 좋아하는 편이다. 반면, 자신에게 직언하거나 충고를 하는 사람을 제일 싫어한다. 그러므로 이런 사람에게는 직언이나 충고를 함부로 해서는 안 된다. 무조건 '네, 네' 하고 수긍해 주고 칭찬을 해주는 게 상책이다. 칭찬을 듣고 기분이 좋아지면 어린애처럼 겉으로 흥얼거리기도 한다.

좀처럼 남에게 나타내지 않는 속마음을 가지고 있으면서도 남이 불행에 빠지면 호기심의 안테나를 곤두세우기도 한다. 그러나 이런 사람에게는 비밀 이야기를 하지 않는 것이 좋다. 남의 비밀에 대해서는 이자를 붙여서 퍼뜨리려고 애쓰는데, 특히 남의 실수나 잘못된 일을 퍼트리기를 아주 좋아하는 심보도 갖고 있는 인물이다.

# 힐끔힐끔 쳐다보면서 걷는 사람

주변을 힐끔힐끔 쳐다보면서 걷는 사람이 있는데, 이런 사람의 생활을 관찰하면 어딘가 질서가 없다는 것을 느낄 수 있다. 특히, 이런 사람의 생활 태도를 관찰하면 항상 마음이 바쁘고 무언가에 쫓기는 것 같은 생활을 영위하고 있다. 또한 성질이 매우 급해서 매사에 완벽하게 일 처리를 하지 못하고, 꼭 한두 가지씩 빠뜨리는 게 있다.

이런 사람은 성질이 급하면서도, 즉흥적으로 생각나는 대로 일을 처리해 버리기 때문에 일을 후다닥 잘 처리하는 면이 있는가 하면 후회할 때도 많다. 무슨 일이든 생각나면 차분히 따져보거나 앞뒤를 고려해 보지도 않고 우선 시작만 해놓고 보는 경우가 많기 때문에 주변 사람들로부터 신용을 얻기가 힘들다. 게다가 남의 입장을 고려해 주지 않고 자기중심적으로 하려고 하는 등 쓸데없는 고집을 내세우기도 한다.

또한 남에게 책임을 전가하는 경우가 많다. 당신 주변에, 특히 가정이나 직장에 이런 사람이 있다면 항상 조심해야 한다. 잘못된 일이 있을 때는 억울한 누명을 쓰게 될지도 모른다.

이런 사람에게 잘 보이고 싶으면, 꼼꼼하게 챙겨주는 모습을 보여주어라. 덤벙대다가 빠뜨리는 것이 반드시 있게 마련이니, 이런 부분을 챙겨주면 호감을 얻게 될 것이다.


# 똑바로 앞만 보며 걷는 사람

똑바로 앞만 보고 걷는 사람은 자랄 때부터 좋은 환경에서 많은 사랑을 받고 자랐으며, 비교적 하고 싶은 것을 거의 다 할 수 있는 넉넉한 환경에서 살아온 사람이다. 또한 인생살이에 어떤 역경이 닥치더라도 주위의 도움을 받아 헤쳐 나가면서 살아갈 사람이다. 예기치 못한 어려운 일이 갑자기 닥쳐와도 침착하게 처리해 내는 늠름한 기상을 지닌 사람이다.

이런 사람은 많은 사람을 관리하는 지도자 역할을 할 수 있는 인물이다. 조직 생활에서 지도자 역할을 할 수 있는 능력을 갖춘 인물이며, 매사가 침착하고 조직적이며, 긍정적이고 논리적인 사고를 지닌 인물이다. 그래서 이런 인물 주변에는 언제나 든든하고 믿음직스럽다고 생각하여 사람들이 많이 모이고 따른다.

더욱이 세상만사를 긍정적으로 보는 적극성도 지니고 있어서 생활에 활기가 넘치는 사람이다. 또한 매사를 여유 있게 처리하며, 늘 자신감에 차 있지만 정도가 지나치지 않아서 오만하다는 느낌을 주지 않는다. 그래서 많은 사람들로부터 존경을 받는다.

이런 사람은 주변 인물을 관찰하는 안목이 있어서 사람을 쉽게 믿지는 않지만 한번 믿은 사람은 끝까지 믿으며, 인간관계에서 신뢰와 의리를 중요시하기도 한다. 이런 사람에게는 논리적으로 대하는 것이 가장 효과적이다.

## 고개를 흔들면서 걷는 사람

고개를 흔들면서 걷는 사람이 있는데, 일시적인 경우와 습관적인 경우가 있다. 먼저 일시적인 경우는, 불건전한 생각을 하고 있거나 올바르지 못한 계획을 세우고 있는 사람에게서 볼 수 있다. 이런 사람의 걷는 모습을 보면, 주변을 힐끔거리거나 고개를 흔들거나 하는 불안한 면이 드러난다.

습관적인 경우는 정서가 불안하고 하는 일이 잘 안 풀리는 사람에게서 볼 수 있다. 어린 시절부터 인정이나 칭찬을 별반 받지 못하고 자란 사람이어서, 마음의 굴곡이 많다. 게다가 실패를 많이 경험하면서 살아왔기 때문에 세상만사를 부정적으로 보는 경향이 많다. 그러니 자연적으로 긍정적인 성격보다 부정적인 성격이 강하다. 또한 이런 사람의 운명은 육친 관계가 좋지 않아서 가족적으로도 원만하지 못한 경우가 많다.

이런 사람은 대범하지 못하고 소심하기 이를 데 없는 인물이다. 마음이 대범하지 못하고 여린 구석이 많아서 인정에 치우치는 경우가 많고 공과 사를 구별 못 하여 일을 그르칠 때가 많다. 또한 많은 사람과 교제를 하지 못하므로 외로움을 타는 편이다. 그래서 어려운 일에 부딪히면 혼자서 끙끙대는 경우가 많다.

이런 사람에게는 즉흥적인 칭찬을 해서 마음을 사로잡아라. 정서가 불안하고 부정적인 사람이니 따뜻한 마음으로 감싸주면서 긍정적인 이야기를 많이 하면 좋다. 이런 사람과 사귀어 두면 크게 해가 될 일은 없다. 그러나 동업한다거나, 무슨 일을 믿고 맡기기는 곤란한 인물이다.

제2장

직장에서 사람 읽기

# 상사를 요리하자

**1**

## 입속으로만 우물거리며 말하는 상사

입속으로만 우물거리면서 말하는 사람들이 있는데, 남에게 과감하게 어필하지도 않고 남을 크게 원망하지도 않는 성향을 지닌 사람들이다. 매사에 속으로만 기어드는 성격이기 때문에 극기심은 강하고 아집도 센 편이다.

한 번은 필자가 중소기업에서 이런 강의를 한 적이 있었다. 강의를 끝내고 나오니 어떤 젊은이가 따라 나와서는 자기 상사가 꼭 이런 타입이어서 접근하기도 어렵고 속마음을 읽기가 곤란한 무척 까다로운 사람이라고 하였다. 그러면서 아주 용하다는 의사에게 비방을 가르쳐 달라는 것과 같은 투로 처방을 좀 내려 달라는 것이다. 그래서, 필자는 상사의 신상 메모와 함께 사진을 가지고 오라고 했다. 여러 자료를 보고 분석을 한 결과, 위에 열거한 전형적인 타입이라는 진단이 나왔다.

그런데, 그 젊은이 또한 윗사람의 비위를 잘 맞추지도 못하고 사교에 능통하지도 못하여 승진도 잘 안되고 하는, 오직 원리 원칙의 트랙을 열심히 뛰는 타입이었다. 그래서 필자는 상사의 외로움을 메꿔

줄 수 있는 부분에 유독 신경을 많이 쓰라고 처방을 내려 주었다. 특히, 그 젊은이가 인사 행정에 영향을 미칠 수 있는 부서에 속해 있으므로 먼저 상사에 대해 인간적인 접근, 내면의 접근, 사적인 이해, 가정에 대한 어려움 등의 총체적인 파악을 하도록 일러 주었다.

처방을 받고 나서 아주 좋아하는 표정을 보고, 필자는 '처방이 헛되지는 않겠구나' 하고 생각했다. 얼마 후 필자를 다시 찾아온 그 젊은이는 얼굴에 희색이 만면했다. 처방대로 한 결과, 지금은 상사에게서 상당한 사랑을 받고 있으며, 승진 고과 점수도 크게 좋아졌다며 매우 즐거워하였다.

만약 당신의 상사가 이런 사람이라면 겉으로 드러난 것을 칭찬하기보다는 내면에 있는 노출되지 않는 부분을 들추어 칭찬한다거나 인정을 해주면, 땅속 깊이 묻힌 보물을 캐서 기뻐하듯 반색을 하면서 당신에게 정을 쏟아부을 것이다. 이런 상사는 대하기가 까다로운 반면 깊은 내면을 이해해 주면 상당한 부가적인 반사 이익이 당신에게로 오게 되어 있다는 것은 수학 공식보다 더 명확한 것이다.

"돈이 있으면 귀신도 사귄다."라는 말이 있다. 상대방을 정확히 파악한 다음에 정성과 성의, 진심을 기울이면, 말귀 알아듣는 사람을 사귀는 것이니 돈으로 귀신을 사귀기보다야 훨씬 쉬운 것이다. 진인사대천명(盡人事待天命)이라는 말이 있듯이 항상 내가 알아야 할 정보, 내가 해야 할 일에 최선을 다한 연후에 어떤 요행이나 행운을 기다리는 마음이 필요한 것이다.

당신 또한 속으로 우물거리며 말하는 상사를 모시고 있거든 당장 실행해 보라! 그 깊은 내면의 어려움을 탐색해 볼지어다.

# 아랫배에서 나오는 음성으로 말하는 상사

급박한 상황에 부닥쳤을 때 심호흡하고 마음을 가다듬으면 우선 아랫배로 기(氣)가 모여서 안정감을 느끼게 된다. 이와 마찬가지로 아랫배에서 뽑아내는 듯한 음성은 그만큼 몸과 마음의 균형이 잡혀 있고 안정이 되어 있다는 증거이다.

힘 있게 들리는 음성을 가진 사람은 정신적·심리적으로 안정되어 있으며, 늘 긍정적으로 생각한다. 그래서 매사에 자신감 있게 대처하므로 이런 사람의 곁에 있으면 덩달아서 긍정적으로 힘이 옮아 온다. 이런 형은 매사에 치밀하고 합리적인 사고를 하므로 한걸음 물러서서 바라보는 여유를 지닌 사람으로 보면 된다. 그리고 아랫사람을 아낄 줄 알고 윗사람을 존경할 줄 아는 성격을 지닌 사람이다.

만약 당신의 상사가 이런 유형이라면 그의 사상, 일, 또한 성격에서 나오는 장점을 높이 평가해 주고 그러한 면을 당신이 존경하고 있다고 표현해라. 즉, 그의 업적이나 현재의 직위 등의 보다 합리적인 면을 찾아서 칭찬해 주라는 말이다. 옷이나 넥타이 같은 의상에 대한 칭찬은 절대 금물! 만일 그런다면 당신은 자칫 가벼운 사람으로 평가받을 수 있으니 이 점을 염두에 두어야 한다. 일단 이러한 유형의 상사에게서 가벼운 사람으로 잘못 평가받게 되면, 그 잘못된 평가를 바로잡는 데 꽤 오랜 기간이 걸리므로 이 점을 항상 주의해야 한다.


# 과잉 제스처는 상대를 설득하려는 마음의 표시

음식에 소금을 치면 음식맛이 좋아진다고 해서 계속 소금을 쳐대면 어떻게 되겠는가? 적당량의 소금은 음식의 맛을 좋게 해주지만, 지나치면 음식의 맛이 떨어질 뿐만 아니라 건강에도 해가 된다. 이처럼 대화할 때 보디랭귀지, 즉 제스처를 쓰는데, 이를 적당히 응용하면 큰 성과를 얻을 수 있지만 반대로 과잉 제스처는 오히려 역효과만을 가져온다.

습관적으로 과잉 제스처를 남발하는 사람이 있다. 그러나 이는 상대방에게 좋지 않은 인상을 줄 때가 많다. 만약 이런 사람이 양식(洋食)을 먹고 있었다면, 주변 사람들이 싸움을 말리러 달려올지도 모를 일이다. 포크와 나이프를 들고 삿대질을 해댄다면 끔찍한 일이 아니겠는가? 사회적으로 꽤 이름이 알려진 사람이 텔레비전의 생방송 프로에 출연하여, 말을 하면서 손짓을 너무 많이 하는 것을 본 적이 있었다. 보기에 민망한 것은 당연했고, 그 사람의 인격이 반감되는 느낌까지 들었다. 이런 사람과 대화하다 보면 급소를 찔리지나 않을까 하는 불안감마저 들기도 한다.

과잉 제스처는 자기주장이 강해서 언제나 상대를 설득하려는 성격에서 형성된 것이다. 그러나 평소에는 그렇지 않던 사람이 갑자기 과잉 제스처를 쓴다면 당신을 부당하게 설득하려는 속마음을 가지고 있다는 것을 간파해야 한다. 이런 사람에게 정면으로 맞서면 우선 손해다.

가장 좋은 방법은 낮은 포복으로 우회적으로 접근하여 설득에 나서는 것이다. 처음에는 설득당한 척하며, 무조건 동조하고 볼 일이다. 일단 전적으로 상대에게 동조한 다음 우회적인 술법으로써 설득 작전에 나서면, 처음 호감을 느낀 인상 때문에 다음으로 따라오는 반대에 대해서 그다지 거부감을 느끼지 않는 경우가 많다. 이때를 잘 잡아서 역공해라. 그러면 반드시 소기의 목적을 달성할 수 있을 것이다.

# 사소한 트집을 잡는 상사에게 선물 공세를?

사소한 일을 너그럽게 넘어가지 못하고 꼭 트집 잡는 상사가 있다. 이것은 요행수로 지위가 높이 올라간 사람이 지적인 열등감에 가득 차서 내보이는 무의식적인 행동이다. 이런 상사들은 대개 자기가 하는 전문 직종에는 익숙한지 모르지만, 폭넓은 지식을 가지고 있다고는 볼 수 없다. 폭넓은 지식을 가진 사람이나 풍부한 인격을 갖춘 사람은 부하의 사소한 잘못을 너그럽게 봐주는데, 이는 존경받을 만한 상사의 자격을 갖춘 것이라 하겠다.

사소한 일에 트집 잡기를 좋아하는 상사는 당신에게 보상 심리가 깔려 있다고 볼 수 있다. 이런 사람일수록 이기적인 성격이어서, 자신이나 가족에 대한 애착은 누구보다 더 강하다. 이런 상사는 가족에 대한 칭찬과 선물에는 약하다. 하다못해 키우고 있는 강아지에게도 칭찬을 해줘야 입이 벌어지는 사람이다. 작은 선물로 한 번 실험을 해보아라.

모회사의 중역이 전형적으로 이런 스타일인데, 그는 심지어 사사로이 집에 찾아온 손님을 접대한 비용까지도 회사에 공적인 접대비로서 청구하고 있었다. 이런 상사에게는 무조건 선물 공세로 접근해야만 당신이 고달프지 않을 것이다. 특히, 향응보다는 현금을 선호한다는 점을 유의해라.


# '우리'라는 단어를 자주 쓰면,
# 책임 회피형 상사

대화 중에 '우리'라는 단어를 자주 쓰는 사람은 급박한 사건이 일어나면 복지부동하거나, 책임을 회피하면서 몸을 사린다. 대체로 나이가 많은 사람들이 '우리'라는 말을 많이 쓰는 경향이 있지만, 나이와 관계없이 '우리'라는 말을 습관적으로 많이 쓰는 사람이 있다. 심지어 대화 도중에 자기 부인이나 남편까지도 공동 소유로 만들어버리는 경우를 예사로 볼 수 있다.

이렇게 습관적으로 '우리'를 먼저 내세우는 사람은 사리에 밝지 못하고, 매사를 사사로운 정에 치우치는 경향이 많으며, 자기 책임을 남에게 떠맡기는 경향이 강하다. 이런 사람은 또한 불평불만의 선봉이요, 대가이다.

만일 당신의 상사가 이런 유형이라면 극히 조심해야 한다. 잘된 일은 자신의 공이지만, 잘못된 일은 부하의 탓이라고 생각하여 그 잘못됨에 대한 책임을 부하에게 전가하는 사람이기 때문이다. 그러므로 이러한 상사에게 휘말려 들지 않기 위해서는 말조심해야 한다. 무조건 침묵이 금(金)이며, 말조심이 최상책임을 기억해라!

# 잘못을 조목조목 따지는 상사

필자가 문학 수업을 할 때였다. 자기는 작품을 한 편도 써내지 못하면서 남의 글에 대해서는 조목조목 따져서 잘못된 점만을 야멸차게 꼬집는 사람이 있었다.

"당신은 장남이고, 대가족을 이끌어갈 큰 짐을 짊어진 사람이오."라고 한 번은 필자가 그 사람에게 말하였다. 그러자, "귀신같이 알아맞히네요?" 하고 말하며 깜짝 놀라는 것이었다.

남의 잘못을 조목조목 따지면서 지적하기 좋아하는 사람은 자신의 약점을 감추려고 신경을 쓰기 때문에 마음의 여유가 없으며, 과장되게 자신을 포장하려는 구석이 있다. 형식 논리 속에 감추어진 종이호랑이 같은 자신을 위장하려고 상대의 약점을 용케도 찾아내서 점잔을 피우며 지적한다.

이런 성격은 대개 장남에게서, 대가족을 이끌어갈 처지에 놓인 사람들에게서 많이 볼 수 있다. 이는, 차남과는 달리 장남에게는 가풍을 이어야 한다는 의무감을 부모가 생활 속에서 무의식적으로 심어 주기 때문이라고 풀이할 수 있을 것이다. 2~3분 간격으로 태어난 쌍둥이에게도 장남과 차남의 서열을 명확하게 긋는 것이 우리 생활 문화의 전통이어서 장, 차남의 이분적인 성격도 사회심리 현상의 한 단면이 아닌가 싶다.

만약 당신의 상사가 이런 유형이라면, 무엇보다도 먼저 철저한 일 처리로 신임을 얻는 것이 중요하다. 일단 신임을 하는 사람에 대해서는 웬만한 실수 같은 것은 묻지 않는 대담성도 동시에 지니고 때문이다.


## 핵심 없이 말을 빙빙 돌리는 습관을 지닌 상사

말을 바람개비처럼 빙빙 돌리면서 엿가락 늘이듯 하다가 정작 해야 할 말은 잊어먹고 곁가지에서만 계속 맴돌고 마는 사람이 있다.

"서울역에서 기차표를 사왔다."라고 하면 될 말을 "서울역엘 갔는데 사람들이 웅성거리길래 싸우는 줄 알고 들여다봤더니 그것이 아니고, 약장수가 약을 파는 것처럼 사람이 많이 모였더라. 그런데 자세히 보니 약을 파는 것이 아니고, 미친 사람이 횡설수설하고 있길래 그것을 보고 있으려니… 어쩌고저쩌고"하다가 정작 차표 이야기는 쥐구멍에 쥐꼬리 감추듯 슬며시 사라져 버리고 미친년 널뛰는 듯한 이야기로 끝을 맺는다. 주로 할머니들이 이런 경우가 많지만, 젊은 사람 중에도 이런 언어 습관을 가진 사람이 더러 있다.

이는 자기의 수준을 높이 나타내려고 제 딴에는 논리를 내세우는 듯하지만, 실은 근처에도 못 가는 화법이다. 이런 유형은 마음 터놓고 지내는 친구도 없는 외로운 사람이다. 논리성도 없으면서 상대방을 무조건 설득하고자 애를 쓴다. 무슨 일이든지 시작하자마자 싫증부터 내며, 요행을 바라는 경우가 많다. 또 사람들 앞에서는 잘난 체하기를 좋아해 따돌림을 당하기 일쑤다.

이런 사람은 능동적인 직업보다 피동적인 직업을 선택하여 남의 그늘에서 일을 봐주면서 살아가는 것이 편안하다. 꼼꼼하며 내성적인 기질 때문에 남에게 나쁜 말을 들으면 오랫동안 마음에 문신을 새기는 경우가 많다.

당신의 상사가 이런 사람이라면, 잔소리를 아주 많이 하고 아랫사람을 들들 볶아댈 것이다. 이런 상사에게는 무조건 수긍하는 것보다는 김 빼기 작전으로 나가는 것이 효과적이다. 무조건 순응하는 부하에게는 그 기질을 더욱 발휘하기 때문이다.


# 음폭이 고르지 못한 목소리를 지닌 상사

이런 음성은 크고 작은 조약돌을 일렬로 연결해 놓은 것 같이 우툴두툴하고 질서가 없다. 목소리도 작아서 곁에서 듣는 사람이 신경을 쓰지 않으면 알아 듣기가 어려울 정도로 입안에서 우물거린다. 첫 발음은 자그마한 조약돌처럼 굴러 나오다가도 뒤끝이 흐려져서 무슨 말인지 정확하게 파악하기가 무척 힘이 든다.

필자의 고향에는 말을 아주 빠르게 하는 사람이 있는데, 그 사람의 표정이나 상황을 읽어야만 그가 하는 말의 뜻을 알 수가 있다. 말을 빠르게 한다 해도 알아들을 수 있을 만큼 큰 소리로 말한다면 상관이 없겠지만 작은 소리로 입안에서만 우물거리고 마니까 정말 알아듣기가 힘이 드는 것이다.

이런 언어 습관은, 대개 형제가 많은 집안에서 자란 사람으로 다른 형제에 비해 왜소하거나 육체적인 결함을 가지고 있는 경우에 흔히 나타난다. 또한 어렸을 때 부모의 사랑을 받지 못하였을 뿐만 아니라 스스로 부모의 편애를 느끼며 자란 경우가 많다. 그래서 성인이 되어서도 남의 관심을 끌기 위한 행동을 한다. 즉, 남의 일을 자기 일처럼 신경을 써주면서 자신에게로 관심을 끌어들이려는 행동을 자주 하는 것이다. 심지어는 함께 길을 걷거나 동석에서 대화할 때 밀착해 있지 않으면 불안해하는 것이 보인다.

이런 사람은 세상을 보는 눈이 작아서 잔 신경질을 잘 내고, 자기 자신을 들들 볶는 성격이어서 세상 살기가 고달프고 애로가 많다. 큰일을 할 수 있을 만큼 통이 크지는 않다. 그렇지만 인정이 많고 부지런하며 싹싹한 구석이 있다. 이러한 면을 보고 인간관계를 맺으면 당신에게 유익할 때가 많을 것이다.

만일 당신의 상사가 음폭이 고르지 않은 목소리를 지닌 인물이라면, 먼저 신경질적인 사람임을 기억해라. 따라서 상사의 신경을 자극하지 않도록 최대한 노력해야 한다. 특히, 결재나 보고 시에는 적당히 말로 얼버무리거나 대충 넘어가려 하지 말아라. 만일 그랬다가는 불호령이 떨어질 게 뻔하니까. 철저하고 세밀한 기록주의로 나아가라. 그러면 아주 신임을 받을 수 있을 것이다.

# 분위기에 따라
# 목소리 톤을 자유자재로 구사하는 상사

언젠가 필자가 초청을 받아서 방문했던 회사의 최고 경영자가 아랫사람을 부드러운 음성으로 대하는 것을 본 적이 있었다. 그때 필자는 이 최고 경영자가 기업 경영에 앞서 훌륭한 인간 경영자라는 것을 알았고, 그 회사가 탄탄한 이유를 알 수 있었다. 회사의 장래성을 읽을 수 있는 그래프는 곧 상사의 태도가 아닐까.

분위기에 따라서 목소리의 톤을 자유자재로 하는 상사에게는 부하가 따른다. 어른이 아이를 대할 때 아이의 목소리를 낸다거나 허리를 낮추어서 일순간 아이와 동화되는 동작을 취하면 아이가 금방 좋아하고 따르는 것을 보았을 것이다. 이와 마찬가지 이치다. 부하를 책상 높이로 다루지 않고 따뜻한 가슴으로 감싸는 상사는 부하의 목소리와 동화될 줄 아는 지혜를 가진 사람이다.

이런 이야기를 하면 어떤 사람은, "당신, 모르는 소리 마시오. 요즘 젊은이들은 잘 해주면 상사를 타고 넘는다고요!"라고 말하며 삿대질부터 하려고 덤비기도 했다. 그러나 요즘의 신세대들은 경직된 상사보다 자신의 웅지를 마음껏 펼칠 수 있게 해주는 현명한 상사를 더 따른다. 허리와 목을 뻣뻣이 세우고 딱딱한 음성으로 말하는 상사를 피하는 것이다.

부하에게 허리를 낮출 줄 모르는 상사는 윗사람에게는 아부 잘하고 아랫사람한테는 군림하기를 좋아하는 두 얼굴을 가진 사람이다. 이런 상사의 면전에서야 부하들이 꼼짝 없이 순종하겠지만 퇴근길에는 영락없이 좋은 술안줏거리가 될 게 뻔하다. 허리를 몇 센티만이라도 낮추는 허리 운동에 신경을 쓴다면, 부하들로부터 훌륭한 상사라고 존경을 받을 것이다. 이런 상사에게는 쓸데없는 농담을 자제하고, 진지하고 성실한 자세로 임해라.

# 행동의 자유를 억압하고
# 명령하기 좋아하는 상사

어느 조직이든 상부와 하부 구조가 있게 마련인데, 아랫사람에게 직선적으로 명령하기 좋아하는 상사가 있는가 하면 인자하게 설명하여 이해시킴으로써 부하를 압도하는 상사도 있다.

인간의 심리를 들여다보면, 재미있는 점들을 발견할 수 있다. 특히, 정도의 차이는 있지만 누구나 금기시하는 것은 더 하고 싶어 하는 심리가 밑바탕에 깔려 있다. 예를 들면, 으슥한 곳을 지나다 보면 담벼락에 흔히 적혀 있는 글귀가 있다.

≪이곳에 용변을 보면 ××를 잘라버립니다. 주인 백≫

글귀 옆에는 가위까지 그려져 있어서 전율을 느끼게 한다. 술에 취한 무뢰한들은 이러한 글귀가 붙어 있는 곳을 보면 오히려 반가워하며 점잖게 용무를 보고선 생리 작용의 시원함을 만끽하고 돌아선다. 누군가가 충고를 하면, '소변 금지'란 글자를 거꾸로 읽으면서 '지금 변소'가 아니냐고 술의 힘을 빌려 궤변을 늘어놓으며 어물쩍거리는 사람도 있다.

또 다른 예를 들어보자. '주차 금지' 구역을 보게 되면, 차를 주차하고 싶은 심리가 발동한다. 차를 세워둘 만한 곳이니까 이렇게 써 붙였겠지, 하는 기발한 생각까지 하며 범죄 심리가 발동하는 것을 보면, 금기시하는 것을 행하고 싶은 것은 하나의 본능과도 같다. 억압받고 있는 자유를 어떤 형태로든 회복하려고 하는 반동 작용 때문에 그 억압되고 있거나 금지된 것이 오히려 매력적으로 느껴질 때가 많은 것이다.

이와 마찬가지로, 상사의 명령이 강하면 강할수록 이를 오히려 억압이라고 생각하게 된다. 억압 때문에 자기 행동의 자유가 위협받고 있다고 생각함으로써 어떤 형태로든 억압에서 벗어나려고 무의식적인 노력을 하는 것이 인간의 심리 현상이다. 따라서 강한 명령은 오히려 역효과를 나타내게 된다. 그러므로 윗사람이 자기 의사에 대한 자존심을 지키려면 명령보다는 자유를 선택하는 편이 훨씬 나은 것이다.

고지식한 상사들이여! 이제, 신세대 엘리트들로부터 존경받는 법을 실행해 봄이 어떠할지…

명령하기 좋아하는 고지식한 상사 때문에 고민하고 있다면, 무조건 침묵으로 일관해라. 얼마 가지 않아 그 상사는 오히려 부하인 당신을 더 어려워하게 될 것이다.


## 고생한 사람이 권위주의에 빠지기 쉽다?

마치 바람 빠진 풍선을 건드리는 것처럼, 말할 때 얼굴이 습관적으로 흐물거리는 사람이 있다. 이런 사람은, 마치 수도꼭지에서 녹물이 수돗물과 함께 쏟아지듯, 감정을 여과시키지 못하고 그대로 노출하는 사람이다.

일이 제대로 잘 안 풀리는 사람의 얼굴을 관찰하면, 꼭 이런 현상이 나타난다. 몹시 배고플 때는 힘 없고 축 처진 표정으로 자신이 허기진 상태임을 나타내는 것처럼, 일이 안 풀리는 사람의 얼굴이 달덩이같이 환할 수는 없는 것이다.

이런 사람은 조금만 성공을 하면 권위주의에 빠진다. 좋은 환경에서 자란 사람은 대개 권위주의에 빠진다거나 부하 앞에서 어설픈 폼을 잡으려 들지 않는 여유를 보인다. 고생을 많이 한 사람일수록 자칫 권위주의에 빠지는 경우가 많으니, 이런 점을 잘 조절해야 할 것이다.

권위주의란 타인보다는 자신이 높은 계단에 올라와 있다는 것을 은연중에 보이고 싶어 하는 덜 잘난 사람들의 위장 전술이다. 회의장에서 더 높은 단상에 올라서기를 바라는 낮은 소인배들의 치기쯤으로 생각하면 좋다. 이런 사람은 작은 동정에는 감정을 내보이기 싫어하는 기계가 되어버린 인간이니, 가까이 하지 않는 것이 제일 현명하다.

이런 사람일수록 직장에서는 부하들에게 스트레스를 보너스처럼 잘 안겨 주는 경향이 강하다. 따라서 이런 상사 앞에서는 자나 깨나 행동을 조심해야 한다. 하찮은 일로 인해서 스트레스를 받지 않도록 매사를 치밀하게 처리하는 등 일절 건수를 잡히지 않도록 사전에 조치해라.


## 좀처럼 농담 안 하는 스트레스성 체질 상사

무언가 잘 해보고 싶을 때 꼭 따라오는 게 있다. 바로, 스트레스이다. 발을 꼰질러 세우고 하늘 가지에 매달린 과일을 따 먹으려는 강한 집념이 있기 때문에, 압력밥솥에 든 김이 피식하며 분출되듯, 스트레스는 솟아오르는 것이다. 예수나 석가처럼 큰 바보가 된다면 그놈의 스트레스란 단어를 기억하지 않아도 좋으련만… 자기의 능력보다 더 잘해 보고 싶은 헛된 욕망이 있기 때문에 스트레스는 시도 때도 없이 나타나 사람을 괴롭힌다.

그러나 농담을 자주 하면 이 스트레스란 것은 묘하게도 여과된다.

간혹 농담을 좀처럼 안 하는 사람을 볼 수 있는데, 이런 사람은 스트레스성 체질이다. 이런 사람은 또한 격식을 반드시 차리는 것을 좋아하는 경향이 있다. 만일 당신의 상사가 이러한 스트레스성 체질이라면, 처방은 간단하다. 그 상사 앞에서는 무조건 침묵으로 일관해라. 침묵은 금이다!

# 영양질 체질은 양보와 의논을 중요시한다

이런 사람은 항상 낙천적인 성격에 유머가 많거나 마음이 너그러운 편이다. 어쩌면 그런 성품 덕분에 살이 찐다고 할 수 있는 성격적인 당위성이 있는 것이다.

부하가 일을 자신보다 앞서서 해냈다면 무조건 흠부터 잡아놓고 보는 근골질 체질과는 달리, 영양질 체질의 사람은 부하에게 일단 찬사를 보내놓고 냉철히 따져보는 경향이 많은 성격이다. 이런 사람은 부하를 사랑하기도 하지만 항상 부하에게 문제를 물어본다거나 하면서 양보와 의논을 중요시한다. 어떤 형식에 얽매이지 않고 자신에게 유리한 방향으로 생각하면서도 남에게 피해를 주려고 하지 않는다.

이런 사람을 상사로 모셨다면 항상 아이디어를 마음놓고 짜내 올리면 인정을 받을 것이다. 반면에 심성질 체질의 상사에게는 아이디어가 있더라도 함부로 말하지 말고 모든 상태를 보고 조심스럽게 접근하지 않으면 안 될 것이다. 또한 근골질 체질의 상사에게는 잘못 덤볐다가는 인정은커녕 꾸중부터 들을 경우가 많으니 이런 점을 항상 조심해야 한다.

영양질 체질의 상사는 형식보다는 실리적이고 현실에 타당성이 있는 쪽을 우선 채택하기 때문에 아랫사람이 자유스럽게 성장할 수 있을 것이다. 그러다가도 적절한 시기가 오면 아랫사람을 위해서는 자리를 내주는 아량도 많이 가지고 있는 편이다. 이런 상사와는 인간적으로 가까이하는 것이 좋다.

# 당신의 이름을 서슴없이 불러 주는 상사

직장의 복도에서 상사와 마주칠 때 인사를 하면 고개만 까딱하고 지나가는 상사도 있고, 눈인사 정도만 하면서 지나가는 상사도 있다. 또한 부하의 인사를 받고서, "○○○씨, 오늘은 굉장히 표정이 밝아 보이네!" "○○○씨, 어제 술 많이 마셨나 봐?"라고 말을 건네는 상사도 있다.

이렇게 부하의 이름을 부르면서 짧은 인사말까지 챙기는 상사와 고개만 까딱하고 지나가는 상사와의 차이는 엄청난 것이다. 상사가 부하의 이름을 불러 주면 부하는 상사가 자신에게 관심이 있다는 의식을 강화하게 된다. 그래서 상사와의 친화력이 자연적으로 우러나서 상사의 따뜻한 이미지를 오랫동안 간직할 것이다.

이와 같이 상대방의 이름을 불러서 그의 마음을 움직이게 하는 심리적인 효과를 '자아 관여의 이론'이라고 한다. 이는 그 사람만이 독특하게 가지고 있는 고유명사를 불러 줌으로써 자신이 상대방과 밀접한 관계에 놓여 있다는 것을 강하게 인식시켜 주는 심리적인 현상이다. 사람은 상대가 자신에 대해서 관심을 두고 있을 때 그 상대에 대해서 호감을 느끼게 되는 것이 정한 이치가 아니겠는가. 대화할 때 상대방의 이름을 꼭 불러 주는 사람은 그만큼 처세에 능숙한 사람이라고 볼 수 있다.

대화 시에 상대방이 당신의 이름을 부르는 것을 좋아한다면, 당신은 이를 쑥스럽게 생각하는 사람에 비해 보다 적극적이고 훨씬 현시욕이 강한 사람이다. 또한 당신의 이름을 서슴없이 불러 주는 사람은 출세욕이 강한 사람이다. 이처럼 당신의 이름을 자주 불러 주는 사람에게는 무조건 칭찬부터 시작하여 마음의 문을 열게 해라. 그러면 대화하기가 편안하고 당신에게 유리한 쪽으로 끌어들이기 쉽다.

# 근접 거리에서 업무를 지시하는 상사

상사가 부하를 대하는 행동 하나하나를 유심히 살펴서 상사가 왜 저런 행동을 하는가를 관찰하는 것도 매우 중요하다. 상사가 부하에게 명령을 하달하거나 일을 시킬 때 먼 거리에서 자연스럽게 지시하는 사람이 있는가 하면, 아주 가까운 곳으로 다가오게 한 후에 용무를 전달하는 사람이 있다. 상사의 이런 모습을 무심코 보아 넘기는 사람은 처세에 능한 사람이라고 볼 수 없다.

부하를 아주 가까운 곳으로 다가오게 한 후에 용무를 지시하는 상사는, 부하를 자신의 공간 영역으로 끌어들여서 명령을 하달하는 것이다. 이런 상사는 체격으로나 정신적으로 자신감이 있는 사람에 속한다. 주로 근골질 체격을 가진 사람으로서, 뼈대가 튼튼하고, 얼굴은 네모꼴의 사람에 많다. 고집이 세고 또한 자기의 뜻을 관철하기 위한 강성 이미지를 가진 고집형의 인물이 많다.

보수적인 성향이 강하고 권위 의식에 사로잡혀 있는 사람일수록 부하를 가까이 불러 세우고서 지시하는 습성을 가지고 있다. 상사의 이런 모습을 무심코 보아 넘기는 사람은 자신이 상사가 된 후에 부하를 다룰 때 인격보다 직위를 먼저 내세워서 다스리려는 사람이다.

이런 상사 앞에서는 가벼운 말을 함부로 해서는 안 된다. 권위 의식이 강한 인물이기 때문에 부하가 가벼운 말을 하면 자신의 권위가 손상되었다고 여기기 때문이다.

# 먼 거리에서 자연스럽게 부하에게 용무를 지시하는 상사

부하에게 용무를 지시할 때 먼 거리에서 자연스럽게 지시하는 상사는, 자신의 세력 공간 안에 누구도 들어오는 것을 싫어하는 타입이다. 이런 상사는 주로 혼자서 생각을 많이 하는 사람이며, 권위주의보다는 마음으로 부하를 다스리려고 애를 쓰는 사람이다. 무척 예민하고 성급한 성격이며, 때로는 신경질이 많이 부리기도 한다. 이런 사람은 언뜻 보기에는 부하에게 관대한 것 같지만 실제로는 매우 까다로운 편에 속한다. 이런 상사에게는 섬세하게 대처하는 것이 좋다.

드골 전(前) 프랑스 대통령은, '위대한 사람은 권위를 위해서는 다른 사람들과의 사이에 거리를 두어야 한다'라고 말한 적이 있다. 또한 '이 권위가 성립되려면 위신이 있어야 하는데, 이 위신은 세속과의 거리가 없이는 성립되기 힘들고 유지되기 어려운 법이다'라고 덧붙였다. 이 말은 어쩌면 상사와 부하의 사이에서 나타나는 인간관계의 척도가 될 수도 있을 것이다.

상사가 부하에게 권위를 내세우지 않아서 위계가 없어진다면, 부하를 다루기가 무척 힘들기 때문에 미리 대비하는 차원에서 부하에게 권위를 내세우고자 하는 경우가 많다고 한다. 하지만 이것을 면밀히 분석해 보면 상사의 성격이 여실히 드러나는 것이다.

# 혼자 술 마시기를 즐기는 상사

남자들은 대개 집에서 술을 마시지 않는 습관이 있다. 그런데 간혹 집에서 혼자 술을 마시는 것을 즐기는 사람이 있다. 이런 사람을 보고 알코올 중독자거나, 혹은 술맛을 진정으로 아는 애주가이구나 하고 그냥 넘어가기가 쉽다. 그러나 이런 습관이 왜 생기게 되었는지를 잘 분석해 볼 필요가 있다.

혼자 술 마시기를 좋아하는 사람은 열등의식이 많아서 자신의 결점이나 약점을 드러내는 것을 몹시 싫어하는 성격이다. 외로움을 많이 타면서도 상대에 대한 경계심이 강하고, 아무도 믿지 않으려는 심리가 깔린 의심이 많은 사람이다. 또한 인간관계에서도 대범하지 못한 성격의 소유자며, 친구를 쉽게 사귀지 못하는 비사교적인 사람이기도 하다.

만일 당신의 상사가 이런 타입이라면, 은밀하고 조용한 분위기의 술집으로 안내해라. 이런 분위기를 자주 만들어 보면 의외로 당신에게 관심을 보일 것이다. 어떤 문제를 쉽게 결론짓기보다는 항상 역으로 생각해 보는 습관을 길러라. 혼자 술 마시기 좋아하는 사람에게 함께 어울려 마실 수 있는 방법을 제시하면 효과 만점이 아니겠는가. 상사의 환심을 얻기는 '식은 죽 먹기'처럼 아주 쉬우리라.


# 젓가락으로 반찬을 조금씩 집어 털어먹는 사람

음식을 먹는 모습을 잘 살펴보면 상대의 성격을 파악할 수 있다. 입는 것, 먹는 것, 말하는 모습, 술을 마시는 모습 등의 습관들은 은연중에 그 사람의 내면에 감추어진 것들을 적나라하게 표현하고 있다.

또한 그 사람의 본성을 드러내는 무의식적인 행위이기도 하다. 이러한 행위를 보고 그 사람의 성격을 알 수 있는데, 이 성격은 그 사람의 운명을 좌우하기도 한다. 상대방의 행위 하나하나를 신경 써서 관찰하여 성격을 잘 파악해 낸다면, 사회생활을 하는 데 많은 도움이 될 것이며 앞서가게 될 것이다.

사람을 만났을 때 그 사람의 입에서 나오는 말보다는 음식점으로 가서 같이 식사를 해보는 것이 상대를 파악하는 데 대단히 중요한 자료가 된다. 특히, 식사할 때 젓가락질하는 것을 관찰하면 천차만별이다. 젓가락으로 음식을 조금씩 집어 털어서 먹는 사람이 있는데, 고집이 세며 자기중심적인 성향이 강한 사람이다. 덩치가 크거나 작거나 관계없이 이런 사람은 유아적인 발상에서 헤어나지 못한 사람으로 볼 수 있다.

성격이 아주 까다로운 편에 속하며, 모든 일에 대범하지 못하고 소심한 성격을 지닌 사람이다. 그래서 자기가 맡은 일에는 충실하지만, 모험을 잘 하지 않으려고 한다. 또한 성격이 꼼꼼하여 실수하는 경우가 적은 반면에 갑자기 고난이 닥치면 쉽게 훌훌 털고 일어나지 못하고 당황하는 행동을 보인다. 이런 사람과 대화할 때는 조심스럽게 접근해야 한다. 함부로 농담하는 것은 절대 금물이다. 되도록 상대를 이해하는 측면에서 접근하면 바람직한 분위기를 만들어갈 수 있을 것이다.

만약에 당신의 상사가 이런 타입이라면, 함부로 설득 작전을 펴서는 안 된다. 특히, 무조건 당신의 주장부터 섣불리 건의하면 미운 오리 새끼 되기 십상이다. 되도록 상사의 처지부터 이해해 놓고 서서히 접근하여 당신의 의사를 조심스럽게 반영시키는 것이 좋다. 이처럼 아집이 센 사람에게는 항상 먼저 양보해 주고 뒤에 가서 당신의 주장을 조심스럽게 피력하면 성공 작전이 될 것이다.

아무리 고집이 센 사람이라도 상대방을 이해하는 마음은 반드시 가지고 있다. 다만 그것을 어떻게 우러나게 하느냐가 중요한 것이다. 사회생활에서 몰지각하고 인정머리가 없다고 비난받는 사람일지라도 반드시 인정 어린 구석은 존재하기 마련이다. 그러므로 사람을 대할 때 자기 생각대로만 접근하려는 태도는 버리는 것이 현명하다. 이런 사람이 처세에 능숙한 사람이다.

## 먹기 싫은 밥 먹듯 힘겹게 먹는 상사

새로운 상사가 부임해 왔을 때는 먼저 식사를 같이 해 봐라. 마치 먹기 싫은 밥 먹듯이 깔짝거리며 먹는 습관이 있는 사람이라면 열등의식이 많고 깔끔한 체하는 사람이다. 또한 외로움을 많이 타는 사람인 경우가 많다.

이런 상사에게는 당신도 정리 정돈을 잘하는 깔끔한 사람이라는 것을 보여 줘라. 책상이나 사물함, 의자 주변을 항상 아주 철저하게 정리 정돈을 해서 상사의 비위를 맞춰 주어라. 그러면 상사는 자기와 같은 성향의 사람이라는 동류의식을 느끼면서 당신을 신임하고 관심을 줄 것이다. 이런 사람일수록 한 번 사람을 좋아하면 푹 빠지는 성향이 많다.

요즘 젊은이들은 상사에게도 거침없이 대하거나 자기주장을 자연스럽게 털어놓는 경향이 많은데, 사회란 자기 생각대로 단순하게만 구성되어 있지 않다. 사회의 구성원에는 기성세대와 깐깐한 보수적 성향을 지닌 사람도 있는 것이다. 다원화된 사회에 속해 있으니 아무리 신세대라 해도 상사의 심리를 파악하지 못하고 함부로 날뛰다가는 자아 발전에 장애를 초래하고 말 것이다.

그래서 기본적인 양심이나 마음 바탕은 올곧은데 성격이 너무 자기중심적이어서 사회에 적응을 못 하고 힘들어하는 젊은이들이 많아지는 것이다. 이 직장 저 직장 옮겨 다니면서 자리를 잡지 못하고 있는 젊은이들은 대부분 상사를 제대로 읽고 파악하지 못하기 때문이라 할 수 있다.

# 쩝쩝 소리 내며 요란스럽게 음식을 먹는 상사

음식을 먹는 모습을 가만히 관찰하면, 쩝쩝 소리를 내면서 요란스럽게 먹는 사람이 있다. 이런 사람에게 소리를 내지 말고 먹으라고 지적을 해주면, 조용하게 먹으면 맛이 없다고 말한다. 소리를 내지 않고 조용히 먹으면 맛이 없다는 것은, 자신의 습관 때문일 뿐이다. 사실, 맛이 없다는 근거는 없는데도 본인은 실제로 맛이 없다고 느낀다.

쩝쩝 소리를 내면서 음식을 먹는 습관은, 여러 형제 사이에서 자란 사람이거나 혹은 일찍 객지로 떠돌아다닌 사람에게서 많이 나타나는 편이다. 이런 사람은 비교적 다른 사람들과 잘 어울리는 까다롭지 않고 소탈한 성격의 소유자이다. 무엇이든지 하고자 하는 의욕이 많으며, 사람을 대할 때도 그냥 생긴 대로 드러내지 굳이 잘 보이려고 애쓰지 않는 솔직한 타입이다. 성격이 급하고 과장됨이 없어서 직선적으로 표현하는데, 이 때문에 남에게 오해를 사는 경우가 많다. 이런 사람에게는 솔직하게 있는 그대로 대해 주는 것이 인간관계를 맺는 데 아주 좋다.

만약 당신의 상사가 이런 사람이라면, 모든 면에서 솔직하게 대하는 것이 좋다. 실수나 잘못을 저질렀을 때 괜히 형식을 갖추려고 애쓰기보다는 그때그때 직접적으로 사실대로 고백하는 것이 더 좋다.

이런 상사에게는 무슨 일이든지 숨기지 말고 있는 그대로 고백하면 어려운 문제도 잘 풀어 나갈 수 있을 것이다.


# 식사할 때 국물을 많이 먹는 상사

식사하는 모습을 살펴보면, 국물은 전혀 먹지 않고 마른반찬만 참새처럼 콕콕 찍어 먹는 사람이 있는가 하면 국물을 많이 먹는 사람이 있다. 국물을 많이 먹는 사람은, 국물이 없으면 밥을 먹은 것 같지 않다고 말하기까지 한다. 이런 사람은 국물뿐만 아니라 식사 후에 물도 많이 마신다.

이처럼 국물을 많이 먹는 사람은 비교적 살이 잘 찌는 편이다. 비교적 편식을 하지 않고 골고루 음식을 잘 먹는 식성이어서, 성격이 원만하며 남을 이해하는 편이다. 또한 극기심도 무척 강한 편이다. 이런 식습관을 지닌 사람은 어렸을 때부터 구김 없이 자란 사람이 많다. 비교적 부모의 너그러운 사랑을 많이 받고 자란 사람으로서 대인 관계가 무난한 사람이다.

이런 식습관을 지닌 상사는, 부하가 아이디어를 제출했을 때 무리 없이 잘 수용하는 성격의 소유자이다. 이런 상사는 부하를 억압된 분위기로 몰아넣지 않는다. 개방적인 분위기를 조성하여 부하들이 업무를 자유롭게 처리하도록 만들어 주기 때문에 부하들이 많이 따른다. 또한 부하가 성장할 수 있도록 분위기를 만들어 주고 배려를 아끼지 않는 여유를 가지고 있다. 이런 상사에게는 격식보다는 사실적이고 솔직한 인간관계가 더 효과적이다.

# 뜨거운 밥이나 국을 잘 먹는 상사

"뜨거운 국물을 잘 먹는 사람은 아내 복이 많다."라는 속담이 있다. 이 속담이 어디서 유래했는지는 모르지만, 근거는 있는 것 같다. 뜨거운 국물을 먹으면서 '시원하다'라고 말하는 사람들은 인생의 의미를 어느 정도 알 만한 나이가 되었다는 증거이다. 뜨거운 음식을 잘 먹는다는 것은 그만큼 인생이 완숙해진 나이이고 또한 아내의 덕을 본다는 의미로 해석하는 게 아닌가 싶다. 그런데 나이의 많고 적음에 관계없이 뜨거운 국물을 잘 먹는 사람이 있다. 이런 사람은 체질적으로 냉체질이어서, 겨울에는 추위를 잘 타고 여름에는 땀이 많이 나지 않는다. 이런 사람은 편식을 하지 않고 아무거나 잘 먹는 식성을 가지고 있어서 특별히 까다로운 성격은 별로 없다.

이런 사람은 성격이 비교적 급하고 대범하며 구김이 없다. 한번 한다고 생각한 일은 금방 해치우고 나서 후회하는 경우가 많다. 비교적 솔직한 반면에 사교성이 부족한 편이다. 그래서, 있는 그대로만 내보이려 하고 꾸미거나 과장하는 것을 싫어하는 성격이다. 또한 고집이 센 편이기도 하다.

만일 당신의 상사가 이런 식습관을 지녔다면, 부하로서 모시기에 그렇게 까다로운 상사는 아니다. 다만, 성격이 급하므로 바른말부터 하지는 말아라. 먼저 상사의 말을 이해하고 장점에 대해서 칭찬을 한 연후에 당신의 의견을 제시하는 것이 아주 유리하다.


# 식사 전에 꼭 물을 마시는 상사

식사하는 모습을 유심히 관찰하면 사람마다 각기 다른 습관을 지니고 있음을 알 수 있을 것이다. 식사하는 모습을 통해서 그 사람의 성격이나 속마음을 파악하는 것은 그다지 어려운 일이 아니다. 또한 식사 습관만큼 적중률이 높은 것도 드물다.

밥상 앞에 앉으면 숟가락부터 먼저 들고 덤비는 사람이 있는가 하면 젓가락을 먼저 드는 사람도 있다. 또한 식사를 시작하기 전에 반드시 물을 마시는 사람이 있는가 하면 물을 입에도 안 대는 사람도 있다.

식전에 반드시 물을 마시는 사람에게 물어보면, 식사 전에 물을 안 마시면 소화가 안 되거나 체한다고 말한다. 그러나 이는 생리학적으로 볼 때 타당성이 없다. 오히려 생리학적으로는, 식전에 물을 많이 마시면 위액의 분비를 저하해 오히려 소화 작용에 지장을 초래할 수 있다고 한다. 따라서 식사 전에 물을 꼭 마시는 것은 소화와는 관계없는 그 사람의 습관에서 비롯되는 행위이다.

이런 유형은 여성에게서 많이 볼 수 있다. 여성 중에서도 몸이 마르고 신경이 예민한 심성질 체질의 사람이 이런 식사 습관을 지닌 경우가 많다. 한편 남자에게서도 간혹 볼 수 있는데, 이런 남성은 비교적 식성이 짧아서 많이 먹지도 않고 편식이나 소식을 하는 사람이다.

이런 습관을 지닌 사람은 매사에 완벽을 기하는 완벽주의자로, 남에게 실수를 잘 저지르지 않으며 남이 실수하는 것을 좀처럼 용납하지 못한다. 꼼꼼한 성격이라서 매사를 세심하게 처리하는데, 어느 때는 소심하게 보이기도 한다. 사교성도 좋은 편은 못 되어서 친구를 많이 사귀지는 못하지만, 한번 사귄 친구에게 마음이 변하는 경우는 별로 없다.

이런 습관이 있는 사람이 당신의 상사라면, 침착하고 차분하게 대해야 한다. 면전에서 아는 체를 하거나 장황하게 떠들어대는 것을 아주 싫어하는 성격이니 항상 주의해야 한다. 이기적이고 개인주의적인 성향이 강해서 남과 어울리는 경우도 드문 인물이다. 특히, 소심한 성격의 소유자로, 부하가 한 번 저지른 실수를 마음속에 오래도록 담고 있는 타입이니 언행을 삼가야 한다.

## 발소리를 내면서 걷는 상사

옛사람들은, 발소리를 내면서 걷는 사람은 말년이 고독하다고 하여 걸을 때에 신발을 끌거나 소리를 내는 것을 금기시했었다. 그런데, 사람들의 걸음걸이를 살펴보면 유난히 발소리를 내면서 걷는 사람이 있는 반면에 고양이 걸음처럼 소리를 내지 않고 걷는 사람도 있다. 사람이 피곤하거나 육체적으로 힘이 없을 때는 자연 신발을 끌거나 소리를 내기 마련이다. 그러나 몸 상태가 좋고 건강할 때는 자연 걸음걸이가 가벼워 발소리가 나지 않는 것이다.

발소리를 내면서 걷는 사람은 순진하면서도 솔직하고 정직한 면이 많은 사람이다. 침착성이 없고 덜렁거리는 성격 때문에 다른 사람에게 실수를 자주 하기도 한다. 이런 사람은 주로 형제가 많은 틈새에서 자란 사람이며, 어른 밑에서 엄하게 자란 것이 아니고 개방적인 환경에서 자라온 사람이기도 하다. 또한 실리주의자이기도 하다.

이런 사람이 당신의 상사라면, 먼저 형식적인 면보다는 실리적인 면을 더 중히 여기는 사람이라는 것을 염두에 두어라. 따라서 겉치레를 매우 싫어하는 타입이다.

이런 상사는 언제 어디서나 부하가 좋은 의견이나 아이디어를 제시하면 채택하기도 하고 인정을 해주기도 한다. 그러므로 서슴없이 의견을 제시하면서 친근감을 만들어라. 이런 상사에게는 항상 마음을 열고서 솔직하게 대하는 것이 더 바람직할 것이다.

# 항상 바쁜 걸음걸이로 걷는 상사

습관적으로 항상 바쁜 걸음으로 걷는 사람이 있다. 이런 사람은 대개, 성격이 무척 급해서 하고 싶은 일이 있으면 먼저 실행부터 해놓고 본다. 그래서 일을 저질러 놓고 후회하는 경우가 많다. 이런 사람은 좋고 나쁨을 분명히 나타내는 성격이어서 친구가 많지 않고 극히 가까운 사람하고만 사귀는 편이다. 그러면서도 남의 일을 자기 일처럼 관심을 가지기도 한다. 그래서 남의 일에 잘 끼어들기도 하고 남에게 인정을 베푸는 경우도 많다. 특히, 자신이 좋아하는 사람의 일은 자기 일을 제쳐두고서라도 돌봐주는 성격이다. 반대로 한번 뒤틀린 사람과는 좀처럼 다시 돌아서기 힘든 사람이다.

만약 당신이 이런 사람을 상사로 모시고 있다면, 무슨 일이든지 뒤로 미루기보다는 즉석에서 처리하는 수완을 발휘하는 것이 훨씬 효과적일 것이다. 이런 상사는 세밀한 도안이나 서류 같은 것을 통해서 보고하는 형식보다는 즉석에서 임기응변식으로 아이디어를 짜내서 순발력을 발휘하는 부하를 더 인정하는 타입이다. 또한 공적인 장소에서보다는 사적인 장소에서의 교류를 더 소중히 여기기도 한다. 겉치레보다는 내면을, 형식보다는 실속을 더 중시하기 때문에 마음의 문을 활짝 열고서 진지한 태도를 보이는 것이 아주 좋다. 여기에 순발력까지 곁들인다면 상사의 사랑을 한 몸에 받을 수 있으리라.

# 안짱다리로 걷는 상사

안짱다리로 걷는 사람은 대부분 성격이 대범하지 못하고 소극적이다. 어렸을 때 혼자서 장난감 같은 것만 상대하고 자라서, 대인 접촉이 원만하지 못했기 때문에 이런 성격이 형성되었다고 볼 수 있다. 그래서 남과 어울리기를 싫어할 뿐만 아니라 매사를 비판적인 시각으로 보려는 편협한 사고를 지니고 있기도 하다. 그래서 당신이 먼저 남의 흉을 본다거나 세상사에 대한 불만을 터트리면 금방 동조하는 편이다. 그러나 이런 사람일수록 마음은 정직하고 인정이 넘치는 사람이다.

성격이 소극적이어서 거창한 사업을 꿈꾸거나 모험할 줄 모르기 때문에, 기계를 만지거나 특수한 기술 방면으로 나가면 성공하는 경우가 많다. 즉, 대인 관계보다는 대물 관계에 능숙한 사람으로, 많은 사람과 어울려서 일하는 직종보다는 혼자서 일할 수 있는 직종 쪽으로 나가는 것이 더 좋다.

당신이 이런 상사를 모시고 있다면 입바른 소리는 절대 금물이다. 이런 상사일수록 다른 사람으로부터 직언을 들으면 상당히 오랫동안 꿍하고 마음속에 간직하는 편이므로 조심해야 한다. 그리고 상사의 열등의식을 건드리지 않도록 매사에 주의해야 한다. 이런 상사에게는 '노'라고 말하기보다는 무조건 '예스' 타입으로 나가는 것이 신상에 이로울 것이다.

# 보폭이 넓고 빠른 걸음걸이로 걷는 상사

보폭이 넓게 빨리 걷는 사람은 항상 바쁜 것 같은 느낌을 준다. 이런 걸음걸이의 사람은 마음속에 많은 야심을 감추고 있으며, 책임감이 강하여 함부로 덜렁대지 않는다. 그러면서도 고집이 센 편이기 때문에 주위에 적을 많이 가지고 있다.

이런 상사에게는 항상 철두철미하게 약속을 지켜야 한다. 인정이나 핑계가 좀처럼 통하지 않으니, 매사에 정확하게 처세하는 수밖에 없다. 부하가 용감하고 씩씩하게 일하는 모습을 좋아하기 때문에 약간의 실수를 하였을 때 핑계를 대면서 빠져나가려 하면 스스로 무덤을 파는 격이 된다. 반면에 부하가 솔직하게 실수를 털어놓는 용감하고 박력 있는 면을 보여 주면 오히려 용서해 주고 대견하게 여기는 구석이 많다.

부하의 말이나 행동이 맘에 들면 끝까지 옹호해 주고 사랑해 주기도 하는 반면, 한번 눈 밖에 나면 아무리 신뢰를 회복하려고 노력을 해도 좀처럼 용서해 주지 않는 자기중심적인 인물이다. 또한 마음에 드는 사람에게는 한없이 친절하다가도 자신에게 이익이 없을 때는 아주 냉정하게 돌아서는 차가운 면이 있는 사람이니, 속마음을 항상 잘 탐구하여 대하는 것이 좋다.

특히, 이런 상사나 친구에게는 언제나 예의를 존중해 주는 것이 인정에 호소하는 것보다 훨씬 잘 통할 것이다.


# 땅만 내려다보고 걷는 상사

앉아 있는 모습처럼 사람의 걸음걸이 또한 무의식적으로 습관을 나타내는 것이어서 그 사람의 숨겨진 내면을 드러내는 행위로 볼 수 있다.

길을 가다 보면 땅만 내려다보고 걷는 사람을 볼 수 있다. 이런 습관은 혼자서 자라온 사람이거나 비교적 사랑을 많이 받지 못하고 자란 사람에게서 많이 볼 수 있다. 이러한 사람은 육친이 고독하여 외로움을 많이 타는 성격이다. 소심하고 사교성도 없어서 친구가 많지 않다. 또한 적극적인 면도 부족하여 사람이 많이 모인 장소를 싫어하며 항상 혼자 있기를 좋아한다. 무슨 일이 생겨도 혼자서 해결하려드는 타입이다. 생각이 많아서 심사숙고하는 타입으로 모험심이 없는 인물이다.

이런 사람이 부하를 거느리고 있다면 아랫사람에게는 반드시 군림하려는 성격을 나타내지만, 윗사람에게는 비굴하리만큼 소심하고 아부적일 때가 의외로 많다. 이런 상사일수록 매사에 적극적이지 못하고, 잘못된 일은 남의 탓으로 돌리기를 좋아한다. 또한 공식적인 행사나 회합 모임에서는 목을 사슴처럼 길게 빼는 타입으로서, 부하들로부터 억지 존경을 받고 싶어 한다. 그러다 보니, 아랫사람에게는 자연 말이 많아지고 질서가 없고 중언부언하며 장황해지는 것이다.

그래서 이런 상사가 난처한 처지에 부닥쳤을 때 주위에서 진심으로 도움을 주거나 인정을 베풀려고 선뜻 나서는 부하가 없다. 만약에 당신의 상사가 이런 타입이라면 솔직하고 인간적인 접촉보다는 적당주의로 나가는 것이 무난하다. 그렇지만 이런 상사를 요리하고 싶다면, 부하들에게 외면당하는 외로운 상사이니 매사에 세심하게 챙겨주어라. 그러면 당신은 신임을 얻게 될 것이다.


# 다리를 벌리고 앉는 사람

양다리를 벌리고 앉는 사람은 외관상으로는 별로 좋지 않게 보이지만, 실제 성격 면에서는 아주 소탈하고 솔직한 타입이다. 이런 사람은 자유분방한 분위기에서 자란 사람이다. 그러나 육친 관계가 고독한 사람이기도 하다. 객지로 떠돌아다니기도 잘하고, 직업적인 면에서도 조직의 하부에 있는 것보다 자유직업에 종사하는 것이 나은 체질이다.

이런 사람은 매우 명랑한 성격인 데다가 비교적 남을 의식하지 않기 때문에 때론 주책이라는 소리를 들을 때가 많다. 그렇지만 인간성이 좋은 사람으로 간주한다. 남의 일에 함부로 참견하고 나서기도 하는, 적극적인 면도 지닌 성격이다.

이런 습관을 지닌 남성은 야성적인 기질이 있으며, 어디 가나 사람과 대화를 잘하며 금방 친숙해지는 편이다. 반면 이런 습관을 지닌 여성은 남성에게 공격당하기 쉬운 약점을 지닌 셈이다. 또한 이런 여성은 사소한 일에도 쉽게 감동하거나 인정에 치우치는 경향이 많다.

이런 습관을 지닌 상사는, 성격이 소탈하고 솔직하여 대하기는 좋다. 그렇지만 한 번 눈 밖에 나면 이전의 상태로 회복하기가 아주 힘든, 고집이 센 인물이다. 그러나 대체로 부하를 무척 아끼는 타입이다. 그래서 부하의 일을 자기 일처럼 여기고 나서서 돌봐주기도 한다. 이런 상사에게는 특별한 비방이 필요하지 않다. 그저 성실하게만 대하면 된다.


# 퍼질러 앉은 듯한 느낌을 주는 사람

퍼질러 앉은 듯한 자세는, 주로 영양질 체질의 뚱뚱한 사람들의 앉는 습관이다. 특히, 남성보다는 뚱뚱한 여성에게서 많이 볼 수 있는 자세이다. 우선 이런 여성은 남을 흉보는 것을 아주 좋아하기 때문에 남의 흉을 보는 자리가 있다고 하면 쌍지팡이를 짚고 나선다. 그냥 앉아 있는 것처럼 보여도 남의 일에 대한 화젯거리가 없는가 해서 귀를 쫑긋 세우는 것이다. 그러면서도 남이 자신의 흉을 보면 그 자리에서 파르르하고 즉각적인 반응을 나타내지만, 마음속에 꾹 담아두지는 않고 금방 털어버리기도 한다. 이런 사람 앞에서는 입을 병뚜껑처럼 꼭 닫는 것이 신상에 좋을 것이다.

만약 당신의 상사가 이런 유형이라면, 부지런한 습성을 가졌다기보다는 게으른 습성을 지닌 사람이라는 점을 잘 활용해라. 항상 새로운 이야깃거리를 부지런히 준비해서 만나면 당신에 대해서 좋은 이미지를 갖게 될 것이다. 이런 사람에게는, 먼저 화젯거리부터 던져주는 것이 친근감을 느끼게 하는 무기가 될 것이다.

이런 사람에게 부탁할 때는, 본론을 감추고 세상 사는 이야기 등 필요 없는 이야기로 일단 흥미를 유발하게 하여 친근감을 다시 한번 확인시켜라. 그런 다음에 넌지시 본론으로 들어가면 인정에 치우쳐서 쉽게 거절하지 못할 것이다. 또한 이런 사람은 살이 찐 만큼 식도락가이기도 해서 음식을 대접받는 것을 아주 좋아한다. 어려운 부탁을 할 일이 있으면 향응을 베풀어라. 그러면 효과가 즉시 나타난다.

식습관이나 말이나 행동을 잘 관찰하면, 인과 관계가 성립되어 있으므로 이를 기초로 하여 사람을 읽고 이를 연관 지어서 생각하는 것이 좋다. 현찰을 건네주어야 좋아하는 사람, 향응을 베풀어야 좋아하는 사람이 다르므로 앉는 자세 하나도 잘 관찰하면 처세에 많은 도움이 될 것이다.

# 몸을 지나치게 뒤로 젖히고 의자에 앉는 상사

상사가 의자에 앉아 있는 모습을 살펴보면, 바른 자세로 앉는 사람이 있는가 하면 몸을 지나치게 되로 젖혀서 앉는 사람도 있다. 몸을 이 처럼 의자 등받이 쪽으로 젖히고 앉는 상사는 허욕이 많은 인물이다. 상대에게 속마음을 잘 열지도 않는 인물이며, 실속도 없으면서 대범한 체하는 인물이다. 그래서 곤란한 일에 부딪히면 몸부터 사리는 경우가 많으며, 강자에게는 잘 보려고 애쓰면서도 약자에게는 폭군처럼 행세하는 전형적인 타입이다.

마음속에 열등의식이 많으면서 남 보기에는 태연한 체하려고 꼼수를 쓰는 경우가 많은 사람이다. 이런 사람은 윗사람 아랫사람 누구에게나 속마음을 잘 열지 않는 반면, 한번 마음을 주면 끝까지 믿어주는 고지식한 면도 지니고 있다. 이런 사람에게는 아주 강하게 맞서든가, 아니면 처음부터 칭찬 작전으로 나가는 것이 좋다.

그러나 이런 타입의 상사에게 어필하는 방법으로는 아주 강하게 맞서는 것도 좋지만, 처음부터 무조건 칭찬 작전으로 나가는 것이 더 좋다. 직선적인 표현을 즐기다가는 미운 오리 새끼 되기 십상이니, 조심해야 한다. 무조건 칭찬 일변도로 나가면 상사로부터 아주 호감을 살 것이다.

# 자세를 자주 바꾸며 큰 소리로 말하는 상사

자세를 자주 바꿔 앉으면서 큰 소리로 말하는 사람은, 우선 정서가 불안하고 성격이 조급한 인물로 자유분방하고 절제 없이 자란 사람이다. 관상학적으로 이런 사람은 조실부모하거나 육친과의 인연이 희박하여, 일찍부터 객지에서 떠돌이 생활을 하는 등 인생길에 파란과 곡절이 많다. 그러나 평소에 그렇지 않던 사람이 갑자기 이런 행동을 취하면 마음속에 감추는 것이 있거나 현재 불안한 상황에 부닥쳐 있음을 간파해야 한다.

습관적으로 이런 행동을 하는 사람에게는, 항상 경계 태세로 대비해야 할 것이다. 이런 사람 앞에서 함부로 비밀 이야기를 털어놓지 말아라. 안 그랬다가는 훗날 크게 낭패할 일이 생길 것이니 사전에 조심하는 것이 좋다. 이런 사람들은 자기 욕심을 충족시키려고 애쓰면서도 남의 일은 헤아려 주지 않는 성격을 지니고 있으므로 인간관계도 원만하지 못하고 외롭게 지내는 경우가 많다. 그래서 사소한 일에도 칭찬을 받으면 아주 좋아하는 편이다. 상대방이 칭찬을 해주면 그 타당성을 따져보지도 않고 어린애처럼 즉각적으로 반응을 나타내기도 한다.

이런 사람은 성격이 급한 만큼 자신의 마음에 들지 않는 상대에게는 강한 공격성을 나타내기도 한다. 또한 자신의 이익을 위해서는 배반이나 배신을 잘하기 때문에 항상 주의해야 한다. 특히, 성질이 급하고 앞뒤를 깊이 헤아리지 않으며 무슨 일이든 즉흥적으로 처리하기 때문에 임기응변으로 상황을 잘 판단하여 대처하는 것이 아주 좋을 것이다.

이런 상사는 부하에게 요구만 하거나 명령만 하는 성향이 강하다. 윗사람에게는 치사하리만큼 아부를 떨면서 아랫사람에게는 잔인스러울 정도로 군림하려는 습성을 가진 인물이니 주의해야 할 것이다. 이러한 상사에게는 칭찬을 무기로 삼아서 대처하면 아주 좋다.

# 윗몸을 뒤로 젖히고 앉아서 부하의 말을 자꾸 끊는 상사

대화하는 사람의 태도를 살펴보면, 양손을 의자 양쪽에 가지런히 얹고 얌전하게 앉아서 이야기하는 사람이 있는가 하면, 상체를 유난히 뒤로 젖히고 고개를 한쪽으로 젖히고 앉아서 상대의 말을 자꾸 중간에 끊으려는 사람이 있다. 후자의 태도를 점잖은 태도라고 할 수는 없을 것이다. 상체를 뒤로 젖히고 말하는 태도는 주로 윗사람이 아랫사람에게 충고하거나 지시를 내릴 때 취하는 자세이다.

윗사람에게 이런 자세를 취하는 것은 그리 호감을 받지 못할 태도라고 볼 수 있을 것이다. 아랫사람이 윗사람을 대할 때는 주로 무릎위에 양손을 가지런히 얹고 상체를 약간 숙인 듯한 자세를 취하면서 경청하는 자세가 단정해 보이고 또한 윗사람에 대한 예의일 것이다.

그러나 윗사람 앞에서든 아랫사람 앞에서든 이런 습관이 배 있는 사람은 상대를 설득하려는 경향이 많으며 자존심이 강한 편이다. 그래서 자신의 약점이나 과거의 실패담 같은 건 좀처럼 늘어놓지 않는다. 이런 사람에게 섣불리 속마음을 털어놓는 것은 좋지 않다. 이런 사람의 대화를 잘 분석해 보면, 유난히 어려운 문자를 쓰려고 애를 쓰거나 자신도 확실히 모르는 외래어를 억지로 쓰는 경향이 많다.

만약에 당신의 상사가 이런 습관을 지니고 있다면 권위주의를 내세우려는 성향이 강한 인물임을 유념해라. 이런 상사에게는 절차나 형식을 소홀히 하고 대해서는 안 된다. 항상 절차나 형식을 갖추고 상대해라. 이처럼 신분이나 형식, 절차를 소중히 여기는 성격이어서 입고 있는 복장은 언제나 정장인 경우가 대부분이다.

# 몸을 자주 흔들며 말하는 유아적 기질이 있는 상사

말을 하면서 몸을 자주 흔드는 사람이 간혹 있는데, 이는 유아적인 기질이 남아 있기 때문이다. 이런 사람은 관상학적으로 가족 관계가 매우 고독한 처지에 놓여 있는 사람이다. 친구가 많지 않으며, 공식 석상을 피하고 사석에서 이야기하는 것을 좋아하는 성격이다.

이런 사람 중에서도 그 정도가 심한 사람은, 정서가 제대로 발달하지 못하여 불안정한 성격을 지니고 있다. 이런 사람일수록 상대의 말을 분석해 보거나 진지하게 듣지를 않는다. 자유분방한 환경에서 자라온 사람이기 때문에 극기심이나 자제력이 결여해 있어서, 항상 상대를 자기 입장으로만 끌어들이려고 하므로 인간관계에서 빈축을 사는 경우가 많다.

이런 사람은, 속마음은 얌전하면서도 상대에게 반대의 느낌을 주는 경우가 많아서 주책스럽다는 말을 흔히 듣게 된다. 이런 사람은 앞뒤를 잘 분석해 본 연후에 말하는 것이 아니고, 즉흥적으로 함으로써 원래의 의도와는 다른 결과를 초래하는 경우가 종종 있다.

만약 당신의 상사가 이런 사람이라면 유아적 기질이 있음을 알아야 한다. 유아들은 매사를 부모가 쫓아다니면서 챙겨줘야 한다. 마찬가지로 이런 상사에게도 그런 역할을 해줄 사람이 필요한 것이다. 또한 이런 상사에게는 공식적인 석상에서 자기표현을 완숙하게 해내지 못하는 아킬레스건(腱)이 있다는 것을 간과해서는 안 된다. 브리핑이나 혹은 발표 자료를 미리 잘 챙겨서, 약점을 커버하도록 시중을 들어주어라. 그러면 상사는 당신을 최고의 부하로 생각하고 전적으로 신뢰할 것이다.

## 침묵형은 꼼꼼하고 까다로운 성격의 소유자?

사람들은, 비교적 말을 잘하지 않는 침묵형을 만나면 곤혹스러워하는 경우가 많다. 그러나 이런 침묵형은 상대방이 자신의 속마음을 알아주는 기미가 보이면 쉽게 마음을 열기도 하고 더 말을 많이 하는 예도 있다. 이런 사람일수록 어떤 계기에 의해서 한번 마음을 털어놓기 시작하면 더 진지해지고 많은 말을 하는 편이다. 또한 침묵형은 상대가 쓸데없는 말을 자질구레하게 늘어놓는 것도 비교적 좋아하지 않는다. 한편, 친밀한 사이가 아니면 말을 잘 하지 않는 사람도 있다.

침묵형이라고 하는 것은 아주 절친하지 않은 사람과 말을 잘 하지 않는 사람을 의미하는 것이다. 전반적으로 벙어리처럼 말을 안 하는 침묵형은 거의 없다. 그러므로 상대가 침묵을 지키고 있을 때는, 상대가 왜 말을 잘 하지 않는가, 자신을 경계하는 것인가, 아니면 수준이 맞지 않아서 말을 하지 않는가를 잘 관찰하면, 그 이유를 쉽게 파악할 수 있다. 아무리 말을 잘 하지 않는 성격일지라도 침묵을 지키고 있는 데에는 반드시 이유가 있기 마련이다.

침묵형일수록 자기 의사에 맞거나 혹은 자기 속마음의 깊이를 이해하는 사람을 만나면 의외로 말을 잘하게 되는 경우가 있다. 집에서 부모들로부터 '쟤는 이상한 애야. 집에 들어오면 꿀 먹은 벙어리가 되는지 묻는 말에도 제대로 대답을 안 한다니까!'라는 말을 듣는 아이들일지라도, 절친한 친구를 만나면 낄낄대면서 도가 지나칠 정도로 많은 말을 해대기도 한다.

침묵형은 성질이 과묵하지만 한번 성깔이 나면 걷잡기 힘들 정도이다. 성격이 꼼꼼하고 까다로운 구석이 많으며, 주관적으로만 사물을 해석하려는 고집이 세기도 하다. 이런 사람은 지나치게 조심성이 많아서 상대를 경계한다거나 상대에게 마음을 열지 않는 경우가 많다.

이런 사람과 가까워지려면, 그가 공감할 수 있는 견해나 동조할 수 있는 행동을 일부러 만들어서 접근해라. 견해를 먼저 피력하면, 그가 동조의 뜻을 펼 것이다. 이런 사람에게는 당신의 실패담이나 약점을 먼저 노출하면서 마음의 문을 먼저 열어서 그가 편하게 다가오도록 해주는 것이 가장 중요하다. 또한 이런 사람에게는 약속 시간을 철저히 지키는 것이 호감을 살 수 있는 중요한 요건이 된다.

만일 당신의 상사가 이런 유형이라면, 꼼꼼하고 까다로운 면이 많은 성격의 소유자임을 명심해라. 출퇴근 시간 하나라도 철저히 지키는 것이 당신의 신상에 이로울 것이다. 또한, 권위주의나 보수적인 기질이 강한 상사라는 것을 감지해서 함부로 마음 깊은 곳의 숨은 상처를 건드리지 않도록 주의해야 한다. 상사의 깊은 속마음을 이해해 주려고 노력해라.

# 2

# 부하를
# 내 사람으로
# 만들자

## 상사는 인간관계가 원만한 부하를 좋아한다?

직장인들이 가장 좋아하는 상사로는 '인간적이며 유머 감각이 많은 사람'을 첫째로 꼽고 있다는 통계가 나왔다. 또한 이 통계에 따르면, 상사가 가장 싫어하는 부하는 '자기 계발을 하지 않는 사람'이라고 한다. 서울 롯데 백화점에서 과장급 이상 40명과 계장급 이하 60명을 대상으로 하여 '좋아하는 상사와 부하'에 대한 설문조사를 실시한 결과 이같이 나타났다고 발표했다.

또한 상사에 대한 호감도에서는 업무 방향을 명확하게 제시해 주는 상사와 일을 잘했을 때 칭찬을 아끼지 않는 상사가 좋은 상사라는 대답도 많이 나왔다. 반대로 아주 싫어하는 상사는 이기적이며 독선적인 성격을 지닌 상사라는 대답이 40%로 다수를 차지하였다. 그리고 아부형 상사는 싫다는 대답도 30%나 되었다.

좋아하는 부하는, 사고가 긍정적이고 인간관계가 원만한 부하라는 대답이 42.5%로 다수를 차지했다. 새로 배치된 부하 직원을 평가할 때 가장 먼저 관심이 가는 부분은, 외모 및 첫인상이라는 대답이 40%를 차지했다. 다음으로 인간성과 예의가 37.5%이고, 마지막으로 언행과 자기 표현력이 22.5%의 순으로 나타났다. 여기서, 부하를 처음 대할 때에 가장 먼저 관심이 가는 부분이 외모와 첫인상이라는 대답이 40%나 되는 것을 주의 깊게 봐야 한다. 이는, 자기 연출과 의상 등이 차지하는 부분이 크다는 것을 의미한다.

한편, 여직원들이 가장 듣기 좋아하는 말은, '섹시하다' '살 빠졌네' '예뻐졌네' '수고했어' '고마워' 등의 순으로 나타나고 있다. 여직원들이 가장 듣기 좋아하는 '섹시하다'라는 말은 여성과 남성의 성차이를 명확하게 나타내는 것이기도 하다. 이는 의상이나 화장술, 자기 연출, 자기 연기 등으로 커버해야 할 수 있는 부분이다.

흔히 '사람이 관상이 어떻다' '인상이 어떻다'라고 하는 것은, 고정불변의 고착된 사물이 아닌 인간에게 해당한 부분이기 때문에 얼마든지 자신의 노력을 통해 관리해 나가고 계발해 나갈 수 있는 부분이기도 하다. 특히, 독자들은 이에 유념하기를 바란다. 처세에 도움이 될 수 있는 한두 가지 부분을 확실하게 자기화시켜 처세에 응용하기를 바란다.

어떤 사람에게선가 들은 말이든 어디에선가 읽은 것이든 그것을 접할 때 자기화시켜서 배가(倍加)시키는 사람이 있는가 하면, 반대로 대수롭지 않게 여겨 콧방귀나 뀌면서 귀담아듣지 않고 오히려 부정적인 측면을 들추어내는 습관을 지닌 사람도 있다. 긍정적인 사고를 지닌 사람은 항상 누구에게, 언제, 어디서나 듣고 본 것을 자기 속에서 재생산해 내서 자기 발전에 응용한다. 반면, 부정적인 사고를 지닌 사람은 오히려 매사에 투정을 부리거나 불만을 품기 때문에 좋은 것도 놓치고 마는 것이다.

# 신세대 부하에게는
# 감성에 호소하는 것이 효과적이다?

소암 선생님에게서 역학을 배우고 포장도 안 된 종로 뒷골목에다가 허름한 역학 사무실을 차렸다. 처음에는 단골손님들만 찾아왔으나 차츰 소문이 나서인지 어느덧 1만 명에게 작명을 해주었다. 예전에, 필자가 1만 명에게 작명을 해주면 유명해질 거라고 선생님이 말씀하셨는데, 정말 그 후로 필자는 유명세를 얻게 됐다. 한국일보와 경향신문 신춘문예에 응모한 희곡이 덜커덕 당선된 것이다. 50이 넘은 나이에.

이 일로 필자는 방송에 출연하게 되었고, 필자의 전력과 활동상이 고스란히 공개되었다. 영국의 계관시인 바이런의 말처럼, 아침에 눈을 떠보니 유명인이 되어 있었던 것이다. 일간지와 주간지에 고정 칼럼을 연재하기 시작하였고, 여러 기업체의 직원 연수에 초빙되어 '인간 관리'에 대한 강의를 하게 되었다.

예전에 어느 기업체의 연수원에서 중역들에게 강의를 하면서 애로 사항을 조사해 본 적이 있다. 중역들은 요즘 신세대들을 다루는 데 상당히 어려움을 겪고 있다는 것이다. 그래서 필자는, 상사가 부하를 혹은 나이 많은 세대가 젊은 신세대를 먼저 연구하는 것이 가장 손쉬운 방법이라는 해답을 제시해 주었다. 신세대를 알아야만 문제를 풀어 나갈 수가 있는 것이다.

신세대들은 기성세대나 노년 세대를 전혀 경험하지 않았기 때문에 신세대가 기성세대를 이해한다는 것은 참으로 어려운 일이다. 반면 기성세대는 청년기를 경험했기 때문에 노력만 한다면 신세대를 상당히 많이 이해할 수 있는 것이다. 요즘의 젊은이들에게 논리를 펴면 어김없이 잔소리꾼으로 낙찰되거나, 자신들이 이론을 더 잘 알고 있다는 태도를 보이며 선 듯 이해를 하려 않는다.

그러므로 젊은이들에게는 논리적으로 접근하면 실패할 확률이 높으니, 감정에 호소해라. 감정이 앞서면 논리를 전개할 힘이 무너지는 경우가 많다는 것을 이용해라. 가까운 예를 들어보면, 개고기 먹는 한국인을 서양인들이 야만족으로 매도했던 적이 있다. 논리적으로 따져보면 핵무기를 만들고, 전쟁 무기를 팔아먹고, 인류를 살상하는 무기를 앞세워 힘으로 약소국가를 제압하는 그들이 개고기 먹는 민족보다 더 악랄한 종족이다.

이처럼 단지 감정을 앞세우면서 냉정한 논리가 비집고 들어갈 틈을 주지 않는 경우가 많다. 그래서 요즘 신세대들의 마음이 약하고 감정이 예민한 점을 활용하라고 말한 것이다. 자신의 모든 것을 버리고도 충성을 할 수 있는 점을 만들어 보라고 문제를 제시했다. 얼마 후에 그에 대한 대답이 정말 많이 전화로 걸려 왔다. 오후 6시만 되면 상사 눈치 보지 않고 퇴근하기!

신세대들의 감성적인 면을 사로잡는 테크닉은 텔레비전 광고에서 많이 볼 수 있다. 일절 나레이션이나 카피가 없이 행동으로만 보여주는 광고, 말없이 감정에 호소하는 광고 등등 기발하고 절묘한 방법으로 감성을 사로잡는 광고들이 많은 것이다. 신세대들에게는 감성, 욕구, 본능에 호소하라. 바로 이 점을 놓치지 않는다면 당신은 훌륭한 상사, 지도자가 될 것이다.

어떤 행동을 유발하는 모티베이션을 주면 젊은이들에게 잠재해 있는 불꽃이 화끈하게 피어오른다는 점을 간과해서는 안 된다. 잠자고 있는 분화구를 안고 있는 점이 구세대들과 다른 점이 아니겠는가. 신비적인 체험이나, 비논리적인 함정에 빠지는 일들도 모두 논리적인 사고가 비집고 들어갈 부분을 차단하고, 감정을 앞세운 것으로 분석해 볼 수 있을 것이다.

# 입술에 붙어 있는 말로 아부 잘하는 부하

대화 도중에 성의 없는 말, 즉 입술로만 나불거리는 사람이 있다. 이런 사람을 일러 '입술에 붙은 말 그만하라'라고 핀잔을 주기도 한다. 입술로만 나불거리는, 입이 너무 가벼운 사람은 부도 수표를 곧잘 남발하는 사람이니 중대한 일은 절대로 의논하지 않는 것이 현명하다.

입술로만 나불대는 사람은 깊이가 없으며 무슨 일이든지 즉흥적으로 처리하는 기질이 농후한 성격을 지닌 타입의 표준형이다. 이런 사람은 어렸을 때 결손 가정에서 사랑을 받지 못하고 자란 경우가 많다. 그래서 무엇엔가에 쫓기는 듯한 불안한 심리 상태를 지니고 있다. 또한, 임기응변으로 남을 속이는 데나 거짓말에는 둘째가라면 서러워할 정도이다.

그래서 윗사람이 없는 자리에서는 흉보는 데 앞장서다가도 막상 윗사람이 나타나면, 장마철 날씨처럼 언제 그랬느냐는 듯 돌변하는 것이다. 또한 동료나 아랫사람의 잘잘못을 윗사람에게 고자질하는 데는 선수다. 처음에는 고자질을 해서 칭찬을 받거나 조그마한 대가를 받을 수 있지만, 얼마 못 가 일회용 반창고처럼 쓰레기통에 버려지는 신세로 전락하고 만다. 윗사람으로서는 칭찬을 해주면서 정보를 이용할 수는 있는 반면 이러한 부하에 대한 신뢰성이 문제가 되기 때문이다. 훗날 자신도 배신을 당할까 봐 연막을 칠 게 뻔하지 않은가.

당신 주위에 이런 부하가 있다면 일단 멀리하는 것이 상책이다. 그러나 이런 사람도 쓸모가 있을 때가 있다. 그런 때를 대비하여 자기 사람으로 만들려면 우선 의상이나 인상 등에 관한 즉흥적인 칭찬을 해라. 입에 발린 칭찬일지라도 달콤한 언어만 골라서 내뱉으면 금방 감칠맛 나게 엉겨 붙는 넉살을 지니고 있는 것이다. 특히, 다른 사람의 정보나 약점을 캐오는 데는 심마니가 수백 년 묵은 산삼을 캐오 듯 아주 쓸모가 있다.

조직 속에는 항상 다양한 개성을 가진 자들이 모여 있다. 이들을 모두 다 이끌고 가는 것은, 울퉁불퉁하고 구불구불한 산길을 가는 것 처럼 힘들겠지만, 그 개성들을 잘 활용할 수만 있다면 성공으로 가 는 지름길이 될 수도 있다. 그러므로, 나쁜 성격을 지닌 부하라고 하 여 항상 멀리만 할 게 아니다. 모든 사물은 양면성을 지닌 법. 더러운 것도 거름이 되어서 훌륭한 열매를 맺게 하는 것이니, 인생사 매사에 살아 나가기 나름인 것을 명심하라.


# 쉴 틈 없이 떠들어대는 사람

호들갑을 떨어대며 쉴 틈 없이 떠들어대는 사람들이 간혹 있다. 특 히, 여성에게서 많이 볼 수 있는데, 이들이 말하는 모습을 보면 천박 하기 짝이 없다. 필자의 오랜 경험에 의하면, 수준이 높은 사람이 호 들갑스럽게 구는 경우는 거의 없다.

예로부터 사람을 보는 데는 신언서판(身言書判)이라고 하였다. 사 람을 보는 데 첫 번째 기준이 되는 것이 말(言)이다. 텔레비전 드라마 를 보면 여배우들이 시어머니 연기를 하는 것을 볼 수 있다. 위풍 있 는 시어머니 역을 할 때를 눈여겨 보아라. 말과 거동이 조용하고 안 정된 분위기를 풍기는 것을 알 수 있을 것이다. 바로, 이러할 때 상대 가 압도당하는 것이다.

호들갑스럽게 말하여 듣는 이의 혼을 빼는 사람은, 자신의 이익에 만 눈이 밝고 금방 변하기 쉬운 위험한 존재라고 보면 틀림이 없다. 또한 마음이 솔직하지 못하고 잔꾀로 남을 이용하려는 면도 많은 편이다. 이러한 사람에게는 인내심을 가지고 경청해 주는 것이 최대의 무기이다.

부하 중에 이런 성향을 지닌 사람이 있다면, 잘 살펴서 적소에 활용하기를 바란다. 일을 만드는 데는 모사꾼이라는 말을 들을 정도로 잔재주도 지니고 있으며, 매우 부지런하므로 어떤 일이든지 시키면 잘 해낸다. 이런 부하는 상사에게 일단 인정받으면 헌신적으로 상사를 섬긴다. 언젠가 당신에게 큰 힘이 될 날이 있을 것이다.

# '나'라는 단어를 자주 쓰면 이기적인 인물

대화 중에 '나'라는 단어를 자주 쓰면, 자아 현시욕이 강하고 이기적인 인물이다. 그런데 요즘 들어서는 이것이 신세대들의 새로운 언어 특징으로 되고 있다. '나'라는 단어를 자주 앞세우는 신세대들은 출세나 성공에는 관심이 없는 반면 도전과 성취 등의 내면적인 가치를 추구하는 경향이 강하다. 그래서 매사를 자기화하는 새로운 언어 습관을 형성하는 것이 신세대들의 특징 중의 하나라 할 수 있다. 이들은 상호 의사소통에 대화의 초점을 두는 것이 아니라, 단지 자기를 강하게 표현하는 유리한 수단으로 여긴다고 볼 수 있다.

최근에는 '나를 알 수 있는 건 오직 나' '천만번을 변해도 나는 나, 이유 같은 건 없다'라는 등의 광고 문안들이, 신세대들의 언어를 앞질러 '우리'라는 개념을 깨뜨리고 새로운 언어 질서의 한 면을 창조하고 있다.

그렇지만 이런 언어 습관을 자세히 관찰하면, 그 사람의 자란 환경을 추리해 낼 수 있는 중요한 단서가 된다. 위로 어른이 많은 대가족 가정에서 자란 사람은 대화 도중 '나'라는 말을 잘 쓰지 않는다. 반면에, 자칭 첨단의 사고방식대로 사는 핵 가정에서 자란 사람일수록 '나'라는 말을 앞세우기 좋아한다. 그러므로 맞선을 보는 자리에서도 상대방의 언어 습관을 보고 가정환경을 알아낼 수 있는 것이다.

만약 말끝마다 '나'를 앞세우는 부하가 있다면, 다시 한번 생각해 봐야 할 일이다. 이런 부하는 조직보다 개인의 입장을 우선하고, 자기 능력을 지나치게 낙관하며, 언제나 돋보이는 존재로 남아 있기를 원한다. 이는 신세대가 추구하는 일반적인 경향이라고 여겨 그냥 지나칠 수도 있을 것이다. 그러나 위.아래를 가리지 않고 '나'란 말을 자주 쓰는 사람은 이기적인 인물임이 틀림없다. 이런 사람에게는 초기에 기선을 잡아야 한다. 봐주면 하늘 높은 줄 모르고 기어오르는 타입이니, 애당초 싹을 제거한다는 각오로 임해라.


## 따지기 좋아하는 부하

카네기는 타인의 마음을 능숙하게 지배했다고 한다. 아마도 그는 남에게 따지기보다는 이해하고 수긍할 면을 먼저 찾았을 것이다. 대개 아랫사람을 다루는 태도에서 훌륭한 상사인지 아닌지가 나타나는데, 훌륭한 상사는 따지기보다는 남을 이해하는 데 더욱 신경을 쓰는 사람이다.

대화 중에 따지기 좋아하는 사람은 고집이 세고 잘난 체는 도맡아 한다. 매사에 끝마무리가 정확하지 못하며 행동보다 말을 앞세우는 편이다. 또한 쓸데없는 논쟁을 벌이기를 좋아하기 때문에 주위에 적을 많이 만들기도 한다. 일례로 당신이 어떤 사람과 논쟁을 벌여서 그 순간에는 이겼다 하자. 그러나 동시에 당신은 그 사람을 영원히 잃게 될지도 모르는 것이고 보면 결국 당신은 이긴 것이 아니라 패

배한 것이 된다. 그러므로 오늘날처럼 다양한 사회에서는 남에게 져주는 것도 때로는 훌륭한 처세 기법의 하나가 된다.

따지기를 좋아하는 사람일수록 겉으로는 아주 강한 체하지만 실제로 그 내면을 들여다보면 고독과 외로움이 가득 차 있다. 만일 당신의 부하 중에 이러한 인물이 있다면, 먼저 이해하려고 노력하고 잔 인정을 베풀어라. 잔 인정을 베풀면 당신에게 상당한 호감을 느끼고 충성을 다할 것이다. 필요하다면 당신이 먼저 접근전을 펴서 당신 편을 만드는 것도 좋을 것이다.


## 의타심이 강한 성격의 부하

사람을 만나보면 으레 '안 된다'라는 소리와 함께 몸을 비비 꼬는 사람이 있다. 거짓말이든 진담이든 '안 된다'라는 부정적인 소리부터 내뱉는 습관을 지닌 사람이 있는데, 이런 사람의 운은 항상 마이너스 쪽으로만 향한다. 현재 하는 일이 잘 안 풀리고 어두운 면으로 향하고 있다는 것이 그 증거이다.

어떤 일을 하려고 계획을 세우면, 성공 아니면 실패 둘 중의 하나로 반드시 귀결되게 마련이다. 그런데 처음부터 안 되는 이야기, 안 된다는 생각을 먼저 떠올리는 사람이 있는데 이런 사람은 매사에 적극적이지 못하고 의타심이 강한 사람이다.

이런 사람은 의타심이 많아서 당신의 부하로 만들기 쉽고, 다루기도 쉬운 체질이다. 당신의 부하로 만들면 당신의 명령이나 지시를 그대로 수행한다. 넘치지도 않고 모자라지도 않게 시킨 대로만 하는 것이다. 다루기가 아주 쉬운 체질이니 적극적으로 대처하여 부하로 삼아라. 그러면 상사인 당신에게 충성을 다할 것이다.

# 비밀이 많은 사람

대수롭지도 않은 일을 가지고서 대단한 비밀인 것처럼 말하는 사람이 더러 있다. 이런 사람일수록 '당신에게만 이야기하는데'를 서두로 꺼내기 일쑤인데, 그 이야기를 끝까지 다 들어보면 비밀이 될 수도 없는 평범한 내용들인 경우가 허다하다. 이런 사람은 남의 비밀을 잘 지켜주지 않으면서 자신의 속마음을 좀처럼 노출하지 않는 이중성격을 지니고 있다. 자고로 사람을 만날 때에 대수롭지 않은 일을 가지고 중대한 비밀처럼 소곤거리기를 좋아하는 사람치고 믿을 만한 사람이 없다는 것을 명심해라.

특히 이런 습관은 여성에게서 많이 볼 수 있는데, 이런 여성은 질투심과 열등의식이 매우 많은 사람이다. 남녀 간의 애정 질투라면 귀엽게 봐줄 수도 있지만, 이런 여성의 질투는 그 등급이 다르다. 남이 잘못되는 것을 자신이 잘 되는 것보다 더 좋아하는, 시기심에 가까운 질투인 것이다.

사람을 사귈 때 비밀이 많은 사람일수록 남의 비밀을 알려고 애를 쓰는 타입이며, 또한 남의 비밀을 알려고 안간힘을 쓰는 사람일수록 남의 비밀을 지켜주지 못하는 사람이라고 보면 된다. 이런 사람은 어렸을 때부터 고독하게 자란 사람이며, 소외된 어린 시절을 지나온 사람이다. 이런 사람은 언뜻 보기에는 까다롭고 처음에는 마음의 문을 잘 열지 않지만, 조금만 가까워지면 흉허물없이 지내기를 좋아하는 성격도 지니고 있다.

남녀를 막론하고 이런 습관이 있는 부하가 있다면, 소심하고 열등감이 많은 사람임을 기억해라. 이런 부하에게 당신의 사생활 이야기나 약점을 숨김없이 넌지시 털어놓으면 단숨에 기세가 꺾이고 동조하게 된다. 이런 부하에게는 많은 이야기를 해주려고 노력하기보다는 많이 들어 주고 이해해 주는 것이 훨씬 효과적이다. 특히, 가족 관계나 육친 관계의 어려움을 이해해 주면서 접근하면 쉽게 마음의 문을 열게 된다. 육친이 외롭거나 혹은 남에게 좀처럼 인정을 받지 못하는 타입임을 유념해라.

# 엉뚱한 행동을 잘하는 사람

엉뚱한 행동을 잘하는 사람은 정치 지향성이 강하거나, 남에게 환심을 사려는 야심을 가진 사람이다. 그러면서도 이런 사람의 행동을 분석해 보면 대개가 단조로운 면이 많다.

이런 사람에게는 처음부터 말을 조용조용하게 점잔을 빼면서 하는 것보다는 시끄럽게 맞서며 적극적으로 대응하는 것이 좋다. 처음부터 아주 부드러운 분위기로 맞추려다가는 기선을 빼앗기고 휘말릴 확률이 높다. 이런 사람은 수줍음이나 체면 같은 것은 별로 신중하게 생각하지 않고 남으로부터 시선을 집중시킬 수 있는 일만 골라서 하는 경우가 많다. 이를 유심히 관찰하면 의식적으로 그런 행동을 하지 않는다 해도 습관이 되어 있기 때문에 무의식적으로 그런 행동이 노출되는 것이다.

부하 중에 이러한 사람이 있다면 초반에 강한 전술을 펴서 기세를 먼저 꺾는 것이 유리하다. 이런 사람일수록 상대를 이해하려고 애쓰기보다는 자신의 의사 전달에 온 신경을 집중시키는 경우가 더 많다. 그렇기 때문에 이런 사람에게는 중요한 이야기는 나중으로 미루고 우선 큰 소리로 맞서서 초반에 강한 전술을 펴야 한다는 것을 잊어서는 안 될 것이다. 이런 사람은 거의 초반에 강하다가 뒤에 가서는 흐지부지하는 성격이다. 지구력이 있다거나 끈질긴 구석이 없기 때문에 다루기가 더 쉬울 수도 있다. 자기 사람으로 만든다면 의외로 용도가 많은 부하가 될 수 있다.

## 에고이스트 형의 사람에게는 칭찬이 약이다?

사람들은 대개가 에고이스트 형을 만나면 단번에 접근을 차단하거나 멀리하려는 경향이 많다. 그러나 이런 유형일수록 마음이 통하는 사람에게는 모든 것을 아낌없이 내어주고, 남을 도와주는 기질도 강하다. 이러한 에고이스트 형 인간의 이중성 구조를 먼저 파악해야 할 것이다. 이런 사람에겐 무엇보다도 칭찬이 주무기가 될 수 있다. 누구나 칭찬을 싫어하지는 않겠지만 에고이스트들은 누구보다도 칭찬에 약한 면을 지니고 있다.

에고이스트 형은 대개 모든 것을 자신 위주로 생각하고, 자신의 이익만을 챙기려는 심보가 있기 때문에 자신에 대한 애착이 무척 강하다. 이런 사람의 집을 방문했을 때는 그의 자녀들 장점을 찾아내서 칭찬해 주면 아주 좋아한다. 그 좋아하는 정도가 에고이스트 형이 아닌 사람보다 훨씬 더 강해서, 당신에게만큼은 에고이스트의 기질을 약간은 양보할 자세를 취할 게 분명하다.

처세에 있어서 칭찬이 가장 중요한 것은 자타가 공인하는 바이지만 칭찬도 사람에 따라서 잘 응용하는 요령을 가져야 함은 말할 나위도 없을 것이다. 아무리 좋은 양약이라고 해도 그 약을 병세에 맞게 잘 응용해야만 병을 고칠 수 있는데 자칫 오용하거나 남용해 오히려 병세를 악화시키는 것과 무엇이 다르겠는가. 때로는 칭찬을 잘못하여 아부성으로 몰리기도 하고, 오히려 상대의 마음을 상하게 하는 경우도 더러 있으니 이 점을 항상 조심해야 할 것이다.

부하 중에 이런 유형이 있다면, 칭찬을 하면서 접근해라. 특히, 정면 돌파보다는 사이드로 공격하는 것이 매우 효과적이다. 공원에 몰고 나온 개에 대해 아주 잘 생기고 영리하게 생겼다고 슬쩍 한 수 거들어 주면 바보스러울 만큼 좋아하는 타입이 에고이스트 형이다. 이런 형은 사람을 깊이 사귄다거나 인간관계를 중요하게 여기지 않는 경향이 있으므로 작은 칭찬에도 큰 감동받기 일쑤이니 이 점을 염두에 두면 좋을 것이다.

이런 사람은 자신의 아이들이나 가족에 대해서는 대단한 애착을 가지고 있는 것이 특징이다. 심지어는 자신이 기르는 애완동물을 남의 집 아이들보다 더 소중하게 여기기도 한다. 주변을 한 번 살펴보면 이런 유형을 종종 발견하게 될 것이다. 이때 특히 유의할 점은, 겉으로는 욕심이 많고 이기적으로 보이지만 호감을 가지고 있는 사람에게는 양보하는 구석도 지니고 있다는 점이다. 이를 명심하여 대처한다면 적을 만들지 않고 살아갈 수 있을 것이다.

## 호들갑 떨면서 접근하는 사람은 미덥지 않다?

사람을 만나다 보면 아주 친절하거나 호들갑스럽게 달라붙는 사람이 있다. 이런 사람은 좋을 때는 한없이 좋다가도 결정적인 일이 생기면 슬그머니 꽁무니를 빼는 경우가 많다. 또 이런 사람은 상대를 앞에 앉혀 놓고 칭찬을 해대거나 쓸데없는 과잉 제스처를 일삼기도 한다.

먼지가 묻지도 않은 넥타이를 털어주거나 어깨에 무엇이 묻어 있지도 않은데 탁탁 털어대면서 호들갑을 떨어대는 사람이 있다. 만약 여성이 이런 제스처를 쓴다면 애교로 보아 넘길 수도 있고, 당신에게 관심이 있어서 그런 것으로 생각할 수도 있다. 그렇지만 덩치에 어울리지 않게 사나이가 이런 행동을 한다면 속마음이 어떻겠는가.

이런 사람들의 상을 보면 평생 남의 밑에서 살아야 할 관상이다. 사람은 잘 사귀지만, 그 사귐이 오래 지속되지 못하므로 정작 어려운 처지에 처했을 때는 외롭게 지내는 인물이다.

만일 당신의 부하 중에 이런 사람이 있다면 그리 믿을 만한 사람이 못 되니 거리를 두고 지내라. 남의 일이라면 혼자서 다 해결해 주는 척하다가도 책임질 시기에 가서는 슬그머니 꽁무니를 감추는 타입이다. 이런 사람을 처음부터 믿고 사귀는 것은 손해만 될 뿐이지 마음을 터놓고 교제할 인물이 못 된다.

# 3

# 여자를
# 읽으면
# 삶이 즐겁다

## '섹시하다!'라는 말로 포문을 열어라

한때는 여성들이 '우아하다'라는 말을 아주 좋아했었다. 그러나 지금은 우아하다는 말보다는 '섹시하다'라는 말을 더 기대한다는 통계가 나왔다. 또한, 섹시하게 보일 수 있는 가장 좋은 방법은 메이크업이라고 생각하고 있는 것으로 조사됐다.

이 같은 사실은 모 화장품 회사에서 전국에 사는 미혼과 기혼 여성 5백 명을 대상으로 한 조사에서 얻은 통계다. 이 조사에 따르면 남성들로부터 어떤 말을 들을 때 가장 기분이 좋은가 하는 질문에 '예쁘다'가 38.2%로 가장 많았다. 다음으로 '지적이다'가 27.4%이고, '섹시하다'가 13.2%, '우아하다'가 13.2%로 나타났다.

'섹시하다'라는 말에 대한 선호도는 여사원 20%, 기혼 여성 15%에 비해 여대생은 26%나 되었다. 젊은 여성일수록 '섹시하다'라는 말을 칭찬으로 받아들이고 있는 것으로 나타났다. 반면, 쑥스럽다는 반응도 미혼 여성의 경우 29%이고, 기혼 여성은 15%로 나타났다. 이로 미루어볼 때, '섹시하다'라는 말에 대한 미혼 여성의 반응이 양극화 현상을 보이고 있음을 알 수 있다.

한편, '섹시함'이 돋보일 수 있는 가장 효과적인 방법을 묻는 질문에 대해서는 34%가 메이크업을 꼽고 있다. 이는, 여성에게 있어서 자기 연출이나 화장법, 의상 등이 얼마나 중요한가를 말해 주는 것이다. 다음으로 표정이나 제스처라고 응답한 숫자가 30%에 해당하는 것을 보면, 여성에게 있어서 자기 연출과 자기 가꾸기가 얼마나 중요한가를 알 수 있다. 그다음으로 의상이 23%, 헤어 스타일이 11%이고 보면, 오늘날의 여성은 타고난 본모습에 의지하는 세대가 아니라는 것이 여실히 드러나고 있다.

특히, 섹시함이 돋보일 수 있는 가장 효과적인 방법을 묻는 질문에 대해 기혼 여성의 절반 이상인 52%가 '메이크업'이라고 응답한 것을 보면, 여성에게 있어서 자신을 가꾸고 꾸민다는 것이 얼마나 중요한지를 알 수 있다. 반면 여대생들은 개성을 중시하는 신세대답게, 섹시하게 보일 수 있는 비결로 '표정이나 제스처'라고 응답한 사람이 37%나 되었다.


# 큰소리로 기선을 잡으려는 여성

큰 소리로 떠들면서 상대에게 이야기의 바통을 좀처럼 넘겨주지 않으려는 사람 앞에서는 당신의 비밀 이야기를 삼가야 한다는 것이 기본적인 처세 공식이다. 이런 사람에게는 성급하게 파고들지 말고 여유를 갖고 전략을 구상해야 한다. 대수롭지 않은 사안을 가지고 중요한 일인 체 작위적인 비밀을 노출해 주면 아주 정신없이 덤벼드는 체질이다. 남의 비밀을 지켜 주지 못하고 자신을 과장해서 나타내려고 하며 자기 애착이 많은 여성이니 주의하기를 바란다.

이런 여성은 다양하게 살아온 인물이다. 세상에서 나쁜 길을 누구보다도 많이 걸어 온 사람이기에 임기응변에 아주 능숙하고 강자에게 산낙지처럼 찰싹 달라붙는 데는 귀재인 성격을 지니고 있다. 또한 미미한 실력을 과대 포장하려는 현시욕이 남 못지않게 강한 인물이어서 포장술에도 능수능란하다.

이런 여성은 동네 통반장 노릇 다하고 다니므로 남의 일에 무조건 간섭해야 직성이 풀리는 성미다. 또한 마을의 정보통이다. 때론 유비통신(流蜚通信)의 진원지가 되기도 한다. 때문에, 남의 일이 몹시 궁금해서 사람만 모이면 큰소리로 떠들어대며 수사관처럼 남의 비밀을 캐내려고 눈빛이 번득인다. 상대방의 장점은 잘 흘려버리면서도 약점에는 쌍지팡이 짚고 나서는 인물이다. 또한 남에게 과잉 친절을 베푸는 척하기 때문에 방심하다가는 자칫 그물에 걸리기 십상이다.

이런 사람일수록 남에게 도움을 준 일이 조금이라도 있을라치면 기회가 있을 적마다 대단한 자선가가 된 것처럼 떠벌리고 다니기도 한다. 이런 여성의 곁에 있으면 항상 맨발로 가시밭을 지나듯 마음을 졸여야 할 것이며, 주유소에서 담배 피우는 것만큼이나 신경을 써야 한다. 이런 사람은 초전에 기선을 제압해라.

이런 사람이라도 확실히 잡아 두면 요긴하게 쓸 때가 있다. 당신이 만약 선거전에 나선다면 아주 요긴한 쓰임새가 있는 인물이다. 단지 중요한 부서나 핵심적인 비밀을 노출해서는 안 된다는 것만 명심하고 대한다면 그다지 손해보는 일은 없을 것이다. '양심선언'이란 말은 아주 고상한 말이지만, 당사자에게는 제일 무서운 독버섯이다.


## 갑자기 말수가 적어지고 수줍음을 노출하면?

필자가 잘 아는 사람 중에 말과 행동이 고삐 풀린 망아지처럼 설쳐

대는 여성이 있다. 그녀가 남자들 앞에서 수줍어하는 모습을 한 번도 본 적이 없었다.

한 번은 그 여성과 필자, 친구 박이 자리를 함께하게 되었다. 그런데 초면에도 '김형' '박형' 하던 그녀의 말투에 이상기류가 감도는 것이 느껴졌다. 그 후 자리를 함께하는 기회가 몇 번 더 있었는데, 그 친구만 나타나면 그녀는 말수가 적어지고 약간 수줍어하는 기색을 보이는 것이었다.

"너, 그 친구 좋아하지?"

내가 잽싸게 다그쳤더니 그녀는 그저 배시시 웃기만 하며 속마음을 감추려고 애쓰기만 하였다. 친구는 또한 나에게,

"김형, 그 여자분 말수도 적고 굉장히 얌전하던데 앞으로 잘 부탁해요."

하는 것이었다. 그야말로 천지개벽할 사건이었다.

평소에는 선머슴 같던 여자가 갑자기 수줍어하며 말수가 적어지고 얌전을 빼기 시작한다면, 당신에게 사랑을 느끼고 있거나 마음속에 다른 조짐이 일고 있다는 증거이니 잘 분석해서 행동하라는 신호로 받아들여라. 즉, 당신은 상대와 사랑을 나눌 준비를 해도 무방한 단계에 온 것이다.

반대로, 얌전하던 여성이 갑자기 막된 행동을 하거나 동성을 대하듯 스스럼없이 굴 때는 당신에게 이성으로서의 애정이나 관심이 없다는 증거이니 설익은 행동을 했다가는 망신만 당할 것이다. 여성이 격의 없이 동성처럼 함부로 대할 때 사랑 고백을 했다간, 정신 나간 사람으로 취급받기 일쑤다.

이것은, 남자와 비교해 여자는 말보다 행동으로 진의를 나타내는 경우가 더 많기 때문이다. 그래서 여성의 말은 정확한 통찰이 필요한 경우가 많다. 그러나 여성의 말만 그런 것이 아니다. 얼핏 들으면 무

슨 말인지 모르지만, 난해한 시를 읽을 때처럼 상대의 말을 곰곰 곱 씹어 보면 그 말이 나오게 된 배경과 목적이 반드시 따로 있기 마련 이다. 하찮은 농담 한마디에도 심층 내면에는 의미가 담겨 있는데, 여성의 말은 남성과 비교해서 더 깊이 통찰해 보아야 할 것이다.

# 남자를 훔쳐보며 말하는 여성

여성이 남자를 훔쳐보면서 말하면, 그를 마음속으로 사랑하거나 그 에게 관심이 많다는 증거다. 즉, 사랑의 문을 열 만한 단계에 이르러 있다는 말이다. 마치, 책상 위에 놓여 있는 돈을 훔칠 생각이 없는 사 람은 그냥 직시를 하지만 흑심이 있을 때는 곁눈질로 흘끔거리는 것 과 마찬가지이다. 이는 관심이 있다는 것을 남에게 들키지 않기 위한 심리적인 반응, 즉 반작용(Reaction)의 일종이라고 볼 수 있다.

　여성이 남성을 곁눈질로 흘끔거리는 것 역시 이와 같은 이치다. 이 런 여성은 지모와 지략이 많은 여성이니 항상 주의해야 한다. 마음속 으로는 사랑하면서도 정면에서는 절대로 사랑 고백을 하지 않는다. 남자를 사랑하면서도 남자가 자기를 더 사랑한다는 인식을 주위에 심으려고 하는 꼼수를 적절히 잘 사용하는 여성이다. 흔히 말하는, '여우가 몇 마리쯤 들어 있는 여성'이라는 표현이 적절할 것이다. 또 한, 명예욕과 독점욕이 강한 반면 마음 한구석에는 열등의식이 깔려 있기도 하다.

　이런 여성에게 접근하고 싶으면 절대로 직접적이고 노골적인 반 응을 보이면 안 된다. 은근한 태도로 접근하면서 분위기를 만들어 주 는 것이 좋다.

# 여성이 특정 남자의 허물을 꼬집으면?

여성이 특정 남자의 허물을 꼬집으며 화제에 자주 올리는 경우가 있다. 그럴 때 "당신은 그 남자를 무척 좋아하고 있군요?" 하는 유도 질문을 불쑥 던져 보라. 무방비 상태로 있던 그녀가 펄쩍 뛰며 반색을 하면 독심술의 확대경을 들이대야 한다. 입언저리의 주름이 기쁜 표정으로 물결이 일렁이는 것을 발견할 수 있을 것이다.

이때 강하게 부정할수록 그 남자를 깊이 사모하고 있다는 증거가 된다. 이렇듯 여자의 언어는 포스트모더니즘 시구(詩句)를 음미하듯 분석해야 한다. 그래도 딴청을 피우면 이번에는 그 남자의 치명적인 허물을 지적해 봐라. 그럴 때 그 남자를 변호하고 나서면 이미 결론은 난 일이 아니겠는가?

진행형의 사랑을 품고 있는 여자는 시인이며 철학자이기 때문에 똑바로 해석해야 한다.


# 농담이나 쓸데없는 말을 좀처럼 하지 않는 여성

대화하다 보면, 말을 좀처럼 잘 하지 않는 사람이 있다. 이런 사람은 농담이나 쓸데없는 말 군것질은 좀처럼 하지 않는 편이다.

만일 당신이 마음속으로 애태우는 여성이 이렇다면 정말 안타까울 것이다. 말을 좀처럼 하지 않는다면, 그것은 당신을 무시하는 행위이거나 본래의 성격이거나 둘 중의 하나일 것이다. 만약 당신을 무시하는 행위라면, 올라가지 못할 나무인가를 냉철히 간파해서 일찌감치 냉수 한 컵 마시고 돌아서는 게 현명할 것이다. 그러나 자세히 분석해 본 결과 본래의 성격이라면, 무조건 자주 만나는 근거리 접근 방법을 택해라. 근거리 접근 방법을 택하는 이유는, 텔레비전에 출연하는 가수나 탤런트들처럼 처음에는 별로 호감이 가지 않다가도 자주 보면서 좋아지는 경우가 많기 때문이다. 인간은 자주 보거나 근거리에서 접근하는 빈도수가 잦아지면 자연적으로 좋아지게 되어 있다. 이것을 심리학에서는 단순접촉효과(單純接觸效果)라고 한다. 오늘날의 광고매체들은 인간의 단순접촉효과를 노리는 일종의 심리전술이라고 볼 수 있겠다.

실제로 이런 사람의 애정 문제를 성공으로 이끈 적이 있었다. 외모로 봐서는 여자와 비교해 너무 차이가 나는 남자인데도 용감하게 짝사랑하는 처지를 고민하다가 필자에게 상담을 청해 왔다. 필자가 보기에, 운명적으로는 잘 맞겠다 싶어서 단순접촉효과를 노리라는 지령을 내렸다. 겉으로 내색하지 않고 성급하지도 않게 꾸준히 접촉한 결과, 마치 수십 번 떨어진 후 운전면허증을 따낸 것처럼 그 남자는 어엿한 부부의 명칭을 따내게 된 것이다. 그 부부는 여자와 비교해 남자가 너무 '안 생겼다'라는 점 때문에 남자가 헌신적으로 사랑을 하는 편이다. 그런 가운데서 부인은 남들이 눈치채지 못하는 달콤한 행복감을 음미하면서 살아가고 있다.

무뚝뚝한 여자! 말 없는 여자! 이런 여자에게는 반드시 진실이 숨어 있으며, 자존심이 센 만큼 약점도 동반하고 있다는 사실을 기억해라. 짝사랑하는 남성들이여, 단단한 둑이 눈꼽만 한 개미구멍 때문에 물이 새어 힘없이 무너진다는 것을 명심할지어다.


## 남편 헛자랑 많이 하는 여성

필자가 아는 사람 중에 지나치게 남편 자랑을 하는 여성이 있다. 남편 자랑을 해대는 그녀의 말을 들어보면, 일관성이 없어서 거짓이라는 것을 금방 알 수 있다.

간혹 친구들 모임에 나갔다가 친구들이 서로 자기 남편 자랑을 해대는 것을 그대로 진짜인 줄 깜빡 속아서는, 일에 지쳐 돌아온 남편을 깨 볶듯 들들 볶아대는 여자들이 있다. 이상하게, 여성들은 자식에 대한 거짓말은 좀처럼 하지 않으면서도 남편에 대한 헛자랑을 해대는 경우는 아주 많다.

"우리 그이는 아주 자상하고 내게 헌신적으로 해준단다, 얘."

입으로는 이렇게 말하면서도 그 표정에는 다른 감정이 표출된다. 눈을 내리깔거나 얼굴이 굳어지는 등 말과 표정 사이에 모순이 나타나는 것이다. 이 말은 곧 남편의 사랑에 굶주려 있다는 증거이다. 즉, 일종의 반어법으로, 남편은 자상하지도 않고 자신에게 헌신적으로 해주지도 않는다는 의미이다.

반대로, 소처럼 성실하게 열심히 일하는 남편을 의도적으로 매도하려는 여성도 있다. 이런 남편은 밖에 나가면 의외로 많은 사람들로부터 호감을 받고 인기도 있다. 주로 자기보다 나아 보이는 상대를 만나면 남편 흉을 보기 시작하는데, 이는 상대로부터 자신이 성실하고 능력 있는 사람이라는 평가를 받고 싶어 하는 반동 심리 현상에서 나타나는 행동이라 할 수 있다.

거짓말하는 사람을 유심히 살펴보면, 거짓말과 자신의 내부에 도사리고 있는 본심 간의 간격을 의식하고 그 간격을 메우려고 하는 행동 때문에 언밸런스가 표정으로 표출된다. 따라서, 말하는 사람의 표정이나 손과 다리의 움직임을 유심히 관찰하면 거짓말을 하는 것인지 아닌지를 알 수 있다.

# 말끝마다 부정적인 말을 앞세우는 여성

필자의 사무실에 자주 찾아오는 한 여성은, 말을 하면 꼭 부정적인 대답으로 앞을 지르는 습관이 있다. "외상이면 소도 잡아먹는다."라는 속담을 신봉하는 사람이 외상부터 하는 것처럼, 우선 '부정'부터 해놓아야 마음이 편한지 말할 때마다 부정적으로 시비를 건다. 마치, 가야 할 앞길에 있는 오물을 막대기로 걷어치우듯이 상대의 말을 꼭 걷어치우려고만 한다. 어떤 때는 꼭 부정부터 해대는 것이 괘씸하게 생각되어 모질게 맘먹고 같이 부정적인 시비로 되받아 쐐기를 박으면 의외로 헤실거리며 동조하기도 한다.

이런 성미 때문에 몸은 비쩍 마른 편이며, 신경이 예민하여 밤잠을 제대로 못 잘 때가 많다. 또한 하는 일마다 제대로 되는 노릇이 없어 징징 우는소리만 한다. 팔자가 좋을 리가 없다. 부정적인 말을 계속 되풀이하면 부정적인 일이 생기게 마련이다. 구름이 끼면 비 올 확률이 높듯이, 부정적인 말부터 해놓고 보는 사람에게는 부정적인 일들이 찌푸린 날씨처럼 대기해 있는 법이다. 그래서 팔자가 세기 마련이다.

세일즈맨들의 상술을 유심히 관찰해 보라. 그들은 긍정적인 유도 질문으로써 싸움을 시작한다.

"이것이 다른 물건보다 쓰기가 편리하죠?"

"이 물건이 시중 어느 물건보다 더 튼튼하게 생겼죠?"

이렇게 단순한 "예."라는 긍정적인 대답이 나오게 만드는 심리 전술을 펴는 기법을 쓰고 있다.

만약 당신이 사랑하는 여성이 이처럼 부정적인 말부터 하는 여성이라면 다시 한번 생각해 볼 여지가 있다. 부정적인 여성 앞에서 피곤한 인생살이를 하지 말고 좀 더 밝고 긍정적인 면을 지닌 다른 여성을 찾는 것이 현명한 처세가 아닐지. 그래도 오로지 이 여성이어야 한다면, 맞붙는 작전을 펴라. 같이 부정적인 시비로 상대의 부정을 되받아쳐서 기선을 제압해라.

'예스맨'은 성공의 주인공이다!

## 매사에 정확한 체하는 여성

매사에 정확한 체하는 여성은, 남편의 품 안에 안겨 보호를 받기보다 남편의 머리 꼭대기에 올라서서 남편의 일거수일투족을 관찰하고 참견하고 싶어 한다. 즉, 남편을 공처가로 만드는 타입이다. 아내에게 옴짝달싹 못 하고 친척들에게 바보 취급당하는 남자일지라도 밖에 나오면 호방하고 인간 교제의 폭이 넓은 경우가 많다.

남편을 공처가로 만드는 여자는, 마치 오징어 발을 하나하나 차례로 뜯어먹듯 가닥을 잡아서 가만가만 따지면서 말한다. 이는 성취욕이 왕성한 여자이다. 남편의 기질이 자기보다 강해서 공처가로 만들지 못하는 때는 노이로제나 히스테릭한 체질로 변한다. 혈압이 순간적으로 잘 오르고 금방 숨이 넘어갈 듯 헐떡거리면서도 곧잘 살아간다.

결혼을 앞둔 남성들은 한창 교제 중인 여성이 자신을 공처가로 만들 기질이 있는가를 예의 주시하기를 바란다. 소지품 등을 함께 사러 가보면 금방 알 수 있을 것이다. 연애 시절에 소지품이나 넥타이, 옷 등을 잘 골라준다고 해서 마냥 좋아할 일만은 아니다. 오히려 남자의 의상 하나라도 자기의 마음대로 해야 직성이 풀리는 병적인 심리 상태가 아닌지를 세심하게 관찰할 필요가 있다.

# 허영 없는 여자와 현모양처의 상관관계

늘 털털하게 옷을 차려입는 여자, 자기 소유물을 아낌없이 남에게 잘 주는 여자는 우선 허영이 없는 여자라고 볼 수 있다. "허영이 없는 여자는 현모양처다."라는 공식은 없다. 그렇지만, 허영이 없는 여자는 매사를 자기 위주로 하지 않는다. 반면에 대부분 허영이 많은 여성은 자기 자신만을 위해 주기 바라는 욕망이 강하기 때문에 현모양처의 자리에 앉기 어렵다.

단순하게, 입고 있는 옷이나 신발을 관찰함으로써 허영이 있는 여자인지 아닌지를 알 수 있다. 만약 당신이 여자에 비해서 월등하게 신장이 크지 않다면, 여자가 어떤 신발을 신는가를 관찰해 보아라. 당신의 키를 의식해서 한사코 굽이 낮은 신발을 챙기는 여성이라면, 매사를 자기 위주로만 끌고 나가는 여성보다는 현모양처의 기질이 농후하니 안심하고 마음을 줘도 좋을 것이다.

신세대 여성들은 '현모양처'란 말을 골동품 대하듯 신기해하며, 요즘 같은 세상에 어울리지 않는 호랑이 담배 피우던 시절의 이야기라고 얼굴이 찡그릴지 모르겠다. 그러나 뒤집어 생각해 보면, 현모양처야말로 여성으로 태어난 특권 때문에 지구상에서 여성들이 가질 수 있는 최고의 자리이다. 거기에 앉아보는 것도 그렇게 억울하고 해로운 일만은 아닐 것이다. 요즘같이 삭막한 세상에 당신의 가정에 따뜻한 봄햇살 노릇을 해보는 것이 어떠할지…

# 대화 중 턱을 괴고 상대의 말을 경청하는 여성

얼마 전에 몇몇 사람과 함께 술집에 간 적이 있었다. 주인 마담은 최고 학부까지 거친 인텔리인데, 곁에 앉아서 턱을 괴고 사람들의 이야기를 듣고만 있었다.

"턱 썩어 내려앉을까 봐 그렇게 괴고 있어? 이놈아!"

하면서 턱을 괴고 있던 학생에게 호통을 치셨던 초등학교 때의 담임 선생님이 생각났다.

턱을 괴고 있는 그녀의 시선을 살펴보니, 우리가 하는 이야기를 듣고 있는 것이 아니었다. 마음속으로는 딴생각을 하기 위해 느슨한 자세를 취하고 있는 것임을 금방 알 수가 있었다.

"당신은 남의 말을 듣진 않고 뭘 그리 분석하고 있어요?"

하고 예고 없이 화살을 날려 보냈다. 그러자 남의 물건을 훔치다가 들킨 아이처럼 깜짝 놀라는 것이었다.

"어떻게 그렇게 남의 마음을 꿰뚫어 보십니까?"

하고 말하면서 그녀는 머쓱해하였다.

당신도 조금만 관심을 가지고 살핀다면 이런 정도의 말은 쉽게 유도해 낼 수 있을 것이다. 대화할 때 턱을 괴고 상대를 쳐다보는 여성은 현실적으로 어려운 점이 많다. 자신이 당면해 있는 어려움을 밖으로 쉽게 나타내지도 않으며, 남의 말을 쉽게 믿으려 들지도 않는 여성이다. 분석적인 두뇌를 가진 여성이며, 남자에게 좀처럼 속마음을 주지 않는다. 이런 여성에게는 곡사포나 암시 같은 것보다는 직설적인 공격이 더 효과적이다. 직설적으로 비집고 들어가라.


# 혼신을 다해 당신만 쳐다보는 남자

3년 동안 교제 끝에 결혼하겠다는 한 커플이 필자를 찾아온 적이 있었다. 필자는 그들의 연애담을 듣고서 대뜸 헤어지라고 권했다. 혹자는 결혼을 앞둔 사람들에게 축하는 못 해줄망정 웬 훼방이냐고 할지도 모르겠다. 하지만 나름대로 이유가 있었다. 그 이유는 간단하다.

　3년 동안 사귀면서 남자는 비가 오나 눈이 오나 하루도 빠지지 않고 여자를 회사 앞에서 기다렸다가 집에까지 데려다주었다는 것이다. 그 남자는 여자에게 모든 것을 빼앗길 정도로 넋을 잃었다. 그러나, 사람이 길을 가다가 호기심을 끄는 것을 보면 고개를 돌릴 수도 있는데, 어떻게 한 곳만 보고 똑바로만 갈 수 있겠는가?

　그들은 필자의 권고를 무시하고 결혼했다. 결혼 후 여자가,

　"변해도 어떻게 그렇게 변할 수가 있어요? 당신은 위선자!"

라고 내뱉으며 거품을 뿜어댄 것은 당연한 일이었다. 그들은 결국 결혼한 지 2년 7개월 만에 헤어지고 말았다.

　애인이라는 관계는 깊어질수록 헤어질 위험이 더 많이 도사리고 있다. 남녀 관계에는 짜릿한 감동과 흥분이 있는 만큼 때로는 욕구 충족이 완전히 이루어지지 않아 부족함이 따르기도 하는 것이다. 감동이 있는 만큼 권태를 쉽게 느낄 수 있는 것이 또한 이성 관계이다. 이에 비해 남녀 사이일지라도 우정은 흥분과 짜릿한 감동이 없기 때문에 영원할 수 있지만, 애정을 전제로 한 이성 간에는 헤어질 위험이 늘 존재하는 것이다. 지금 즐기는 것 이상의 더 큰 감동을 요구하기 때문이다.

　인간은 늘 부족함을 느끼고 더 갖고 싶다는 본능을 가지고 있다. "말타면 경마 잡히고 싶다."라는 속담이 있는데, 이 말은 애정 관계에서는 더 강하게 작용한다. 그래서 우정에서는 생기지 않는 권태기가 형성된다. 연인 사이에는 구속이 따르는 반면 상대에게서 해방되고 싶은 욕구, 새로운 이성에의 탐미가 따르기 때문에 위험이 존재하는 것이다.

　연애 시절에 헌신적으로 잘해 준다고 해서 무조건 좋아할 일만은

아니다. 이는 당신의 이성(理性)의 잣대를 흐리게 하는 일이 될 수도 있다. 신중하게 재고해 볼 일이다. 연애결혼이 실패하는 경우, 결혼 전후의 차이에서 오는 실망감이 시발점이 되기도 하기 때문이다.

## 질투심이 많은 여성

성적 욕구가 강한 여자, 바람기가 잠복해 있는 여자가 남편을 의심하고 질투한다는 말이 있다.

연하의 남자와 결혼한 여성이, 남편이 자기를 너무 의심해서 못 살겠다고 호소해 온 경우가 있었다. 남편이 결혼 전 총각 시절에 연상의 여인에게 이용당한 일이 있기 때문에, 자기를 의심한다는 것이었다.

심리학에서는 자신이 갖고 있는 욕구를 누군가가 갖고 있다고 판단해 버리는 것을 '투영'이라고 한다. 이는, 다른 사람이 자신을 싫어한다는 확증은 못 잡으면서도 다른 사람이 자신을 싫어한다고 생각하여 괴로워하며, 상대를 미워하면서도 자기가 오히려 상대에게 미움을 받는 것처럼 느끼는 것이다. 이러한 심리 상태는, 더 나아가서 모든 사람이 자신을 미워한다는 피해망상증으로 발전하기도 한다.

질투심이 많은 여자는 또한 상대를 그만큼 희생적으로 대할 때도 많다. 이런 점을 적절히 이용하면 더 좋은 애정 관계를 누릴 수도 있다. 질투심이 많은 여성을 역이용하라.

## 무슨 일이든지 나중에 알리는 리모컨형

사람들을 관찰하면 여러 부류가 있는데, 필자는 편의상 리모컨형과 밀착형으로 분류해 보고자 한다. 무슨 일이든지 성사가 된 후에 알리는 사람이 있는데, 이를 리모컨형이라 한다. 반대로 사전에 의논하는 형이 있는데, 이를 밀착형이라고 한다.

전자는 칭찬에 약하고, 인정받으려는 욕구가 많으며, 자존심이 강한 사람이다. 스스로 결정하는 데 더 흥미를 갖고 있으며, 호기심이 많은 사람이다. 여성이 이렇다면 사랑하는 남자에게 무엇인가를 해주고 싶은 생각을 늘 품고 있는 형이다. 이런 여성은 사랑하는 사람에게 무언가 사 주고 싶어서 마음으로 준비하다가도 남자가 사 달라고 하면 김샌다고 하면서 한 발짝 뒤로 물러나 버린다.

자신이 상대에게 해주고 싶다고 생각하던 것과 상대가 하라고 하는 것의 내용이나 대상이 일치한다 해도, 막상 상대가 하라고 말할 때는 갑자기 하기가 싫어져 버리는 묘한 마음이 누구에게나 조금씩은 있는데, 이런 유형의 사람들은 정도가 좀 심한 편이다. 이런 사람은 한 걸음 뒤로 물러나서 리모컨으로 컨트롤하는 것이 좋다. 사전에 의논하는 형처럼 밀착해서 일일이 간섭하면 오히려 의욕을 잃어버리는 타입이다. 당신의 부인, 혹은 당신의 애인이 리모컨형인가 아니면 밀착형인가를 잘 간파하기를 바란다. 만나기로 한 약속 장소에 숨어 있다가 당신을 보고 갑자기 나타나서 놀라게 한다거나. 이와 비슷한 장난을 잘하는 사람이면 리모컨형이라고 간주해도 손색이 없을 것이다. 리모컨형은 일에 대한 칭찬에 아주 약하다. 칭찬을 아끼지 말고 능력을 인정해 주어라. 칭찬으로 마음을 사로잡아라.


# 자기주장 강한 여성, 이혼 확률 높은 여성

필자가 아는 사람 중에 이혼을 네 번이나 한 여인이 있다. 물론, 남자에게 문제가 있어서 이혼을 한 경우도 있다. 그러나 아무리 재수가 없는 여자라고 해도 네 번씩이나 문제성 있는 남자만 찾아다닌다고 볼 수만은 없다. 그래서 네 번씩이나 이혼하는 여성의 경우는 여성 자신에게 문제가 더 많을 수도 있다는 점에 포인트를 두고 면밀히 검토해 본 결과, 그녀에게 문제점이 많다는 것을 알게 되었다.

필자가 학교 다닐 때 해부학 강의 시간에 교수님에게서 들은 이야기다. 강의를 맡은 교수님은 정형외과 개업의였는데, 환자 중에 뼈를 이식받아야 하는 아이가 있었다고 한다. 그런데 생체 거부반응으로 인해 다른 사람의 뼈보다는 아이어머니의 뼈가 필요했다. 아이어머니의 골반 위쪽 뼈를 약간 깎아서 아이에게 이식을 하면 되는데, 그녀는 자기 몸의 스타일이 망가진다고 절대로 그렇게 할 수 없다는 것이었다. 외면적으로 체형이 변화되지 않게 잘하겠노라고 설득하고 사정하였다. 그래도 그녀는 혹시 잘못될 수 있지 않느냐며 의사의 말을 절대 믿지 못하겠다고 거절했다는 것이다. 그래서 결국 아이는 수술을 못 했다고 했다.

이처럼 자기주장이 강한 여성일수록 순수한 모성애를 느끼지 못하고 자란 경우가 많다. 요즘 여성들은 자식을 낳는 것과 모성애는 서로 별개의 개념이라고 생각하는 경우가 많다. 나아가서는 아이를 낳는 것은 자신의 몫이지만 아이를 기르는 것은 외할머니의 몫이라고 생각하는 여성들이 많다. 여성이라면 누구에게나 모성애가 본능적으로 내재해 있으나, 요즘 여성들은 지식으로 포장된 논리가 그 본능적인 모성애를 억제하는 힘이 더 강하다.

이런 여성들은 조금이라도 불편한 부부관계에 얽매여 사느니 이혼하는 것이 훨씬 합리적이라고 생각하여, 마치 끼니 찾아 먹듯 이혼을 쉽게 생각하고 실행한다. 이런 여성일수록 남자의 의사를 꺾어 자기주장대로 나가려고 하며, 매사에 이기적인 성향이 강하다. 남편이나 자식보다 자신을 먼저 생각하는 타입이다.

　당신의 여자 친구를 잘 관찰해서 훗날 후회하는 일이 없도록 사전에 방비하는 것이 좋을 것이다.

# 용모나 신체적 특성에 지나치게 신경 쓰는 사람

남녀 관계에서 외면적으로 드러나는 용모나 특징은 호감을 결정하는 데 중요한 요소가 된다. 동성 친구 간에는 신체적 특성에 신경을 덜 쓰는 반면 이성에 대해서는 유별나게 신체적 특성에 관심을 주는데, 이는 이성의 육체에 대해서는 일종의 소유욕을 가지고 있기 때문이다.

　미인이 아닌 여성에게 딱지를 맞으면 남자는 더 괴로워한다고 한다. 미인이 아닌 사람에게 딱지를 맞으면 겉으로는 "흥! 네까짓 것쯤."이라고 말하지만, 속으로는 자존심이 더 상하는 법이다. 반면에 미인으로부터 조그마한 인정이라도 받으면 기뻐서 어쩔 줄 몰라 한다.

　사람의 용모나 특성에 지나치게 신경을 쓰는 사람은 자기가 하는 일을 등한시하는 경우가 많다. 이런 사람일수록 자존심이라는 것이 더 강하다. 본인은 자존심이라고 표현하지만, 사실은 마음속 깊숙이 가라앉아 있는 열등의식의 일종이다. 또한 이런 사람은 인정이 많은 편이므로, 논리보다는 감정에 호소하는 것이 더 효과적이다.

　아무튼, 남자나 여자나 본인의 신체적 특성에 지나치게 신경을 쓰는 것은 좋은 일이 아니다.

# 말할 때 다리를 꼬았다 풀었다 하는 여성

대화 중에 여성이 다리를 꼬았다 풀었다 하는 모습을 보고, 성적 욕구가 발동한 증거라고 해석하는 사람들이 있는데, 이는 따귀 맞을 일이다. 이는, 이만저만 잘못이 아니다. 여성이 말하는 모습을 가만히 관찰하면, 입보다는 몸짓으로 민감하게 말하는 경우가 더 많다. 그래서 여성과 대화할 때는 귀로만 들어서는 안 되고 눈으로도 들어야 한다는 것을 명심해야 한다.

한번은 여성과 커피숍에 갔는데 그녀는 자리에 앉자마자 다리를 꼬았다 풀었다 하기를 반복하였다. 그런데, 표정에서는 이상한 낌새를 알아챌 수 없었다. 직감적으로 전달되는 느낌이 있어 다른 장소로 옮겨보았더니, 차분하게 앉아 있는 게 아닌가. 넌지시 그녀에게 물어봤더니, 커피숍은 도통 분위기가 맞지 않아 불안했다고 털어놓았다.

여성은 비교적 깊은 표현을 할 때는 다리로 많이 하고 남성은 다리보다는 손으로 많이 하는데, 여성이 비교적 남성보다 다리에 관심이 집중되는 것은 무의식적인 반동 행위라고 볼 수 있다. 여성이 다리를 계속 부자연스럽게 움직일 때는 분위기에 대한 거부반응이 일고 있다는 증거로 봐야 한다.

이런 경우에 다른 장소로 자리를 옮겨 분위기를 새롭게 해본다면 당신은 사랑하는 여인으로부터 사랑을 받을 것이다. 이와 같이 상대의 동작 하나하나에 관심을 준다면, 그 상대의 속마음을 끄집어내는 데 별 어려움이 없을 것이다.

# 말할 때 아랫입술을 삐죽 내미는 여성

말할 때 습관적으로 아랫입술을 붕어 입처럼 삐죽 내미는 여성이 있다. 아랫입술을 내밀며 말하는 자세는 남을 헐뜯거나 비꼴 때 나타나는 모양새다. 물론, 원래 얼굴 생김새가 아랫입술을 내밀고 있는 것처럼 생긴 사람도 있다. 그러나, 평상시에는 그렇지 않다가도 말만 하면 아랫입술을 삐죽이 내미는 여성은, 매사를 부정적으로 보는 습관이 있어서 일도 잘 풀리지 않는다.

예로부터 윗입술은 하늘로, 아랫입술은 땅으로 비유되기도 한다. 윗입술은 동(動)적이고 아랫입술은 정(靜)적인 것이 원칙인데, 이와는 반대로 아랫입술이 동적이고 윗입술이 정적이면 자연의 순리를 거스르는 것으로 보기 때문에 좋지 않다. 또한 윗입술은 남자로 비유되고 아랫입술은 여자로 비유된다. 그렇기 때문에 "아랫입술이 동적이면 남자를 극한다."라는 이론이 나오는 것이다.

성급한 독자는 남녀평등 측면에서 봐야지 어떻게 남자는 위이고 여자는 아래인가 하고 항의를 할 수도 있겠지만, 이는 남녀의 생리 구조상 이렇게 해석하는 것이지 고루한 사상을 가져서 그런 것은 아니니 과다한 신경을 쓰지 말기 바란다.

아무튼, 말할 때 아랫입술을 삐죽 내미는 습성이 있는 여성은 정서가 불안하며, 남을 헐뜯기 좋아하는 성향이 있다. 남의 장점보다는 단점을 먼저 찾으려 하며, 매사를 부정적으로 본다. 그러다 보니 현실 생활에서도 어려움이 많은 인물이다. 비사교적인 반면, 마음을 줄 만한 남자가 나타나면 의외로 헌신적으로 덤비는 면도 있다.

# 관골(광대뼈)이 돌출된 여성

예로부터 광대뼈가 튀어나온 여성은 남성적인 성격을 가지고 있다고 꺼리는 상이었다. 특히, 옛날에는 '과부상'이라 하여 남자 쪽에서 혼인 상대자로는 탐탁지 않게 여기는 정도였다. 그러나 요즘은 사회적으로 여성의 활동 영역이 넓어지고 또한 여성이 활동할 수 있는 여건이 조성되어 있으므로, 옛날식으로 사람을 읽어서는 안 된다.

이런 사람은 자기주장을 강하게 내세우고, 남편의 기를 꺾으려고 덤비는 경향이 강하다. 말할 때는 꼭 큰 소리를 내서 하는 경우가 많아서 몹시 시끄러우며, 성격이 억세어서 남자처럼 악착같이 일하는 구석이 있다. 여성스러운 맛은 없어서 남편에 대한 아기자기한 맛이 없으며 가정에 따뜻함을 주지는 못한다. 그래서 메마르고 억세고 무딘 사람으로 인식되기도 한다.

하지만 오히려 이런 사람이 사회생활에 잘 적응하면 크게 발전하고, 경제 활동에서도 큰 힘을 갖는 경우가 많다. 한 번 사귀어 볼 만한 사람이다.


# 여성이 말을 많이 하도록 유도하는 남성

여성이 어떤 유형의 남자를 좋아하는가를 살펴보는 것도 대단히 중요하다. 물론 개인의 성격이나 지적인 수준 등의 차이에 따라서 천차만별이겠지만, 일반적으로 여성들이 어떤 남자를 좋아하는가를 늘 염두에 두는 남자는 연애에 성공할 수 있다. 그뿐만 아니라 비즈니스 관계나 여타 인간관계에서도 성공할 확률이 높다. 즉, 남녀간의 교제를 원만하게 잘하는 사람은 여타 인간관계에서도 능숙하게 잘 해 낼 수 있다는 말이다.

　항상 누군가를 만나고 또한 누군가로부터 끊임없이 이야기를 듣는 것이 인간이 살아가는 모습인지도 모른다. 자고 나면 텔레비전을 켜서 뉴스를 듣고, 드라마를 보고, 소설을 읽고, 아름다운 시(詩) 한 편을 읽는 것은 모두 이야기를 듣기 위함이다. 친구로부터 걸려 온 전화 속에도 이야기가 없으면 연결이 되지 않는다고 해도 과언이 아니다. 이렇게 보면, 사람은 누구나 이야기하려고 태어난 것 같기도 하다. 또한 상대적으로 듣는 사람이 있으니, 이야기하는 것이 삶의 과제가 될 것이다.

　그러나 본심은 그렇지 않은데, 말이 서툴러 낭패를 당하는 경우도 많다. 예전에 어떤 여성에게 남자를 소개해 준 일이 있었다.

　"선생님! 그 남자, 너무 따분해요. 만나면 답답하기만 해요."

　데이트를 몇 번 했는데, 언제나 똑같은 화제만 올린다는 것이다. 뉴스를 봐서 이미 알고 있는 내용이나 드라마에 대해서만 화제로 삼는 것이 정말 따분하다는 것이다. 이런 남자를 만나면 여성들은 십중팔구 답답하고 따분한 남자라고 여길 게 뻔하다. 남자가 여자를 만나러 갈 때 이번에는 그녀에게 어떤 이야기를 해줄까, 혹은 어떤 이야기를 들어줄지 하고 연구하지 않는 것은, 마치 세일즈맨이 물건을 팔러 가면서 말 한마디 안 하는 것과 똑같은 이치다.

　수다스러운 여자 앞에서는 말재주가 없는 듯이 약간 어눌하게 구는 사람이 처세에 능한 사람이다. 이런 여자 앞에서 있는 밑천 없는 밑천 죄다 내놓다가는 여자가 먼저 싫증을 낼 것이니, 항상 돈을 아끼듯 말을 절약하는 것도 매우 중요하다. 여성 앞에서 말을 많이 하기보다는 여성으로 하여금 말을 많이 할 수 있도록 여건을 만들어주는 남성은, 매력이 있고 훌륭한 대화술을 익힌 사람이라고 할 수 있다.

반면에, 아는 체를 도맡아 하는 남성이 있다. 이런 남성과의 사귐은 신중하게 생각해 봐야 한다. 이런 남성은 대화를 독차지하려고 애쓰거나 당신의 말을 중간에 끊고 말하는 성향이 있는데, 이런 남성일수록 성질이 급하고, 여성을 부속물로 여기는 근성이 숨어 있다. 결혼 후에 자칫 여성 위에 군림하려는 성향이 드러날 확률이 높으니, 세태에 맞지 않는 시집살이를 하게 될지도 모르는 일이다.

여성인 당신이 어떤 남성을 만났을 때 당신에게 말을 많이 시킨다면, 그 남자는 의외로 다정다감한 데가 많은 사람이니 안심하고 사귀어도 무방하다.

여성에게 매력적인 남성으로 보이고 싶은 남자들이여! 여성에게 말을 많이 할 수 있는 여건을 만들어 주어라.


# 대화 중에 감탄사를 연발하는 여성

필자가 아는 사람 중에 다른 사람들과 대화할 때 고개를 끄덕이며 감탄사를 연발하는 여성이 있다. 그녀는 어떤 남자하고든 대화할 때 습관적으로 이러한 행동거지를 보인다. 여성과의 교제에 익숙하지 못한 남성은 이런 모습을 보고서 그녀가 자기를 좋아하는 줄 알고 그만 마음이 들뜨는 경우가 있다. 큰일 날 일이다.

이런 여성은 정조가 약하여 쉽게 함몰되고, 또한 열정이 쉽게 식는 편이므로 주의하기를 바란다. 빨리 끓어오르고 빨리 식는다고 하여, '냄비 여성'이란 별명을 붙일 만하다. 또한 부도 수표를 잘 내서 믿을 수가 없는 상대이니, 절대로 속마음을 주지 말라. 진실한 마음을 주었다가는 훗날 통탄할 때가 있으리라.

# 자신의 전문직에 관해 설명하려고 애쓰는 여성

여성이 남성 앞에서 유독 자신이 몸담은 전문 직종에 관해서 설명하려고 대화의 초점을 맞추는 경우가 종종 있다. 이런 경우는 여성이 상대 남성에게 열등의식을 갖고 있다는 증거이며, 상대 남성을 좋아하고 있다는 증거이다.

만일 당신이 관심을 둔 여성이 이런 행동을 한다면, 이러한 때를 놓치지 말아야 한다. 기회는 찬스다. 무릇 기회를 놓치지 않는 사람이 성공할 수 있는 법이다. 진지한 표정으로 귀 기울여 들어 주며 가끔 질문까지 곁들여라. 게다가 여자에게는 친절보다는 칭찬이 더 값이 나간다는 점을 명심하여 간간이 칭찬이라는 양념까지 가볍게 뿌려준다면 금상첨화일 것이다.

만일 당신이 그렇게 행동한다면 당신은 이미 독심술에 능한 사람이라 해도 좋다. 자신이 좋아하거나 관심을 두고 있는 것에 관해서 이야기할 때 상대가 귀 기울여 주면 그는 상대에게 호감을 느끼게 되는 것이다. 또한, 자신이 좋아하는 것에 관해서 상대가 먼저 말을 꺼내면 두 사람 사이에는 공감대가 형성되면서 아주 친밀한 사이처럼 느껴지는 것이다.


# 좋아하는 남자의 관심을 끌려면?

한 번은 어떤 아가씨가 필자를 찾아와서, 자기가 좋아하는 남자의 관심을 끌려고 애를 쓰는데 상대가 좀처럼 마음을 열어 주지 않는다고 솔직히 털어놓은 적이 있었다. 필자는 그녀에게 상대의 마음을 끌 수 있는 아주 간단한 처방을 내려 주었다.

"스포츠 신문을 자주 읽고, 스포츠에 관한 것들을 화제로 올려 봐요."

필자의 처방에 따라 그녀는 열심히 스포츠 신문을 읽으면서 야구 선수들과 축구 선수들의 이름을 화제에 자주 올렸다고 한다. 그 결과 지금은 아주 가까운 사이가 되었다고 했다. 대부분 남성들은 여성과 비교해 정(靜)적인 드라마보다는 열광적인 스포츠에 더 열을 올리는 본능을 가지고 있다.

이와 비슷한 처방을 내려서 효과를 거둔 경우를 하나 더 소개하고자 한다. 남편이 회사의 중역인데, 아내로서 이해할 수 없는 일이 있다면서 한 여인이 필자를 찾아왔다. 그녀는 남편이 밖에서 특별한 일이 있는 것도 아닌데 쓸데없이 배회하다가 밤늦게 귀가한다면서, 이는 혹시 병적인 것이 아니냐며 걱정을 털어놓았다. 해서,

"남편이 있을 때는 텔레비전 연속극을 보지 말고 야구 중계 같은 프로를 자주 보세요."

라고 처방을 내려 주었다.

"선생님, 저는 스포츠에 취미도 없고 게임 규칙도 잘 몰라서 이해가 가지 않아요."

"그래도 자꾸 보면 익숙해지고 알게 되는 법이에요."

그래도 그녀는 고개만 갸우뚱하는 것이었다. 해서,

"아니, 남들은 그보다 더 어려운 기술도 배우는데 그 쉬운 것을 못한다고 한단 말이에요?"

하고 핀잔을 줬더니, 그제야 그녀는 고개를 끄덕이며 돌아갔다.

얼마 후 그녀는 아주 밝은 표정으로 나타나서는, 이제 남편이 일찍 귀가하며 친구들에게 그녀를 '야구 좋아하는 아내'라고 자랑까지 해댄다고 한다.

상대가 관심을 두고 있는 것에 함께 관심을 기울이는 것! 어찌 보

면 이는 지극히 쉽고, 사소한 일일지도 모른다. 그래서 많은 사람들이 그냥 지나쳐 버리는지도 모르겠다. 그러나 이처럼 지극히 사소하고 상식적인 일을 하찮게 여기다가는 큰일을 그르치기 쉽다. 그러지 않기 위해서는 먼저 조그마한 일에 세심한 주의를 기울이는 지혜를 터득하는 것이 어떨지…

## 남자 앞에서 다른 남자 이야기를 하는 여자는 섹스에 약하다?

남자 앞에서 유난스럽게 다른 남성에 관한 이야기를 지껄여대는 여성이 있다. 특히, 성적으로 한창 꽃을 피울 나이인 중년 여성이 여러 남자가 모인 자리에서 구김 없이 다른 남자에 관한 이야기를 마구 쏟아 놓으면, 성적으로 미약하거나 혹은 섹스에 흥미를 잃은 여성이라고 봐도 된다.

섹스에 약한 부분이 있는 여성은 남자 앞에서 다른 남자 이야기를 계속 지껄여댄다. 실전에는 약하면서도 말로만 내세우는 경우가 있는데, 이런 여성은 성적인 콤플렉스가 무척 강하다. 성 경험이 별로 없는 여성이 이런 습관이 있으면, 남자에 대한 자신이 없다고 보면 된다.

또한, 어느 여성을 딱 꼬집어서 얘기하기보다는 자신이 강하다는 것을 은근히 과시하는 말투를 섞어가면서 음담패설을 장황하게 늘어놓는 남성이 있는데, 이런 남성은 실전에서는 바람 빠진 고무풍선같이 허약하기 짝이 없는 경우가 의외로 많다. 이런 사람을 일컬어 "양기가 입으로 올랐다."라고 한다. 노인들이 모여 있는 곳을 가보면 음담패설을 나누는 것을 자주 보게 되는데, 이 또한 같은 이치이다.

이런 여성은 마음이 정직하며, 다정다감한 편이다. 또한 마음에 약한 구석이 많다. 이런 여성에게 관심이 있다면, 친절과 칭찬으로 대해라. 칭찬은 의상이나 외모 등의 겉으로 드러나는 부분을 강조해도 무난할 것이다.

## 잘난 체하는 남자에게 즉각 반기 드는 여성

남자란 본래, 약한 여성 앞에서는 아는 체하는 경증(輕症)의 병을 가지고 있다. 이는 생리기전상 우월주의에 빠지고 싶어 하는 본능 의식 같은 것으로 볼 수 있다.

어떤 조직에서든 하부 조직에 있는 사람일수록 그런 심리가 많아서 자기보다 약한 사람 앞에서는 아는 체를 하고 싶어 하는데, 특히 약한 여성 앞에서는 이런 심리가 한층 강하게 촉발된다. 그런데, 이처럼 잘난 체하는 남성을 곱게 봐주지 못하는 여성도 있다. 잘난 체하는 남성과 그런 남성을 곱게 봐주지 못하고 즉각 반기를 드는 여성이 서로 맞닥뜨린다면 어떻게 되겠는가. 서로 자존심 싸움을 하다가, 결국에는 열등의식의 심처에 상처를 내게 될 것이다.

마음의 성숙도가 높은 여성은 대부분 너그럽게 맞장구를 쳐줄 것이다. 그러나 즉각 공격하는 여성은 그런 남성과 한치도 다름이 없는 사람이라고 보면 된다. 즉, 자기 우월주의에 빠져 있어 자존심이 강한 반면 열등의식도 강한 여성이다. 그러나 이런 여성은 일에 대한 책임감도 강하고, 가정적으로도 상당히 살림을 잘하는 편이다. 사귀어봐도 큰 손해는 없는 타입이다.

# 눈물 많이 보이는 여자는
# 자아도취가 강한 여성?

여자의 눈물을 잘못 분석하다가는 자칫 트릭에 넘어가서 일을 그르칠 수가 있다. 특히, 남자 앞에서 눈물을 잘 찍어내는 여성이 있는데, 남자의 마음을 사로잡는 데는 명수이다. 이런 여성은 현시욕과 독점욕이 무척 강한 편이다. 진정 슬퍼서 운다기보다는 습관적으로 눈물을 잘 찍어내는 것이다. 이런 여성은, 한여름 장마철에 하늘이 수시로 변동하는 것처럼, 눈물을 찍어내다가도 돌아서서는 언제 울었냐는 듯 금방 시시덕거리기도 잘 한다.

남자 앞에서는 눈물을 잘 찍어내다가도 같은 여성 앞에서는 좀처럼 눈물을 보이지 않으며, 또한 잘난 체하기 위해서 과장된 몸짓을 보이기도 한다. 이런 여성은 신경성 노이로제나 히스테리 같은 정신질환을 앓을 확률이 높다. 얼굴은 비교적 살집이 없으며 야위고 갸름한 형이 많다. 눈은 비교적 안으로 들어간 타입이며 눈빛이 유난히 반짝이며, 겉으로 보기에도 무척 예민해 보인다.

눈물이란 논리적인 사고에서 유출되는 것이 아니라 감정에 앞서는 것이다. 그러므로 남자 앞에서 눈물을 잘 보이는 여성은 자아도취가 강하다고 볼 수 있다. 이런 여성 앞에서는 논리를 앞세우면 설득하기가 힘들다. 무조건 칭찬을 앞세워라.

## 유행에 민감한 여성은 칭찬에 약하다?

백화점 같은 데서 여성이 옷을 고를 때, 종업원에게서 흔히 들을 수 있는 말이 있다.

"요즘, 이런 옷이 유행하고 있습니다."

종업원의 이런 말 한마디에 마음이 약해지는 여성이 있는 반면, 그런 말에 좀처럼 끄떡도 하지 않는 여성이 있다.

전자는 유행에 민감한 여성으로 늘 새로운 것을 선호하며 호기심도 많은 여성이다. 또한 자신을 약간 과장해서라도 남에게 내보이고 싶은 마음이 내재해 있는 사람이다. 다른 사람보다는 눈에 띄게 하고 싶은 허영심도 많은 편이다. 반면 후자는 유행에 민감하게 반응하지 않는 여성이다. 형식보다 내용에 치중하고 남의 앞에 나서기를 싫어하는 성격이다. 이런 형은 실속파에 속하는 사람이다.

유행에 민감한 여성은 실리보다 형식을 더 중시하는 타입이다. 또한 분위기나 센스도 있는 편이며, 사랑하는 사람에게 질투심도 많은 편이다. 이런 여성에게는 의상이나 헤어스타일, 외모 등을 들어 즉흥적으로 칭찬을 하면 당신에게 즉각적으로 호감을 느낄 것이다.


## 여성은 현실 불만을 옷으로 커버하려 한다?

세일즈맨 교육을 갔을 때의 일이다. 유난히 화장을 짙게 하고, 지나치리만치 화려한 의상을 입은 여성이 있었다.

"당신은 고객에게 호감을 받기 힘들겠는데요…"

"호감을 받기 힘들다니요?"

그녀는 눈썹을 꼿꼿이 세우고 쳐다보며 반문하였다.

"당신은 옷이 너무 화려하고 화장이 진해서요."

"옷이 화려하다니요?"

"고객에게 호감을 받기 위해서는 고객보다 못나 보여야 할 게 아니에요? 그래야만 물건을 팔기가 쉬울 거고요."

그녀는 필자가 한 말의 의미를 깨닫지는 못하고 자신이 입고 있은 옷에 무엇이 묻어 있는지를 살피려는 듯이 한번 훑어보기만 하였다. 그러더니, '이 정도면 준수하게 입었는데 뭐가 문제냐'는 듯한 표정을 짓고는, 마치 유행에 뒤떨어진 사람 취급하는 눈짓으로 필자를 다시 쳐다보고 있었다.

입고 있는 옷이 지나치게 사치스러우면 마음이 들떠 있는 상태다. 사춘기의 청소년들이 새 옷을 갈아입고서는, 누군가가 관심을 주고 봐주지 않나 하고 의식할 때를 잘 관찰하면 알 수 있다.

여성은 현실적인 불만을 입는 옷으로나 먹는 것으로써 커버하고 해소하려고 한다. 면밀히 검토해 보면, 남자도 마찬가지다. 남자들은 주로 마시는 쪽으로 스트레스를 해소하지만, 여성은 화장이나 의상 쪽으로 초점이 쏠리는 경우가 많다.


## 유행에 민감한 남성에게는 자기주장이 강한 여성이 좋다?

유행을 논할 때 비교적 여성의 전유물처럼 몰아붙이는 그릇된 시각을 가지고 있는 경우가 많다. 그러나 조금만 눈여겨 살펴보면, 남성들도 유행에 민감하다는 것을 쉽게 알 수 있다. 남성들은 겉으로는 유행을 받아들이는 데 주저하는 체하지만, 그 내부에는 여성과 조금도 다를 바 없이 유행을 따르려는 심리가 내재해 있다. 그러나 겉으로는 주저하는 체하는 것은, 여성과 비교해서 자의식이 강한 탓이라고도 할 수 있다.

남성들은 주로, 타인 지배 의욕을 충족시키거나 권위 의식에 이용되는 대상물인 소지품의 유행에 관심을 많이 갖는다. 즉, 남자들은 최신형의 컴퓨터, 휴대전화, 사진기 등과 같은 소지품에서 유행을 따르려는 경향이 많은 것이다. 반면, 여성은 주로 입는 옷이나 반지, 목걸이 등의 장식품에서 유행을 따르려는 것으로 나타난다.

휴대품의 유행에 유별나게 민감한 남성이 있는데, 이런 남성은 여성적 취향이라고 할 수 있다. 특히, 남성이면서도 유독 옷이나 몸의 장식품에서 유행을 따르려는 사람을 간혹 볼 수 있다. 이런 유형의 남성은 다분히 여성적 취향이며, 의지가 강하지 못하고, 생활력이 약해 타인 의존도가 높은 인물이다.

필자가 알고 있는 커플 중에 재미있는 부부가 있다. 남편은 최첨단의 유행에 따라서 옷을 사 입거나 목걸이, 반지, 넥타이핀 등의 장식품을 착용하기 좋아한다. 반면에 그 부인은 남편의 의상이나 장식품을 열심히 챙겨주면서도 정작 본인은 유행에 따라서 옷을 사 입거나 챙겨 입는 경우가 없다. 이들 부부를 가만히 관찰하면, 남편은 여성적 취향이고 부인은 남성적 취향인 기질로서 궁합이 환상적으로 잘 맞는다는 생각이 든다.

만약에 당신의 남자 애인이 의상이나 반지, 목걸이 등의 장식품에 지나치게 관심을 많이 가지고 있다면, 마마보이거나 여성적 취향이라는 것을 간파해야 한다. 이런 경우에는 당신이 내 주장을 하면서 살아갈 용기가 있으면 계속 사귀어도 무방하겠지만, 그럴 자신이 서지 않으면 일찌감치 냉수 마시고 마음 돌리는 것이 상책이다.

## 여성 앞에서 유독 잘난 체하고 나서는 남성

이따금 낯선 거리를 가다가 길을 물으면 서슴없이 잘 가르쳐 주는 사람이 있는데, 이런 사람 중에서 전연 모르면서 아는 체하고 나서는 사람이 간혹 있다. 모르면 모른다고 말하면 간단할 일을 모른다는 말을 죽어도 하기 싫어하는 사람 때문에 낯선 거리에서 고생하는 경우가 종종 있다.

이런 사람일수록 자존심을 챙기느라고 남에게 무얼 물어본다는 것을 싫어한다. 동행을 하다 보면 남에게 길을 물어보기를 유독 싫어하는 성질을 가진 사람이 있다. 이런 사람일수록 남이 길을 물어오면 나서서 아는 체하면서 건성으로 가르쳐 주기 때문에 낯선 거리에서 생고생하게 만드는 인물이다. 한번 지나갈 길을 묻는 것도 관상을 보고서 심사숙고해야 하는데, 하물며 인간관계에서 인생 문제를 묻고 대답한다는 것이 얼마나 중요하겠는가.

권위주의나 우월주의 성향을 지닌 남성들은, 남이 무엇인가를 물어올 때 모른다고 말하기를 싫어한다. 이는 아는 것이 많고 적음과는 관계없이 대답을 못 하면 굉장히 자존심이 상하는 것처럼 느끼는 사람이다. 이런 사람들의 심리를 분석해 보면, 그 내면에 자존심이 아니라 열등의식이 가득 차 있는 경우가 많다.

심리학적으로 보면, 속은 비어 있으면서도 지나치게 아는 체를 하는 것은, 자신의 우월성을 과시하고자 하는 일종의 병리 현상이라고 볼 수 있다. 여기서 우월성이란 자신의 존재성을 의미하는 것인데, 누구나 이런 속성을 조금씩은 가지고 있다. 그렇지만 여기서 말하는 타입의 남성은 그 정도가 지나친 사람을 이르는 말이다. 소위 지식층에 속한다고 자부하는 남성들은 사랑을 고백하는 전초전에서 교양의 정도나 지적인 수준을 과시하려는 속성을 가지고 있다고 보는 것이, 심리학자들이 표현하는 연애 심리의 공리 현상이다.

여성 앞에서 유독 아는 체를 하는 남성을 종종 볼 수 있다. 특히, 특정 여성 앞에서 꼭 아는 체하고 나서는 남성은 그 여성에게 관심을 두고 있다는 걸로 판단해도 무리는 아니다. 아는 체를 하고자 하는 남성은 주로 논리적인 언어 습관을 가지고 있지만 그 속에 모순이 많고 얕은 지식을 내세우기를 좋아하기 때문에 금방 탄로 나기 일쑤다. 이런 사람일수록 형식이나 권위주의 속성에 물들어 있는 경우가 많다. 그렇지만 장래의 남편감으로는 손색이 없으니, 이런 남성에게 마음이 끌린다면 사랑을 시작할 준비를 해라.

# 지적인 언어를 사용하려고 멋을 부리는 여성

대부분 남자가 여자 앞에서 돈을 잘 쓰거나 분위기를 맞춰 주려고 하는 것은, 남자 쪽에서 그 여자에게 관심이 많다는 증거다. 이와 유사하게 여자가 남자 앞에서 지적인 언어를 쓰려고 애쓰거나 없는 실력까지 동원하면서 안간힘을 쓰면, 이미 그 남자에게 호감을 가지고 있다는 증거다.

이는 비교적 몸이 야윈 편인 심성질 체질을 가진 여성에게서 많이 볼 수 있는 심리 현상이다. 이런 여성은 신경이 무척 예민해서 혼자 생각하는 경우가 많고, 직접 애정 표현을 하지 않는 경우가 많다. 이런 여성은 열등의식에 가까울 정도로 자존심이 강한 한편, 마음이 여리고 예민하여 대인 관계에서 상심하는 경우가 많다. 이런 여성을 대할 때 남자는 항상 이 점에 유의해야 한다.

사랑하는 남자가 있어도 노골적으로 표현을 하지 못하고, 은근히 지적인 수준이 높은 것처럼 보이려고 애를 쓰기도 한다. 이런 여성 앞에서는 아는 체를 하는 것은 절대 금물이다. 이런 여성에게는 이야기하는 쪽보다 이야기하게 시키는 것이 훨씬 효과적이다. 당신이 만약 마음에 두고 있는 상대가 이런 여성이라면 늘 이야기를 정성껏 들어주는 편에 서 있어라. 이보다 더 좋은 비법은 없다. 그러면 언젠가는 당신을 향해 마음의 문을 열어 줄 것이다.

## 영양질 체질의 여성에게는 계속 말을 시켜라?

애정 관계뿐만 아니라 비즈니스 관계나 혹은 어떤 목적이 있는 관계에서도 영양질의 사람에게는 직접적인 표현이 적합하다. 대가를 지급할 때는 돈봉투보다 음식을 대접한다거나 향응을 베푸는 것이 더 효과적이다. 식도락가이거나 미식가 체질이므로 음식을 대접받는 자리에 초대되면 마음의 긴장이 다소 풀어지고 당신에게 호감을 느낄 것이다. 이런 자리에서 어려운 부탁을 하면 성사될 확률이 높다.

이런 사람은 한번 마음이 당신 쪽으로 기울기 시작하면 심성질 체질처럼 은근하게 구는 것이 아니라 화끈하게 접근한다. 또한 상대방이 은근히 속으로 감추거나 이중적으로 대하는 것을 아주 싫어하는 체질이다. 그러므로 이런 사람에게는 직접적인 표현으로 화끈하게 접근하여라.

이런 사람은 대화 시에 언제나 주도적으로 끌어나가는 편인데, 이는 심성질 체질과는 확실히 정반대의 성향이다. 이런 사람은 대부분 말수가 많고 떠들기를 좋아하기 때문에 당신의 목적을 위해서는 상대에게 계속 말을 시키는 방향으로 나가라. 그러면 당신이 유리한 고지를 먼저 점령할 수 있을 것이다.

## 남자 앞에서 남편 자랑을 해대는 여성

"에이, 재수 대가리 없네! 김 팍 샜어!"

"그러게, 내가 뭐라고 했나. 애당초 그 여자 틀렸다잖아!"

커피숍 귀퉁이에 앉아서 지나가는 사람들의 모습을 살살이 훑어보고 앉았으려니 따분하다는 생각이 들었다. 간혹 중년 남자들이 카바레에서 여자 헌팅에 실패하고 넋두리하는 모습을 보고 있으려니 재미가 있기는 했다. 그러나 그런 재미도 곧 시들해지고 따분해지기 시작하는 찰나였다. 카바레 구석을 훑고 다니는 제비족치고는 순진해 보이는 두 남자의 젖은 목소리가 곁에서 들려왔다. 순진한 여인의 자태에 반해서 맥주를 같이 마셨는데, 그 여인이 남편과 아이들 자랑만 계속해 대서 정나미가 뚝 떨어지더라는 것이었다. 우연히 엿듣게 된 셈인데, 여자를 꼬드기기로 내기를 한 모양이었다. 이제 막 날개를 퍼드덕거릴 뿐 아직 날아오르는 연습도 제대로 못 한 서툰 제비들을 보고 있으려니 웃음이 터져 나오려고 했다. 곁에서 그들의 이야기를 듣고 있으려니 한 마디 던지고 싶었다.

"이 신출내기 제비 새끼들아, 여자 마음을 그렇게 못 읽으면서 이 바닥 출입은 왜 하니?"

당장 이렇게 쏘아붙이고 싶었지만 참기로 했다.

여자란 마음 따로, 말 따로, 행동 따로 노는 경우가 많다. 지방자치제라고나 할까. 아무튼 여성은 이러한 특성이 있어서 마음과 행동이 다르게 나타나는 경우가 많다. 남자 앞에서 당장 '싫어요. 아이참, 별꼴이야!' 하고 쏘아대는 여자의 얼굴을 가만히 살펴보라. 정말 마음속으로 싫어서인 경우와, 마음속으로는 좋으면서도 괜히 싫은 척하는 경우가 있다.

술집에 들어섰을 때, 여주인이 미소를 흘리면서 "아이고, 사장님! 얼마나 보고 싶었다고요." 하고 호들갑을 떤다. 겉으로는 이렇게 말하지만, 마음속으로는 "아이고, 요것아! 돈이 보고 싶다. 돈이 보고 싶어!"라고 말하는 것이다. 이처럼 겉으로만 반기는 척하는 여주인에게 마음을 홀랑 빼앗겨서 간이고 쓸개고 몽땅 내주는 게 바로 남자다. 여성의 이런 행동은 의식적이라기보다는 본능적이라고 볼 수 있다.

남편 자랑과 자식 자랑을 능청스럽게 해대는 여성은 내면에 빈구석이 많은 여성이다. 본인의 인생에 그만큼 허전한 구석이 많은 여성인 것이다. 이런 무의식적인 언어 습관 속에 여자의 진실이 숨어 있기 때문에 반대로 표현되는 경우가 많다. 이는, 약한 육체 조건을 극복하기 위한 본능의 발로라는 것이 심리학자의 견해이다. 그렇지만 이는 여성에게만 해당하는 게 아니다. 남성에게도 자기의 입지가 약하거나 재력이 없는 위치에 놓이면 허세를 부려서 자신을 부풀리려고 하는 몸짓을 하게 된다.

## 여자는 위장하려는 본능을 갖고 있다?

여성을 만날 때, 그 여성의 어느 부분을 먼저 관찰해야 하는가. 먼저, 화장한 모습을 유심히 관찰하면 당신에 대해서 여성이 가지고 있는 관심의 척도를 알 수 있다. 남자와 달리 여자는 화장하는 습관이 있는데, 혼자 집에 있을 때는 화장을 하지 않다가도 밖에 누군가를 만나러 나갈 때면 정성스레 둔갑술을 발휘한다. 이때 만나는 상대에 따라서 화장하는 데 쏟는 정성이 달라진다.

여자가 화장하는 것은 과장된 몸짓이라고 볼 수 있지만, 반대로 가장 진실한 여성의 몸짓이라고 풀이할 수도 있다. 이는 잘 보이고 싶다는 진실한 본능을 발휘하는 것이기 때문이다. 만약 당신을 만나러 나온 여성이 화장하는 데 시간이 오래 걸렸고, 옷을 잘 차려입는 데 신경을 많이 쓴 흔적이 있다면, 당신에게 개인적으로 관심이 많은 것으로 판단해도 무리가 없다. '여자니까 화장을 하겠지.' '여자니까 예쁘게 차려입는 게지.' 이렇게 생각하고 만다면, 여성의 본능이나 무의식적인 표현을 놓쳐버리는 매력 없는 남성으로 전락할 확률이 많은 사람이다.

여성의 심리를 잘 읽는 남성, 남자의 마음을 잘 읽을 줄 아는 여성은 처세에 밝은 지혜를 가진 사람으로 평가받을 수 있다. 특히, 여성은 위장하려는 본능이 남자보다 강하므로 반드시 그 내면을 살필 줄 알아야 한다.

# 여자 앞에서 정장하기를 좋아하는 사람

사람의 외모란 대단히 중요한 것이다. 여기서 외모라고 함은 단순히 그 사람의 얼굴이나 신체적인 아름다움과 추함만을 꼬집어서 말하는 것은 아니다. 표정과 태도, 행동 등 전체를 포함한 그 사람의 종합 이미지라고 말할 수 있다. 화려한 조명을 받는 진열장 안에 놓여 있는 물건이나 화려한 포장 속에 감추어져 있는 물건을 산 후에 실제의 알맹이를 보고 실망하는 경우가 많다. 사람도 역시 마찬가지다.

포장에 신경을 써가며 실물보다 더 잘나 보이기 위해 끊임없이 노력하는 것은, 정도의 차이는 있을지라도 누구나 가지고 있는 본능인지도 모른다. 그 포장 속에 들어 있는 알맹이를 제대로 파악하기 위하여 독심술을 연구하는 것이다. 그러나 역으로 생각하면, 모든 사람이 본래부터 과대 포장을 하지 않고 일률적이라면 오히려 속마음을 파악하기가 더 어려울 것이다. 사람의 옷매무새를 살펴보면, 과대 포장을 완벽하게 하는 사람이 있는가 하면 어색하게 포장해 다니는 사람도 있다. 이렇게 자신을 완전하게 감추려는 행동이 오히려 속마음

깊은 곳을 자연스럽게 노출하는 결과가 되는 것이다.

만약 데이트 상대의 남자가 늘 정장 스타일만 입고 다닌다면 당신은 어떻게 생각할 것인가. 당신이 아내가 된 후일 상당히 힘들 것이라는 것 정도는 이미 쉽게 파악해야 할 것이다. 이런 스타일은 항상 권위주의나 형식을 중시하므로 체면을 대단히 중요시하는 인물인 동시에 보수적인 기질이 강한 사람이기 때문이다. 반면, 이런 사람은 어려운 사람을 보면 동정을 잘 베푸는 인정미 있는 사람이기도 하다.

또한 친구의 의상을 보고서 쉽게 흉내를 내려는 사람이 있다. 친구의 가방이나 입고 있는 옷, 기타 소지품을 보고서 금방 똑같은 것을 구하려고 애쓰는 사람은 그만큼 주체 의식이 약한 사람이라고 보면 된다.

## 과거사를 이야기하는 여성과, 하지 않는 여성

사랑하는 남자에게 자신의 과거를 서슴없이 토해내는 여성이 있는가 하면 과거를 일절 말하지 않는 여성도 있다.

결혼을 앞둔 총각들이 필자를 종종 찾아오는데, 그들이 가져오는 주제 중의 하나가 여성 문제이다. "모처럼 한 여자를 사귀고 있는데 그녀와의 만남이 오래 지속되겠느냐."라는 문제이다. 이런 문제를 받으면 필자는 기본적으로 여성의 행동 몇 가지를 체크해 본다. 그중의 하나가 바로, 여성이 자신의 과거사에 관해서 이야기하는가 혹은 안 하는가이다.

사랑하는 남자에게 자신이 과거에 상처받은 이야기나 남자에게 배신당한 이야기까지도 서슴없이 하는 여성이 있다. 이처럼 자신의 과거 이야기를 비교적 잘 토해내는 여성은 단순한 면이 많다. 이런 여성일수록 이별할 때 진득한 액체를 토해내듯 끈적한 부분이 많아 마음의 상처가 많은 법이다. 반면에 자신의 과거 이야기를 좀처럼 하지 않는 여성은 이별할 때 아주 냉정한 구석이 있을 정도로 돌아서는 의지를 보이는 여성이다.

만약 당신이 한 여성을 사귀게 될 때 여성의 과거사에 관한 유도신문을 해보아라. 서슴없이 자신의 과거사를 이야기하는지, 안 하는지를 교제의 척도로 삼아서 여성을 사귀어라.

## 눈으로 말하는 여성

사람은 특별히 적대시하거나 경멸하는 상대방을 제외하고는 대체로 다른 사람들로부터 호감을 사려고 애를 쓴다. 상대방으로부터 호감을 사기 위해서 행동이나 말에는 신중을 기하면서도, 말 없는 전달 매체인 시선에 대해서는 대수롭지 않게 여기는 경우가 많다. 그러나 사실 눈은 행동이나 말보다 더 많은 것을 말해주는 역할을 한다. 그래서 눈을 마음의 창이라고도 하고, 또한 인간의 내면을 드러내 보이는 구멍이라고 한다.

눈에 붉은 기가 있는 사람도 있고, 검은 눈동자를 가진 사람도 있고, 짙은 갈색 눈동자를 가진 사람도 있다. 그런가 하면 촉촉이 젖어 있는, 물기를 머금은 눈도 있다. 흔히들 여자의 촉촉이 젖어 있는 듯한 눈을 보고 매력적이라고 하지만 반면에 바람기가 있다고 하여 격정적인 구석이 많은 사람으로 풀이하기도 한다.

사랑을 전달한다거나 혹은 상대를 끌어들이거나 설득하는 힘을 가지고 있는 것도 바로 눈이다. 그러므로 대화 시에 눈을 활용하는 것은 대단히 중요하다고 할 수 있다. 그렇지만 대화 시의 눈, 즉 시선에 관해서는 관심을 두지 않는 경우가 많다. 어떤 사람은 대화 시에 상대의 눈을 계속 응시하고 있는 경우가 있는데, 이는 자칫 상대방에게 불쾌감을 주기 쉬우니 항상 세심한 주의를 해야 한다.

대화 시 눈으로 말하는 여성이 있다. 이런 여성은 상당히 관능적인 여성이라고 봐도 무방하다. 눈을 여러 가지 형태로 자유자재로 활용하는 여성은 처세에 능란하다고 볼 수 있다. 관상학에서도 웃을 때 어미(魚尾)와 간문(奸門)에 잔주름이 지는 사람은 색정적인 사람으로 풀이하고 있다. 어미와 간문이란 눈썹 끝부분의 관자놀이 부근을 말한다. 눈웃음을 칠 때 잔주름이 지는 곳이다. 지나치게 눈웃음을 치거나 눈의 시선이 자유자재로 움직이는 여성은 속으로 딴생각을 품고 있거나 색정적인 타입이니 늘 주의해야 한다.

이런 타입의 여성은 애정 감각이 뛰어난 사람이다. 가장 쉬운 접근 방법은 아늑하고 안정감을 주는 분위기를 만드는 것이다. 이런 여성에게는 분위기로 승부를 걸어라!


# 집에서 혼자 술 마시는 기혼 여성

집에서 혼자 술 마시기를 좋아하는 여성이 있는데, 주변을 살펴보면 이런 여성이 의외로 많다. 여성이 집에서 지속해서 혼자 술을 마시면 알코올 중독증에 걸리기 쉬우며, 결국에는 자신을 가누기조차 힘들 정도로 심각한 중독 상태로 치닫게 되는 경우가 많다. "남편이 출근한 뒤에 무료해서 술을 마시는 거겠지."라고 단순하게 생각해 버리기 쉽지만, 이런 행동이 표출되는 내면에는 반드시 타당한 동기가 있게 마련이다.

이런 여성은 반드시 가족들에게 따돌림을 당하고 있다는 생각에 사로잡혀 있는 사람이다. 또한 남편에 대한 열등의식이 많은 사람이다. 이런 행동을 유발하는 근본 속마음에는 자기 콤플렉스가 강하게 깔린 것이다. 즉, 우선 남편에게 약점을 잡히지 않으려는 강한 욕구가 있으면서도 남편에 대한 열등의식이 단단히 자리 잡은 여성이다. 그래서 완벽하게 일을 처리하려고 애를 쓰는 동시에 남편이나 가족에게도 완전 욕구를 지닌 사람이다. 또한 친구들 사이에서는 자존심이 아주 강한 사람으로 인식되어 있는 사람이다.

## 고급스러운 장소에서 술이나 차를 마시려고 애쓰는 여성

술 한 잔, 차 한 잔을 마셔도 호텔 라운지 같은 고급스러운 장소에서만 마시려고 애쓰는 여성이 있다. 특히, 남자와 만났을 때 고급스러운 장소에서만 술을 마시려는 여성이 있는데, 이런 여성은 겉으로는 엘리트 의식이 무척 강한 척하지만 속을 보면 석류알처럼 빨갛게 열등의식으로 가득 차 있다.

이런 사람이 남 앞에서 내세우는 자존심이라고 표현하는 행위는, 진정한 자존심이 아닌 경우가 많다. 스스로가 자존심이 무척 강한 것처럼 언어 포장을 하지만, 따져보면 사실은 자존심이 아니라 열등의식이다. 이런 사람은 자기보다 상류사회 사람들에게 대항할 수 있는 신분적 힘은 없으면서도, 올라가지 못할 나무를 고개가 빠질 정도로 열심히 쳐다보는 것이다. 공작이 깃을 세우듯 어깨를 추켜세워 보지만, 욕구가 충족되지 않으므로 겉으로만이라도 그렇게 보이고 싶어 하는 것이다.

이런 여성은 성격이 괄괄하고 상대방에게 좋고 싫음을 명확하고 단호하게 표현하기도 한다. 이런 사람을 면밀히 관찰하면, 몸이 마르고 눈빛이 예리하고 얼굴도 말라 보이며 아주 예민하게 느껴지는 심성질 체질을 가진 사람인 경우가 많다. 또한 섬세한 심성을 가지고 있어서, 예술 같은 분야에 관심이 있는 개성적인 성격의 소유자다.

이런 사람에게는 감정을 건드리지 않고 조심스럽게 접근해야 한다. 의상이나 소지품 같은 것을 지적해서 칭찬해 주면, 겉으로는 아무렇지도 않은 체하면서도 속으로는 아주 좋아한다. 또한, 잘못을 지적할 때는 직설적인 것보다는 완곡한 표현을 하는 것이 아주 좋다. 문학적인 분위기나 철학적인 분위기가 풍기는 언어들로 연금술사처럼 대해 봐라. 아주 좋아할 것이다. 특히, 남자가 설득하려고 덤비면 의외로 쉽게 침몰하는 여성이다.


# 남자 뒤에 숨는 여성

엘리베이터 안에서 안내 여성의 뒤에만 서려는 남자. 전철 역에서 자동 검표기를 통과할 때도 한사코 여성의 뒤만 따라가려는 남자. 이런 남자는 정신적인 강간 욕구를 충족시키려는 잠재 욕구를 가진 사람이라고 볼 수 있다.

빈 곳을 두고서 여성이 나가는 곳을 따라서 나가는 남자에게 '왜 여자 뒤만 따라붙느냐'고 일침을 놓았더니, 움찔하면서 얼굴색이 변하는 것을 본 적이 있다. 이런 사람들의 심리를 분석해 보면, 잠재의식 속에 정신적인 강간 욕구를 지니고 있다고 말할 수 있다. 이런 사람은 우선, 섹스에 대한 현실 불만이 내재해 있다. 정력이 쇠하여, 이성에 대해서는 관심을 가지면서도 실행에서는 아주 허약한 면을 지니고 있는 것이다.

길거리에서 방뇨하는 사람이나 혹은 여성이 지나가면 성기를 노출하는 이상한 변태 행위를 하는 사람도 있다. 이런 사람일수록 정력이 약하고 여성을 정상적으로 다루지 못하는 편벽을 가진 사람이다. 이런 사람은 가정적으로 불안한 환경에서 자라왔거나 현실적으로 안정이 되지 않은 사람인 경우가 많다.

엘리베이터에서 여성 뒤에 바짝 붙어 서는 사람은 여성을 학대하려는 잠재 욕구도 지니고 있다. 비좁은 공간에서 어쩔 수 없어서 서는 경우가 아니라, 어느 정도 공간이 남아 있는데도 한사코 그곳을 선택해서 서는 경우를 말한다. 이런 사람은 인간관계도 투철하지도 못하고 리더십도 없다. 대신에 시키는 일은 꼬박꼬박 해내는 충성형이다. 그렇지만 마음이 나약하고, 대인 관계도 폭넓지 못한 편이다.

한편, 남성의 뒤에만 숨으려는 여성은 남자에 대한 성 공포증을 가지고 있으면서도 의타심을 가지고 있다. 성격적으로 나약하면서도 독점 의욕은 매우 강해 질투심이 아주 많은 여성이다.

어떤 장소에서나 상대가 어떻게 움직이고 있는가 혹은 몸짓을 하고 있는가는 오히려 그 사람이 말하고 있는 것보다 더 진실을 나타내고 있는 것이니 밖으로 나타나는 행동을 주시하여야 할 것이다. 그러나 대개의 사람은 상대의 행동이나 몸짓 언어에는 별 관심이 없고 입에서 토해내고 있는 언어만 듣고 있으려니 가장이나 과장의 포장에 속기가 쉬운 것이다.


## 고개를 잘 숙이는 여성

아무 생각 없이 은연중 밖으로 표출되는 행동이나 태도는 그 사람의 내면세계를 그대로 반영하고 있으며, 바로 거기에 진실이 담겨 있다는 것을 명심하는 사람은 독심술의 대가가 될 수 있을 것이다. 만나는 여성이 어떤 습관이 있는가를 살펴보고 성격을 파악해 두는 것도 처세에 필요하다.

대화 중이거나 앉아 있을 때 항상 머리를 숙이고 있는 여성은 말이나 행동으로 옮기기 전에 신중하게 속으로 많이 생각하는 타입이다. 이런 여성은 관상학적으로 보면 매우 고독한 상으로 풀이된다. 사람을 한번 사귀면 오래도록 변하지 않고 매우 지속적인 마음으로 대하는 성격이기 때문에 만남과 헤어짐이 분명한 반면 사교성은 능숙하지 못하다.

이런 여성은 무슨 일이든지 곧장 행동으로 옮기는 것이 아니라 여러 번 생각해 보고 결정하는 신중파에 속한다. 그래서 무슨 일이든지 결정하기까지는 굼뜨지만 한번 마음먹은 일은 꼭 실천하려는 의지가 강한 여성이기도 하다. 또한 남 앞에 나서기를 싫어하기 때문에 마음속에 가지고 있는 바를 잘 표현하지 못하는 편이다. 고로 윗사람을 모시거나 혹은 여러 형제를 모시더라도 잘 버티어 나갈 수 있는 사람이라고 보면 된다.

이런 여성은 사랑하는 남자에게도 겉으로는 대범한 체하면서 질투심을 함부로 나타내지 않지만, 속으로는 질투심이 매우 강한 편이다. 이성 관계도 매우 신중하게 생각하고 결정하지만, 한번 사랑에 빠지면 좀처럼 헤어나지 못하는 뜨거운 면도 지닌 여성이다. 남자를 한번 사귀면 끈질긴 데가 있다고 할 수 있다.

이런 여성은 순수하고 꼼꼼한 성격의 소유자이다. 경박한 것을 싫어할 뿐만 아니라 함부로 말을 잘 하지 않는 타입이기 때문에 말이 많은 남자를 제일 싫어한다. 이런 여성과 교제하려면 말을 아껴야 한다. 또한 이런 여성에게는 달변이나 헌신보다는 실리와 이해를 앞세우는 것이 좋다.

# 동석해 있을 때 팔짱을 자주 끼는 여성

대화하거나 혹은 같이 동석해 있을 때 팔짱을 끼는 여성이 있다. 이런 태도는 자기중심적이면서 냉정한 느낌을 준다. 습관적으로 이런 태도를 보이는 여성이 있는 반면 평소에 이런 습관이 없던 사람이 갑자기 이런 태도를 보이는 경우가 있다. 이때는 당신을 설득하려고 하거나 혹은 마음에 각오하고 있는 말을 하려는 중이니 미리 대비함이 좋을 것이다.

습관적으로 이런 태도를 보이는 여성은 매사를 자기중심적으로 처리하려는 면이 많고 고집이 센 편이다. 겉으로는 상대 남자에게 자신만만하게 보이지만, 속으로는 열등의식이 강하게 도사리고 있는 여성이다. 관상학적으로 보면, 육친과의 화합이 잘 안 맞고 금전적으로 풍요로운 생활을 누리기가 힘든 관상이다. 또한 윗사람의 귀여움이나 사랑을 받기가 힘들기 때문에 상당히 고독하게 살아가기도 한다. 항상 아랫사람에게 무엇을 시키기를 즐겨 하는 반면 한번 마음에 드는 아랫사람이 생기면 의외로 잘 대해 주기도 한다.

자기 일이 아닌데도 남의 일에 나서기를 좋아하는 성격이기 때문에 남과 다투기를 잘하는 편이다. 자신의 속마음은 좀처럼 열지 않으면서 상대의 마음을 엿보려는 심리가 강한 인물이니 항상 조심해야 한다. 남을 도와주는 척 앞장서기도 하고, 명예욕이 강하기도 하다. 속으로는 질투심과 투기심이 많아 주위 사람들이 자기보다 못 살고 사회적으로 낮은 신분이어야 직성이 풀리는 타입이다. 또한 자신의 비위에 맞지 않을 때는 따지기를 잘한다.

이런 여성은 남자에게 지배받기를 싫어하고 남편을 쥐고 흔들고 싶어서 안달하는 사람이다. 그러므로 성격이 강하거나 보수적인 기질이 농후한 남성과의 결혼 생활은 원만하지 못할 것이다. 이해심이 많은 남성을 만나 자기주장을 하면서 살면 아주 좋을 것이다. 만약 당신이 강한 기질의 남성이라면 이런 여성과는 성격적 궁합이 별로 맞지 않는 경우이니 경계하는 것이 좋다.

# 대화 중 손을 입에 자주 대는 예민한 여성

대화 중에 손을 입에 자주 대는 습관을 지닌 여성이 있다. 이런 여성은 신경이 매우 예민하다. 또한 마음이 무척 약하지만, 겉으로는 아주 강한 체하려고 애쓴다. 속마음을 노출하지 않으려고 하는데, 알고 보면 대단치 않은 일을 비밀처럼 감추고 있는 경우가 많다. 사교성이 결여해 있으며, 매사에 자신이 없는 사람이다. 특히, 남 앞에 나서서 자기 표현을 잘 하지 못하기 때문에 사람이 많이 모인 데는 잘 가지 않는다. 표현력이 원만하지 못해 남으로부터 오해를 사는 경우도 많다.

반면, 사석에서 자신의 마음에 드는 사람이 생기면 인정을 베풀기도 한다. 심성이 착하고 인정이 많으면서도 한번 고집을 피우면 옹고집의 기질을 나타내기도 한다. 이런 여성은 남자를 한번 사랑하기 시작하면 헌신적인 사랑을 쏟기 때문에 의외로 남자에게 사랑을 받는 예도 있다. 속마음은 지극히 착한 여성이니, 이런 여성과 교제하기를 원한다면 거짓 없이 진실만을 보여라.

이런 여성은 살림도 잘 꾸려가며, 또한 식구들에게도 희생적으로 잘 대해 준다. 그렇지만 식구들로부터 베푼 만큼 받기는 힘든 관상이다. 육친 관계는 원만하지 못하여 오해를 사기가 쉽다. 또한, 인덕이 없는 경우가 많으므로 항상 남들에게 베푼 만큼 받을 생각은 하지 않는 것이 좋을 것이다. 이런 여성은 비교적 말년이 고독하다.

그러나, 이런 습관이 없는데 갑자기 이런 행동이 나타난다면 잘 관찰해야 할 것이다. 지금 마음속에 무엇인가 비밀을 감추고 있다는 무의식적인 행동으로 보면 된다. 기차여행을 할 때 선반 위에 중요한 물건을 얹어 놓으면, 무의식적으로 시선이 거기로 자주 쏠리는 것과 같은 심리적인 반응이라고 볼 수 있을 것이다.

# 상대방을 툭툭 치면서 말하는 여성

대화할 때 상대 남자의 몸을 건들거나 툭툭 치면서 말하는 여성이 있다. 이런 여성은 금방 친숙해지기는 쉽지만 반면에 헤어지기도 쉽다. 또한 헤어진 남성을 생각하며 이불을 뒤집어쓰고 끙끙 앓는다거나 가슴 아파하지도 않는다. 알맹이 빼먹은 바나나 껍질을 버리듯 쉽게 던져버리고 잊어버리는 타입이다. 관상학적으로는, 육친의 덕이 없으며 외로운 얼굴형으로 본다.

이런 여성은 마음이 독하지 못하고 인정에 끌리는 경우가 많으며 또한 마음이 헤프기까지 하다. 속마음은 착하고 정직한 구석이 있으나, 이성 파트너를 자주 바꾸는 경향이 많아서 주위의 평판이 썩 좋지는 못하다. 한 군데 가만히 붙어 있지를 못하고 덜렁거리며 싸돌아다니기를 좋아하는 타입이기도 하다. 겉으로 보기에는 친구도 많아 보이지만, 동성 간에는 우정을 나눌 만한 친구가 적은 무척 외로운 사람이다.

이런 여성은 진지하게 대하는 것보다는 유머 감각으로 맞서면 정복하기가 아주 쉬운 타입이다. 깊이 생각하는 것보다는 분위기에 약하고 인정에 얽매이는 타입이기 때문에 사정 이야기를 털어놓으면 마음이 약해져서 금방 동조하기도 한다. 이런 여성은 금전 문제에서도 셈이 흐리거나 헤픈 구석이 많으니, 되도록 금전 관계는 피하는 것이 좋다.

# 벽이나 사람에게 기대려고 하는 여성

좁은 장소이거나 넓은 공간이거나를 막론하고 서서 이야기하는 경우가 있는데, 이때 꼭 벽이나 사람에게 기대려는 여성이 있다. 심지어는 잠깐 서서 있어야 하는 엘리베이터 속에서도 벽에 기대려는 습관을 지닌 여성이 있다. 이런 여성은 겉으로는 무척 건강해 보이지만 육체적으로는 피로에 지쳐 있고 또한 정신적으로도 피곤한 현실에 놓여 있는 경우가 많다.

이런 사람은 의타심이 많은 반면, 친숙하지 않은 사람의 말은 좀처럼 믿지 않고 경계를 많이 하는 편이다. 이런 경우에는 자상하고 섬세하게 설명을 해주어라. 또한, 남의 말을 액면 그대로 믿으려 하지 않고 꼭 속으로 되새겨서 자신의 주관대로 해석하려는 경향이 많다. 이런 여성은 남자에게 기대려고 하거나, 자신이 해야 할 일인데도 남에게 의지하려는 습관을 지닌 인물이다.

이성에 대해서는 질투심이 강하며, 독점욕이 강하고, 신경이 예민하여 남자를 피곤하게 만드는 구석이 있는 여성이다. 남편에게 애교를 부리면서 남자의 심리를 재빠르게 읽어내는 센스도 지닌, 임기응변에 능한 사람이다.

관상학적으로는 인색할 정도로 재물을 아껴서 말년에는 아주 잘 사는 상으로 본다. 이런 여성은 초면에 사람을 사귀기는 힘든 반면, 한번 사귄 사람에게는 애착을 많이 갖는다. 또한 자존심이 강하기 때문에 자칫 상처를 받기 쉬운 편이다.

# 대화 중에 손을 감추려고 하는 여성

대화 중에 손을 감추려고 하는 여성을 종종 볼 수 있는데, 성장 과정이나 가정 형편이 순조롭지 못한 경우가 많다. 이런 사람의 관상은 스스로 마음고생을 만들어서 하는 경우가 많고 정신적인 질환을 앓을 염려가 많은 성격적인 단점을 지니고 있다.

이런 여성은 자기 스스로 자존심이 강한 여성이라고 선포하는 타입이다. 자존심이라고 말하는 그의 내면에는 열등의식이 매우 강하게 도사리고 있기도 하다. 이런 여성은 동성에게나 이성에게도 좀처럼 자신의 속마음에 간직한 비밀을 좀처럼 털어놓지 않는 면이 있다. 대단치도 않은 일인데 자신은 큰 비밀처럼 생각하고 남에게 말하기를 꺼리는 것이다. 특별히 자신의 과거에 대해서는 말하기를 더욱 꺼리는 성향이 있다.

또한 상황에 따라서 자기 자랑을 곧잘 하기도 한다. 이런 사람들은 주로 자신의 자랑거리보다는 친지나 친척에 대한 자랑거리가 더 많은 사람이다. 누군가가 주변에 출세한 사람이 있으면 자신과 가장 가까운 것처럼 확대해서 말하곤 하는 습성을 지닌 것이다. 열등의식이 강한 여성이니, 감정을 다치지 않도록 주의해라.

# 대화 중에 팔꿈치에 손을 자주 대는 여성

대화 중에 유난히 팔꿈치를 자주 만지작거리거나 양손을 자주 비비적거리는 여성이 있다. 이런 여성은 이지적이지만, 성격이 대범하지 못하고 항상 조심이 지나치다. 또한 남에게 실수하는 것을 가장 싫어하는 성격의 소유자이다. 소극적인 성격인 반면 무척 꼼꼼한 성격도 동시에 지니고 있다. 또한 대화에서도 적극적인 주도형보다는 듣는 쪽으로 편향되어 있는 인물이다.

친한 친구나 친지로부터 무언가 부탁을 받으면 힘든 일일지라도 선뜻 거절을 못하고 잘 들어주는 성격이다. 그래서 대인 관계에서 항상 손해 보는 일이 생긴다. 따지기보다는 자신을 희생하는 경우가 많은 것이다. 자신이 책임을 져야 하는 일은 끝까지 밀고 나가는 편이다. 그 과정에서 난관에 봉착하게 되면 속으로 끙끙거리면서도 남에게 자문하거나 도움을 요청하는 경우가 드물다. 무엇이나 혼자의 힘으로 해결해 나가려는 마음이 강한 성격이다.

이런 사람의 관상은 가정에서도 희생적인 역할을 담당하게 되는 타입이다. 또한 자신이 희생함으로써 상대가 즐거워하면 아주 만족해하고 보람을 느끼면서 즐거워하기도 한다. 이런 사람에게는 권모술수나 화술로써 설득하기보다 진실한 태도를 앞세우는 것이 훨씬 효과적일 것이다. 속마음을 좀처럼 잘 열지 않지만 한번 마음에 드는 사람을 만나면 진지하게 털어놓기도 한다.


## 대화 중에 두 손으로 턱을 받치고 있는 여성

대화 중에 두 손으로 턱을 받치고 있는 여성이 있는데 이런 태도를 아주 싫어하는 사람들이 많다. 이런 사람은 관상학적으로도 고독한 경우가 많고 남으로부터 도움을 받는 경우가 많지 않아서 항상 자신이 베풀고 살아야 하는, 소위 인덕이 없는 관상으로 본다.

자신도 모르게 손이 얼굴로 자주 올라가는 여성은 형식을 싫어하며, 실리성과 솔직성을 강조하는 면이 많은 성격이다. 이런 여성은 사랑하는 남성에 대한 서비스 정신이 투철하고 한번 사랑하는 남자에게는 물불 가리지 않고 홀딱 빠져들 염려가 많은 여성으로 볼 수 있다. 또한 잠자리에서도 자신의 쾌락보다는 남편에게 봉사하면서 즐거워하는 기질이 농후한 여성이다. 이런 여성의 심리상태는 상대 남성을 완전하게 믿는 마음에서 안전핀을 뽑아버린 상태라 할 수 있다.

윗사람 앞이나 혹은 어려운 자리에서도 곧잘 양손으로 턱을 받치는 것이 습관으로 굳어 있는 여성이 있는데, 이런 타입은 대화를 주도하기보다는 남의 말을 듣기 좋아하는 스타일이다. 또한 나이가 아주 많은 상대나 반대로 나이 차이가 많은 연하의 남성과 잘 어울리는 운명을 만들어가는 여성이다. 모성 본능이 강하고 한번 사랑하는 남성이 생기면 아주 멍청할 정도로까지 애착을 가지고 덤비는 여성이다.

이런 여성은 사랑을 제대로 받지 못하고 자라온 경험이 있는 경우가 많다. 이런 사람은 가정에서는 아주 가족적이지만 사회적으로는 적응력이 약해서 사람이 모인 장소를 피한다거나 토론 같은 것을 싫어하고 극히 가까운 사람과만 교제하는 경향이 많다. 그러나 가정적이고 남편에 대한 봉사가 극진하므로, 좋은 아내로서는 손색이 없다고 할 수 있다. 남성들이여! 주저하지 말고 적극적으로 사귀어봐라.


# 대화 중 머리를 자주 만지작거리는 여성

텔레비전을 보고 있노라면 남녀를 막론하고 머리에 자주 손이 가는 사람이 있다. 어떤 사람은 계속 머리를 쓸어올리기도 한다. 이런 행동은 본인도 모르는 사이에 습관으로 형성되어 있다. 이런 습관을 타력이나 의지로 중지시키면 매우 불안해하고 또 제2의 다른 습관으로 전이되는 경우가 많다. 그런데 이런 습관이 형성된 심리상태를 분석해 보면, 그 속마음에는 완전 욕구가 도사리고 있는데 현실적으로 환경이 이에 따라 주지 않는 데에서 유발되는 행동이라고 볼 수 있다.

이런 여성은 우선 성질이 급하고, 분위기에 약한 기분파에 속하며 감정이 매우 예민하다. 유행에 민감한 편이기도 하다. 남에게 지는 것을 싫어하고, 속으로 열등의식이 많이 잠재해 있는 경우가 많다. 또한 무슨 일을 시작하거나 혹은 사람을 사랑하기 시작하면, 희생을 감수하기까지 하는 정열적인 면을 지니고 있기도 하다.

이런 여성에게 무조건 동조하거나 인정해 주면 아주 현실적으로 대하는 습성을 지니고 있다. 반면 한번 뒤틀리기 시작하면 바로 잡기가 힘드니까 사전에 조심해서 대해야 한다. 또 단순한 면이 있어 깊이 사고하기를 싫어한다. 이런 여성 앞에서는 논리적으로 따지거나 합리적인 행위를 앞세우기보다는 분위기를 조성한 다음에 감정이나 인정에 호소하는 것이 훨씬 설득력이 있다.

이런 여성은 처음에는 겁 없이 일을 저질러 놓지만, 마무리에 가서는 영악하지 못한 경우가 많다. 마치 축구 시합에서 전반전에 두서너 골을 넣고 방심하다가 시합 종료 1~2분 전에 역전패당하여 허무함을 느끼는 경우와 유사하다. 이런 여성은 외로움을 많이 타기도 한다. 겉으로는 적극적인 것처럼 보이지만 아주 소극적이고 인정에 약한 점을 동반하고 있는 이중성을 보이기도 한다.

## 대화 중에 계속 몸을 움직여대는 여성

대화할 때 유난히 몸을 움직이는 여성이 있다. 겉으로는 솔직한 척하지만, 속마음은 좀처럼 털어놓지 않는 타입이다. 이런 여성에게 접근하기는 쉽지만, 깊이 접근하기는 무척이나 어렵다. 겉으로 볼 때는 호락호락하게 보이는 것 같지만 한 꺼풀만 열고 들어가 보면 단단히 무장하고 있는 경우가 많다.

이런 습관이 있는 여성 중에서 말이 많은 여성은 위와 같이 판단해서는 안 된다. 또한 이런 습관을 지닌 여성으로서 상대의 말만 계속 들으려는 여성은 속마음이 야무진 편이다. 또한 이런 습관을 지닌 여성 중에서, 상대의 말을 듣고서 말이 땅에 떨어져 흙먼지라도 묻을까 넙죽넙죽 반응을 보이는 여성은 속이 빈 경우가 많다. 그러므로 잘 관찰해서 판단해야 할 것이다.

이런 여성은 한편으로는 낙천적이며 사교적인 성격을 지니고 있기도 하다. 또한 자기 마음에 드는 남성에게는 의외로 순종하며 의욕적인 애정 표현을 하기도 한다. 그래서 잠자리에서도 남자를 사로잡으려고 테크닉에 신경을 쓰기도 하는 면이 있다.

이런 여성은 대부분 자유분방한 어린 시절을 보낸 경우가 많다. 그래서 윗사람이나 아랫사람을 구별하지 않고 자신의 마음 내키는 대로 대하는 경향이 있다. 관상학적으로는 재물이 쌓이기가 힘든 경우로 본다. 그래서 옛 노인들은 이런 여성을 조신하지 못하다고 야단치고 복이 나간다고 꾸짖기도 한다. 돈이 생기면 펑펑 쓰다가도 없을 때는 남에게 머리를 조아리기를 잘하는 성향을 지니고 있다.

이런 여성과 교제하고 싶다면, 우선 속마음을 좀처럼 나타내지 않는 성격임을 유념해야 한다. 이런 여성에게는 농담이나 유머를 하다가 역공을 시도해 봐라.

# 대화 중에 얼굴 마주 보지 않으려는 여성

마주 앉아 대화를 하면서도 절대로 상대의 얼굴을 쳐다보지 않고 이야기하는 여성이 있다. 이런 사람은 자랄 때 억압된 분위기 속에서 자라왔으나 주위 사람들로부터는 선택받은 사람이라는 인정을 받고 자란 사람이 많다. 관상학적으로는 초년에 고생하고 말년에 잘사는 타입이다. 언뜻 보기에는 얌전하다고 후한 점수를 줄 수 있지만, 이는 이런 사람의 성향을 잘 모르기 때문이다.

이런 여성은 상대방의 앞에서는 얌전한 체하지만, 막상 돌아서서는 상대의 약점이나 취약점을 입에 올리면서 흉을 잘 보는 성향이 있다. 결국 안 보는 체하면서도 볼 것은 전부 보고 있다는 이야기가 된다. 이런 사람을 일컬어서 내숭을 떤다고들 하지만 기실은 내숭과는 또 다른 면이 있다.

이런 사람은 이기적인 성격의 사람이다. 항상 마음속에 근심.걱정 거리를 안고 사는 경우가 많다. 그러나 이웃이나 친지에게 자신의 근심거리를 좀처럼 쏟아 놓기를 꺼리기 때문에 겉으로 보기에는 아주 얌전하게만 보인다. 그러나 이런 사람이 자기의 주장을 내세우면 아주 고집스럽게 밀어붙이려는 경우가 많으니 쉽게 판단했다가는 낭패를 당하기 쉽다. 친한 친구나 동성끼리 만나면 의외로 적극적인 행동을 보이기도 한다. 질투심이나 독점 의욕이 강하지만, 밖으로는 좀처럼 내색을 하지 않고 감추려고 애를 쓰기도 한다. 이런 여성일수록 재물이나 가족에 대한 애정이 무척 강한 편이다.

이야기로 설득을 하면 금방 넘어가는 것같이 보이지만, 속마음을 움직이기가 아주 어려운 타입이다. 분위기를 잘 타는 타입이므로, 대화로 설득하는 것보다는 분위기를 관찰하여 기분의 흐름을 잘 파악해서 접근하는 것이 더 유리할 것이다. 이때 주의해야 할 점은, 돌아서서는 흉을 잘 보는 타입이니 절대로 약점을 노출하지 말아야 한다는 것이다.

# 다리를 계속 꼬고 앉아서 이야기하는 여성

의자에 앉아 있는 모습만 보고서도 여러 가지를 알 수 있다. 좀처럼 다리를 꼬지 않고 앉는 사람이 있는가 하면, 매번 한쪽 다리를 반대편 무릎 위에 얹어서 꼬고 앉는 사람이 있다. 관상학적으로는 육친관계가 고독한 상으로 본다.

특히, 다리를 꼬고 앉아서 이야기하는 여성은 우선 남에게 지기를 싫어하는 성격을 지니고 있으며, 상당히 이기적인 구석이 많다. 이런 여성은 이성 관계에서도 항상 정확성을 위주로 하여 남성에게 지기 싫어하고 자존심을 내세운다. 아랫사람에게는 항상 권위를 내세우려고 자세를 취하기도 하고, 윗사람에게는 겉으로는 순응하는 체하면서 속으로는 꼭 트집을 잡으려고 애를 쓰기도 한다.

이런 사람은 어른을 모시고 살거나 윗사람과 함께 사는 것보다 핵가족으로 살아가는 것이 편안한 타입이다. 친구를 사귈 때도 자신보다 못한 사람과 어울림으로써 자신의 신분이 상층에 있다는 자부심으로 살아가려고 애를 쓰는 타입이다.

이런 여성과 교제하려면 자존심을 다치지 않도록 주의해라. 직설적인 이야기보다는 칭찬 일변도로 나가는 것이 아주 좋다. 자신에게 애착을 보이거나 칭찬해 주는 사람을 아주 좋아한다. 반면, 냉정하게 자기 잘못을 지적해 주는 사람을 즉각적으로 거부하는 성향을 지니고 있으니, 이런 점을 참고해서 접근하는 것이 좋을 것이다.


# 대화 중에 뒷머리를 자주 긁적이는 여성

대화할 때 상대방이 손을 어디에 두고 있는가를 관찰하는 것은, 상대방이 입으로 하는 말보다 더욱 정확한 정보를 캐낼 수 있는 좋은 자료가 된다. 말을 하면서 손톱을 만지작거리는 사람이 있는가 하면, 손이 입으로 계속 오르내리거나 주머니에 손을 넣었다 뺐다가 하는 등 가지각색이다. 이와 같이 무의식적으로 움직이고 있는 손동작이 마음속에 품고 있는 본심을 나타내고 있다는 것을 알 수 있다.

대화 중에 자기 뒷머리를 자주 쓰다듬는 여성이 있다. 본래 대화 중에 뒷머리를 만지작거리는 것은 윗사람과의 대화 중 실수를 하거나 계면쩍을 때 나타나는 행동이기도 하다. 그러나 습관적으로 이런 행동을 하는 여성이 있는데, 엄격한 가정에서 자란 사람이며 경제적으로나 심리적으로 여유롭게 살아온 사람이 아니다. 관상학적으로는 가족이 화목하고, 검소한 면이 많아서 가정 살림은 잘 하지만, 정작 본인은 외로움을 많이 타고 자칫 잘못하면 가족들에게도 소외당할 확률이 많은 상이다.

성격이 무척 섬세하고 꼼꼼하여 남에게 자신의 속마음을 함부로 나타내지도 않는다. 그뿐만 아니라 어쩌다가 본의 아니게 실수라도 하게 되면 아주 괴로워하는 타입이다. 한편으로는 대인 관계에서도 계산이 빨라서 남에게 신세 지는 것을 매우 싫어하기도 한다. 그렇다고 이기적인 면이 강한 것은 아니다.

이런 여성은 타인으로부터 듣기 거북한 나쁜 말을 듣기라도 하면 먼지를 털 듯 금방 털어버리지 못한다. 안 좋은 일일수록 안개 낀 것처럼 마음속에서 오래오래 맴돌기 때문에 그로 인해 쓸데없이 과잉 신경을 쓰기도 한다. 그렇지만 평상시에는 이런 습관이 없던 사람이 당신 앞에서 갑자기 이런 행동을 나타내면, 당신에게 무언가 본의 아니게 실수로 잘못을 저지르고서 말하기 난처해하는 중이라고 판단하면 된다.

이런 습관을 지닌 여성에게는 우선 따뜻한 마음으로 모든 것을 이해해 주면서 너그러운 마음을 보여 주면 아주 좋아하게 된다. 이런 성격을 지닌 사람은 대범하지도 못할 뿐더러 사교성마저 없어서 외로움을 잘 타는 성격이다. 설령, 실수했다손 치더라도 너그럽게 포용해 주어라.

# 눈을 자주 깜박이며 이야기하는 여성

대화할 때 눈을 자주 깜박이는 사람, 고개를 흔드는 사람, 몸을 비비 꼬는 사람 등이 있다. 이처럼 의식적 혹은, 무의식적으로 드러나는 행동은 참으로 다양하다. 그러나 이때 습관적으로 그런 행동을 하는 사람인가 혹은 평소에는 그렇지 않던 사람이 갑자기 그런 행위를 하는가를 면밀히 잘 검토해 보아야만 제대로 판단하고 대처할 수 있다.

대화 중에 습관적으로 눈을 자주 깜박이며 이야기하는 여성을 종종 볼 수 있다. 이런 사람은 어렸을 때부터 긴장된 분위기에서 자랐거나 정서 처리가 순화되지 않아서 그런 습관으로 전이된 경우가 대부분이다. 이런 사람은 우선 남에게 실수하는 걸 매우 싫어하는 성격이기 때문에 상대와 마주 앉으면 모든 신경이 눈으로 집중되어서 일종의 이상 현상을 일으키는 것으로 보면 정확할 것이다.

이런 사람의 성격은 완벽주의에 가까울 정도로 남에게 실수하는 것을 싫어한다. 또 이성을 쉽게 사귀지 못하기 때문에 고독하게 지내는 경우가 많다. 대중이 모이는 곳에서도 극히 친한 사람하고만 대화를 나누고, 여러 사람 앞에서 자기 의사를 발표하거나 자신을 소개할 때도 가슴이 떨리면서 눈을 자주 깜박거리는 증세가 나타나기도 한다.

그러나 가정적으로는 매우 성실한 타입이다. 윗사람을 모시고 사는 때에는 자신을 희생하면서까지 헌신적으로 대하는 타입이다. 관상학적으로는 비교적 초년에 궁색하게 살거나 고생을 많이 하지만 중년기가 넘고 말년기에 가서는 잘 살 수 있는 상이다. 집안의 친지들에게도 신임받으며 성실하게 가정생활을 꾸려나갈 타입이라고 본다.

이런 여성에게는 칭찬이나 충고보다는 사실 그대로 인정해 주면서 접근하는 것이 아주 좋다. 허영을 부린다거나 쓸데없는 자존심을 내세우지 않는 성격이기 때문에 과장이 없는 현실 그대로만 진실하게 보여 주면 좋은 인간관계를 맺을 수 있는 사람이다.

그러나, 평소에는 그렇지 않던 사람이 갑자기 눈을 깜박이면서 이야기를 하면, 당신에게 관심이 많다는 증거이기도 하다.


## 고개를 자꾸 끄덕이며 대화하는 여성

대화할 때 적당히 고개를 끄덕이는 반응을 보내는 것은 좋은 대화법이면서 상대에게 호감을 받을 수 있지만, 정도가 지나치거나 과잉 제스처로 나타날 때는 오히려 기분을 상하게 할 수도 있다. 대화할 때 상대를 자세히 관찰하면, 무의식적으로 고개를 끄덕이는 여성도 있고 일부러 계속 고개를 끄덕이는 여성도 있다.

일부러 고개를 끄덕이는 여성은 상대를 앉혀 놓고 듣기에 거북할 정도로 과잉 칭찬을 해대기도 하는데, 이럴 때를 조심해야 한다. 그런 습관이 없던 여성이 갑자기 이런 행동을 보인다면 당신에게 어려운 부탁을 하는 경우이거나, 혹은 당신을 이용하기 위해서 의식적으로 하는 행동으로 생각하면 좋을 것이다.

연신 고개를 끄덕이거나 고개를 숙이면서 생각하는 체하는 여성은 속으로 많은 것을 생각하고 자신에게 유리한 부분만을 노출하려고 애를 쓰는 제스처라고 볼 수 있다. 이런 여성은 처세에 아주 능숙한 타입이며, 상대의 약점을 잘 캐는 사람이다. 그러므로 깊은 속마음을 주었다가는 후회할 날이 있을 것이다.

말을 들으면서 고개를 자꾸 끄덕이는 여성을 보고서 금방 자신에게 설득당했다고 생각하거나 혹은 호감을 가지고 있다고 섣불리 결론을 내리는 남성은 처세에 미숙한 사람으로 볼 수 있다.

남녀가 벤치에 나란히 앉아 있다가 여성이 하늘을 쳐다보고 "아! 달도 밝다!"라고 말했을 때, 고개를 기린 목처럼 빼고서 하늘을 올려다보며 "달이 밝기는 뭐가 밝다고 그래!"라고 말하는 멋없고 멍청한 남성이 있다. 바로 이런 남성은 고개를 자주 끄덕이는 여인이 자기에게 호감을 느끼는 여성이며, 자기 사람이라고 지레짐작할 사람이다.

이런 여성은 이야기를 실컷 듣고서도 다른 장소에 가서는 그 남자에 대한 약점을 자주 들추어낸다. 순진한 남자들이여! 고개를 자꾸 끄덕이는 여성을 항상 경계함이 좋으리라.


## 유명한 사람을 자주 들먹이는 여성

대화 중에 상대의 말을 건성으로 듣고 있다가 말 줄기의 중간을 칼로 무 자르듯 싹둑 끊어버리는 사람이 있다. 이야기를 들으면서도 귀와 표정이 일치하지 않고 자신이 말할 기회만을 노리는 태도를 보이는데, 이때 기회를 주면 자신의 주위에 친척이나 혹은 안면이 조금이라도 있는 사람에 관한 이야기기를 재빠르게 꺼내기 시작한다. 특히, 인기인이나 유명한 교수 등 지명도가 있는 사람과 아는 체하려고 애쓰는 것이 역력히 보인다.

이런 여성은 우선 마음속에 열등의식이 강하게 깔린 사람이다. 당신을 좋아하기는 하는데 당신에게 강한 열등의식을 느끼고 있다는 증거라고 생각해도 좋을 것이다. 이럴 때는 정면 승부로 맞서면 오히려 여성에게 상처를 입히기 쉬우니, 우회적으로 표현하면서 인정해 주어라. 그러면 여성은 당신에게 가지고 있는 호감의 본색을 드러내기 시작할 것이다.

이런 여성은 사랑에도 열렬한 정열을 지니고 있으며 한번 사랑하기 시작하면 희생정신을 발휘하면서까지 사랑한다. 또한 마음이 정직하고 순수하며, 가정에 대한 애착이 아주 강해서 살림꾼이라는 말을 듣는 여성이기도 하다.

제3장

정상에서 사람 읽기

# 1

# 상대에게
# 나를 심는다

## '나'라는 상품을 어떻게 팔 것인가?

'나'라는 존재도 하나의 상품으로 비유해 볼 수 있다. 많은 경쟁자와 어우러져 살고 있는 시대에 '나'라는 상품을 어떻게 계발해 나가고 관리해 나가느냐 하는 문제도, 상대를 파악하는 일 못지않게 중요한 것이다.

어떤 상품이 히트했다고 하여 방심할 수만은 없다. 주위에는 마치 비 온 뒤에 죽순이 쑥쑥 자라나는 것처럼 대체상품이 바짝 뒤따라오는 것이다. 지금 당장은 자신이 사회적인 중추적 역할을 맡고 있다고 해도, 방심하고 있는 사이에 대체상품에 의해서 밀려나는 경우가 많다. 그러므로 자신의 상품 가치를 냉정히 판단해 보고 재조립하든지 재충전을 해서 자기 혁신을 꾀하지 않으면 안 된다.

독일의 경제학자 벤덤이 주장한 'Marketing Mix 4P' 전략을 대입시켜 고객의 욕구를 만족시키는 종합적인 제공물로서 늘 혁신을 도모하지 않으면 안 될 것이다.

## 1. Product

'나'라는 브랜드의 상품은 어떠한가. 장기적인 시장수요를 확보하기 위해서는 어떻게 해야 할 것인가. 유사 제품은 없는지. 대체상품이 있는지. 타제품과 비교하여 품질은 어떤지. 외양은 어떤지. 이러한 것들을 꾸준히 살펴서 '나'라는 상품을 지속해서 계발하여 입사 동기, 공채 동기 중에서 자신만의 독특한 상품 가치를 어느 정도 인정받을 수 있는가 등을 항상 살펴나가야 한다. 이를 위해서는 먼저 '나'라는 상품에 대해서 냉정하게 평가하지 않으면 안 될 것이다. 그런 다음에 포장인 자신의 외양 가꾸기, 자기 연출 등으로써 자기 브랜드를 최대치로 선전해야 한다. 만일 그렇게 하지 않으면 대체상품에 의해서 하루아침에 밀려나고 말 것이다.

## 2. Price

'나'라는 상품의 가격은 어느 정도로 평가되는가. '나'라는 상품은 얼마만큼의 시장성을 가지고 있는가. 사내에서, 사회적으로, 대인 관계 등에서 어느 정도의 가격으로 평가받고 있는가를 면밀히 검토해봐야 할 것이다.

## 3. Promotion

'나'라는 상품의 판매를 촉진하려면 어떻게 해야 하는가. '나'라는 상품을 판매하려면 어떤 세일즈 계획을 세울 것인가. 광고는 어떻게 할 것인가. 각종 표적 시장의 다양성을 고려하여 여러 가지 커뮤니케이션 채널을 이용하는 방법 등을 고려하지 않으면 안 될 것이다. '나'라는 브랜드를 어떻게 인식시키고 판매 촉진을 할 것인가. 카피나 자막, 말로 전하는 것보다는 더 좋은 방법이 있으면 찾아서 활용해야 할 것이다. 일반적인 것보다는 감정에 호소하는 방법을 구상하는 것이 훨씬 효과적일 것이다.

요즘의 텔레비전 광고를 보면 기발하고 현란하기가 그지없다. 흔한 내레이션이나 카피 하나 없이 행동으로 보여 주는 광고, 말없이 감정에 호소하는 광고, 마치 한겨울의 매서운 추위가 살 속으로 파고들듯 알게 모르게 시청자의 눈과 귀를 점령해 버리는 광고들이 많다. 그래서 이 시대를 광고의 시대라고 말하기도 하는데, 자신에 대한 광고를 어떻게 할 것인가를 면밀히 검토해 보아야 할 것이다. 이 점을 놓치지 않는다면 당신은 훌륭한 상사, 또는 미래의 지도자가 될 것이다. 감정, 욕구, 본능에 호소하라.

### 4. Place

마지막으로, 어떤 경로를 통해서 '나'라는 상품을 유통할 것인가. '나'라는 브랜드를 한결 높은 가격으로 끌어올려서 판매할 수 있는 경로에 대한 전략적 문제를 깊이 숙고하지 않으면 안 될 것이다. 똑같은 상품을 백화점에 진열해 놓고 판매할 때와 재래시장의 작은 상점에 진열해 놓고 판매할 때 그 가격과 매출은 엄청나게 다른 것이다. 이런 실험을 해보면 소비자의 심리를 금방 알 수 있을 것이다.

이와 마찬가지로, '나'라는 상품은 어떤 사회 조직 속에 소속할 것인가. 인맥은 어떻게 형성하여 상품을 선전히고 판매할 것인가에 대한 적극적인 고려가 뒤따라야 함은 말할 나위 없는 일이 아니겠는가. 그러므로 '나'라는 상품의 경로를 어떻게 설정해서 판매를 촉진할 수 있을까를 연구하는 태도를 게을리해서는 안 될 것이다.

# 처음 만나는 사람에게 어눌한 실수를 한다?

사람을 처음 만나러 갈 때에는 워밍업에 소홀해서는 안 된다. 며칠 쓰다가 버릴 소모품을 사러 가면서도 상품에 대한 사전 정보를 체크하고 나서게 마련이다. 하물며 사람을 만나러 가면서 마음속에 아무런 준비 없이 나선다는 것은, 전쟁에 출전하는 사람이 실탄 없는 총을 메고 덤비는 일과 다를 바가 없지 않겠는가.

꼭 초면의 사람을 대할 때만 마음의 준비를 해야 하는 것은 아니다. 언제 어떤 사람을 만나든지 항상 마음의 준비를 해야 할 것이다. 애완견을 상대로 간단한 실험을 해봐라. 즐거운 얼굴, 좋은 인상으로 애완용 개를 대하고, 또한 기분 나쁜 얼굴로도 대해봐라. 어떤 반응이 오는가? 두 경우에 개의 행동이 사뭇 다를 것이다. 말 못 하는 짐승도 이런 반응을 보이는데, 하물며 인간이야 더 말할 필요가 있겠는가.

세상사란 즐거운 눈으로 바라보면 모두가 즐겁게 보이지만 슬픈 눈으로 바라보면 모든 사물이 슬프게만 보이는 것은 당연한 이치가 아니겠는가. 눈을 뜨면 저절로 보이는 세상만사는 자기 보기 나름이다. 보는 관점이 달라서 사물이 다르게 보이는 것이지, 그 자체가 다른 것은 아니다. 그래서 불교 경전에는 '삼세제불(三世諸佛)이 일체유심조(一切唯心造)'라고 하지 않았던가.

시인의 눈에는 아름다운 시정이 흐르는 세상, 철학자의 눈에는 고뇌하고 사고하는 세상으로 보일 것이다. 지금 당신이 만나러 가는 사람에게 보여 줄 당신의 모습, 인상 등을 어떻게 할 것인가를 심각하게 고민해 보아라. 성급하게 상대만 만나려고 하는 사람이라면, 하나를 얻고서 수십 개를 잃어버린다는 것을 명심해라.

사람을 만나러 갈 때에 어떤 마음의 준비가 필요한가 알아보자.


첫째, 마음의 거울 앞에 서서 자신을 객관적으로 바라보라.

전신을 볼 수 있는 거울이면 더욱 좋다. 자신의 마음은 방치한 채 외모만 보이는 거울인 줄 알고, 거울이 흐려서 명확하게 보이지 않는다고 거울만 열심히 닦는 사람은, 스위치를 누른 뒤 한참 있다가 불이 들어오는 형광등 같은 사람이다. 마음의 거울을 열심히 닦는다면 그날의 만남은 성공의 지름길로 이미 접어든 것이다. 마음의 거울을 깨끗이 닦는다는 것은 사람을 만날 만반의 준비가 된 상태이다. 이런 준비가 된 후라면 당신의 마음은 이미 맑고 깨끗해진 상태다. 그것이 당신의 표정에 유감없이 나타나면 사람을 만나러 가는 기분은 더욱 상쾌해질 것이다. 마음을 깨끗이 닦으려면, 되도록 즐거웠던 일을 생각해 보라. 그리고 마음의 안테나를 부정적인 방향에서 긍정적인 방향으로 잡아라. 당신의 마음은 이미 깨끗해진 상태라고 확인할 수 있을 것이다. 자신의 마음이 즐거우면 그 반응이 얼굴에 나타나서 좋은 인상이 만들어진다는 것은 인과관계가 성립되는 이론이다.

둘째, 상대의 장점 하나를 꼭 발견하려는 마음의 준비를 해라.

아무리 흉악무도한 사람일지라도 장점 한두 개쯤은 반드시 있게 마련이다. 상대에게서 장점을 전혀 찾을 수 없다면, 당신이 장점이 많지 않은 사람일 수도 있다. 인간은 양면성을 지닌 동물임을 기억해라. 그러나 이때 극히 조심해야 할 것은, 입에 발린 교활한 혀 놀림을 해서는 안 된다. 진정한 의미에서의 진면목을 발견하고 칭찬해 주는 것이 매우 중요하다. 또한 칭찬이 아닌 칭찬을 해주는 것도 잊지 말아야 할 것이다.

셋째, 당신이 실수할 차례다.

실수는 일상성에서 비롯되는 가벼운 것이 좋다. 어눌한 실수! 이것을 목격한 상대는 당신 앞에서 방어기전이 스르르 풀어질 것이다. 실수라고 해서 상대에게 무례를 범하여 회복하기 힘든 골 깊은 흔적을 남겨서는 안 된다. 애교 있는 실수를 연구해라. 누구나 다 아는 상식 문제일지라도 퀴즈를 풀듯 넌지시 질문을 하는 것도 상대에게 호감을 살 수 있는 하나의 방법이 되는 것이다. 남자들 세계에서는 교제 상 술자리를 하는 경우가 많다. 요즘은 여성에게 더 어울리는 말일지도 모르지만. 술에 취해 적당히 저지른 실수는 훗날 돈독한 정을 연결해 주는 가교역할을 하기도 한다.

심리학자들은 첫 만남의 인상(Impression)이 그 사람의 종합 이미지로 고착되는 경우가 많다고 한다. 처음 보여 주는 자신의 상품에 대한 이미지는 대단히 중요한 것이다. 그런 한편, 당신이 맞선을 본다거나 사업상 사람을 소개받는다면 상대방에 대한 선입감에 앞서 냉철한 이성으로 대해야 할 것이다. 상대를 얼마나 정확하게 파악하는가에 따라서 당신 운명의 방향이 정해지는 수가 있다. 잘못 판단한 첫인상(First Impression) 때문에 평생을 후회하는 결혼 생활을 할 수도 있고, 상대의 내면에 훌륭한 점을 놓치고 나서야 "버스 떠난 뒤 손 흔들기"라는 속담을 곱씹으며 끙끙거릴 수도 있는 것이다.

여름철에 수박을 살 때 두들겨 보기도 하고 이모저모 만져보기도 하지만, 잘 익은 수박을 골라내기란 그리 쉽지 않다는 것을 경험으로 알고 있을 것이다. 수박 장수가 많은 경험을 쌓은 연후에 잘 익은 것을 단번에 골라내듯, 사람을 보는 안목은 하루아침에 이루어지는 것이 아니다. 그렇지만 속을 볼 수 없는 상태에서 맛있는 수박을 고르기란 쉽지 않은 것이지만, 사람이란 감정을 지니고 있어서 정확히 보기가 쉬울 수도 있다. 반면에 트릭을 쓰는 경우가 많으니 잘못 판단하는 예도 허다할 것이다.

세상에 똑같은 사람은 하나도 없다. 피부 색깔, 얼굴의 주름 등이 그 사람의 직업과 성격 등을 자연스럽게 나타낸다. 하지만 누구에게나 입은 거짓말하기 위해서 항상 준비하는 것 같다. 선의의 거짓말, 자신을 보다 돋보이게 하려는 거짓 행동, 남에게 직접 피해를 주지 않는 범위 내에서 늘 위선하고 있는 존재가 인간이라면 너무 비약된 논리일지도 모르겠다.

그렇지만 이런 마음가짐으로 사람을 관찰한다면 사람을 정확히 보는 안목을 갖게 될 것이다. 입을 다물고 가만히 있어도 생김새나 표정, 동작이 자신의 과거사를 침묵의 언어로 나타내는 것이다. 수박 장수가 잘 익은 수박을 고르듯 속마음을 읽는 안목을 길러야만 처세에 뒤지지 않을 것이다.

# 초면에 말이 없는 상대에게는 당신의 실수담이 약이다

마치 연기력이 좋은 배우처럼 웃고, 울고, 무표정하기도 하고, 때로는 명랑하게 연기를 잘하는 사람이 있는데 이런 사람을 대하다 보면 그 본질을 파악하기가 무척 힘들다.

늘 함께 지내는 가족이나 친한 친구에게 대하는 태도나 말씨는 자연스럽지만, 낯선 사람이나 어려운 사람을 대할 때는 다르게 나타난다. 가족 앞에서야 편안한 마음으로 행동하지만 다른 사람 앞이나 혹은 초면일 때는 행동이나 말의 품이 달라지는 것이다. 이처럼 배역과 장소에 따라서 다르게 나타나는 연기는, 무의식적으로 나타나는 경우가 많다. 그러나 어떤 연기이든 그것은 본인의 행동이며, 이를 굳이 위선이라고 확대 해석할 필요는 없다.

몇 번을 만났는데도 좀처럼 마음의 문을 열지 않는 사람의 표정은, 다물고 있는 입의 모습이 굳어 보이고 구각이 아래로 처져 있는 형태인 경우가 많다. 이런 유형은 근골질 체질의 사람이 대부분이다. 근골질 체질이란 뼈대가 체형에 비하여 굵거나 강해 보이고 얼굴은 네모꼴에 가까운 형태의 사람을 칭한다.

이런 사람은 고집이 상당히 세고 말을 함부로 하지 않는다. 남에게 실수하는 것을 자존심에 관한 사항이라 하여 말을 아주 조심하는

데, 초면에는 먼저 말을 거는 법이 드문 성격의 소유자다. 이런 사람을 만났을 때, '아하! 말이 아주 적은 사람이구나!'라고 성급한 판단을 내린다면 당신은 경솔한 사람이다.

이런 체질의 사람일수록 어떤 분위기가 마련되면 주도권을 잡으려 하고 말을 많이 하는 경우가 허다하므로 항상 종합적으로 참조하여 잘 관찰해야 한다. 이런 사람일수록 초면에 별로 말이 없다가도 뜻이 맞는 사람끼리 의기투합하면 입가에 침을 튀기기도 한다는 점을 미리 염두에 두고 진의를 파악해야 한다.

이런 사람의 속마음을 털어놓게 하려면 어떻게 해야 하는가를 생각해 보자. 사실 인간의 마음을 열게 만드는 것은 어려우면서도 쉬운 일이다. 처음 입을 열게 하려면 먼저 당신의 실패담이나 약점을 넌지시 이야기해 보라.

"실은 이런 말은 당신이니까 말하지만…."
하면서 은근한 어투로 상대의 내면을 공략한다.

"당신의 인격을 보니 소문내지 않을 것 같아서 하는 말인데…."
하면서 은근한 동정 조로 상대의 내면을 공략한다.

"당신만 알고 있어요…."
하면서 먼저 다정한 속삭임의 어투로 자신의 실수담이나 약점 같은 것을 적당히 창작하여 이야기해 보라. 상대는 금방 당신을 신뢰하려는 눈빛이 일렁이는 모습을 보이기 시작할 것이다. 그러는 한편 겉으로는 더욱 굳건한 제방을 쌓으려는 듯이 딱딱한 표정을 짓는다. 그러나 상대방의 눈을 보면 속마음에 변화가 일기 시작함을 알 수 있다.

'아하! 이 사람도 어쩌면 나처럼 약점이 많구나!'
이런 쪽으로 생각이 기울면서 속으로 주판을 퉁기다가 어느결에 본인도 모르는 순간에 자신에 대한 취약점이나 혹은 마음속 깊은 곳에 있는 말을 꺼내게 되어 법이다.

사람은 항상 자기 자신의 약점이나 불리한 점을 깊숙이 감추고 싶어 하는 본능을 갖고 있으면서 한편으로는 그것을 노출하고자 하는 욕구를 동시에 갖고 있다. 그래서 가장 신뢰할 수 있는 사람을 만나면 자신의 속마음을 쉽게 털어놓게 되어 있다. 그렇게 따져보면 깊숙이 감추고 있는 자신의 속마음을 노출할 수 있을 만한 누군가를 은연중에 찾고 있다고 할 수 있다. 다만, 말을 할 수 있는 분위기가 조성되어 있는가가 문제일 것이다.

분위기를 만들어 주는 것이 사귐의 귀재이며, 사람의 환심을 살 수 있는 마술사가 되는 첩경이다. 당신이 이야기를 성실하게 들어주며 약점을 쉽게 털어놓을 때 상대방은 경계심을 풀고 눈물까지 흘리며 자신의 속마음을 후련하게 털어놓는 경우로까지도 발전할 수 있다. 이때 상대가 젊은이면 애정에 대한 실패담, 자녀 입학 연령이면 재수 경험, 사업가라면 사업 실패담을 적절히 털어놓는 것을 잊지 말아야 한다.

사람이 연기에 집착하는 심리적 이유는, 인간 간의 접촉에서 자기가 바라는 바를 얻고자 하는 욕구 충족의 내면 심리 때문이다. 이는 칭찬과 보상을 받으려고 애쓰면서 어떤 벌이든 피하려는 행동 심리의 발단이라고 심리학자들은 말하고 있다. 따라서 인간은 자기를 감추고 칭찬과 보상을 받기 위해서 연극을 하려는 마음이 생겨난 것이다. 그렇기 때문에 윗사람이 능력을 과대평가해 주면 겉으로는 좋아하면서도 속으로는 매우 걱정하던 경험을 지닌 사람이 더러 있을 것이다.

초면에 상대방이 침묵만 지키고 있다면 일부는 당신의 책임이지 그 사람의 성격이라고 치부할 일이 아니라는 것을 인식한다면 당신은 더 적극적인 마술사가 될 것이다.

# 상대방의 소지품으로 성격을 파악한다

어머니 배에서 나오자마자 옷을 걸치는 것을 출발점으로 해서, 인간은 일생 소지품을 지니고 살아가게 된다. 살다 보면 크고 작은 소지품들이 늘어나기 시작한다. 어떻게 생각하면 사람은 소지품을 늘려나가는 재미로 산다고 해도 과언이 아니다. 정신적인 소지품도 있을 것이기 때문이다.

관에 들어가면서까지 소지품을 챙겨서 떠나는 것이 인간이라면, 그가 지닌 소지품을 통해서 성격, 빈부의 정도, 사상, 인생관 등을 파악해 낸다는 것이, 간첩 암호문을 해독하기보다는 오히려 쉽지 않겠는가. 나아가서 전문가의 입장에 이르면, 소지품을 통해서 그 사람의 운명까지도 알 수 있는 것이다.

일본에 있는 어떤 심령술사는, 사람이 휴대했던 소지품을 가지고서 점을 친다는 기록을 읽은 적이 있다. 수만 리 타국에 있는 사람일지라도 그 사람이 이용했던 소지품으로 건강 상태 혹은 현재 놓여 있는 처지를 정확하게 알아맞힌다는 것이다. 한 여인이 미국에 가 있는 아들의 근황이 궁금하여 점을 쳤다고 한다. 심령술사는 그녀의 아들이 중병에 걸려서 곧 죽게 된다고 예언하였다. 그러나 아들로부터 건강히 잘 있다는 편지를 받은 지가 며칠되지 않았기 때문에 그녀는 반신반의할 수밖에 없었다. 그 일이 있은 다음 아들이 갑자기 병에 걸렸다는 소식을 받았다고 한다. 이런 것을 텔레파시(Telepathy)라고도 하지만 심령술사들의 문제는 단순하게 이야기하기 힘든 부분이다.

아무튼 사람을 만났을 때 예사로 넘기기 쉬운 부분이 이 소지품에 관한 문제다. 손가방을 들고 있으면 색깔은 어떤 계통인가, 형태는 둥그스름한가, 네모에 가까운 각이 진 모양인가, 큰가, 작은가를 관찰해서 그 사람의 성격과 공식을 맞춰서 풀어보라. 그러면 내면에 숨어 있는 보이지 않는 면을 밝혀낼 수가 있다. 이 공식에 맞춰 그 사람의 개성을 파악해 들어가라. 거기에는 심리적인 배경, 자라온 과거, 접해 있는 문화적인 면, 정서 등이 함께 포함되어 있는데 당신의 현미경 같은 심안을 들이대고 다각적으로 분석해 들어가라. 매우 중요한 단서가 될 것이다.

간혹 몇천 년 전 파손된 유물 부스러기를 가지고 그 시대의 배경, 문화 등을 추리해 보는 문제에 직면할 때가 많은데 이런 문제보다 훨씬 쉽다고 생각해 보라. 손에 볼펜을 들고 있다, 볼펜을 빙빙 돌린다, 열쇠고리를 만지작거린다 등의 동작을 관찰하면 초조 불안의 모습을 나타내고 있다는 것을 직감할 수 있을 것이다. 이는 신체언어로서의 대단히 중요한 부분이기도 하다.

둥근 가방을 선호하는 사람은 성격이 원만하면서도 내적인 욕망을 지닌 사람이다. 또한 네모진 가방이면서 비교적 큰 것을 선호하는 사람은 보수적인 기질이 강한 반면 권위 의식이 강한 성격의 소유자임을 파악해야 한다. 그 외에 다각적으로 검토해 보면 소지품이 말하고 있는 부분은 아주 많다.

## 소지품에 그 사람의 성격이 묻어 있다

버스나 지하철 속에서 어떤 소지품을 지니고 있는가를 유심히 관찰한 연후에 그 사람들의 이야기에 귀를 기울여 보라. 사람들은 대부분 소지품을 지니고 다닌다. 소지품 하나로도 회사원인지, 장사를 하는 사람인지, 어떤 직장에 근무하고 있는지를 알 수 있는 것이다. 이런 일에 세심하게 관심을 두면 사람을 보는 눈이 아주 밝아질 것이다.

사람은 눈을 뜨고 있다고 해서 모든 것을 보고 있는 것은 아니다. 또 보고 있다고 해서 그것을 제대로 보고 있는 것은 더더욱 아니다. 자기 속눈썹이 눈과 가장 가까운 데에 있는데도 속눈썹이 몇 개나 되는지 모르는 것같이 사람의 눈은 참으로 부정확하다. 그것은 그만큼 관심을 두지 않기 때문이다.

매일 하루도 빠뜨리지 않고 사무실 계단을 오르내리면서도 그 계단이 몇 계단이나 되느냐는 질문을 받으면 정답을 말하기 어려운 것이다. 이는 그만큼 관심이 없기 때문일 것이다. 이같이 어떤 일이고 관심을 둔다면 똑바로 보일 것이고, 반대로 관심을 두지 않을 때는 항상 보고 있으면서도 그 진의를 똑바로 파악하지 못하는 이치와 같은 것이다.

입고 있는 옷, 소지품 하나하나에도 그 사람의 속마음과 성격이 묻어 있다는 것을 명심해라.

# 마음의 눈으로 상대의 속마음을 읽어라

눈을 밝게 하기 위해서는 마음의 눈을 항상 뜨려고 노력해야 한다. 늘 대하는 상사, 같은 사무실에 있는 동료, 부하 등을 제대로 볼 수만 있다면 얼마나 현명한 눈을 가지고 있는 사람이겠는가. 일생을 보아와도 정확하게 본다는 것은 참으로 불가능할 정도로 어려운 것이다. 그런다고 불가능이란 있을 수 없다. 어렵다고 해서 불가능하다고 포기해 버리는 사람에게는 매사가 마찬가지다. 다만 관심을 어떻게 두느냐에 따라서 불가능과 가능의 차이가 있는 것이다.

얼마 전부터 필자는 여러 기업체의 연수에 강의를 다니고 있다. 한번은 '인상 연구로 고객 관리'란 제목으로 강의할 때였다. 자기 회사의 정보를 누출시키지 않으려면 경쟁회사 사람과 술좌석도 갖지 말아라, 이는 매우 위험한 일이라고 말하였다. 그런데, 필자의 말을 듣고서 피식 웃어버리는 간부가 있는 것이 아닌가. 그 간부를 보고서 큰일 낼 사람이라고 겁을 준 일이 있었다.

무인(巫人)들의 영감(Inspiration)을 유심히 관찰하면 재미있는 면이 있다. 보통 사람들도 기도나 명상, 혹은 최면술(Hypnosis), 꿈 등으로 미래나 과거를 알아내곤 하는데, 무인들은 직감적으로 영감이 활동한다. 무인들은 잠재의식이나 무의식의 회로가 한 곳으로 집약되어 있어서, 알고자 하는 현상들이 두뇌 영상(Mental Screen) 위에 실제처럼 나타나게 되는 것이다. 또한 그들은 마음의 눈으로 그것을 정확하게 감지해 내는 경우가 많다.

그들은 앞에 앉아 있는 사람의 마음속에 있는 생각들을 용케도 알아맞히곤 한다. 그러나 여기서 유심히 관찰할 점은, 내가 잘 알고 있는 다른 사람의 생년월일을 대면 그 사람의 용모와 처해 있는 상황 등은 알아내지만, 내가 잘 모르는 사람을 대면 소위 점괘가 막힌다고 하면서 회피하는 경우가 있다. 이로 미루어볼 때, 상대를 관찰하여 그 마음속에 들어 있는 정보를 뽑아내는 능력이 잠재의식 속에서 활동하고 있다는 것을 직감적으로 알 수 있다.

그러므로 무인들의 예지력은 그들이 말하는 어떤 신에 의한 능력이라기보다는 잠재의식(Subconscious)이나 무의식의 작용이라고 보는 것이 더 타당성이 있는 해석일 것 같다. 이런 영감의 현상들은 누구에게나 있는데 그것을 개발하지 못한 상태이기 때문에 쓸모가 없는 것으로 방치되어 있을 뿐이다. 어떤 일이든 몰두하거나 오래 종사하면 영감의 부분에 계속 적재된 정보들이 조건반사적으로 활성화되게 마련이다.

필자가 잘 아는 사람 중에 형사 생활을 오래 하는 사람이 있다. 탐

문수사의 베테랑인데, 육감으로 범인을 잡아내는 경우가 허다하다고 한다. 한 번은 범인을 색출하기 위하여 두뇌의 회로가 한곳으로 집약되었을 때였다고 한다. 우연히 뒤에 따라 오는 사람의 발소리에 온 신경이 곤두서기 시작했다. 뒤통수의 연수 부분이 자꾸만 찌릿찌릿하며 자꾸 뒤에 신경이 집중돼 돌아서 불심검문을 했는데 찾고 있는 범인이었다는 것이다.

생활하면서 순간적으로 영감이 작용하여 신비한 체험을 한 경험이 누구에게나 한두 번씩은 있을 것이다. 이런 경우를 살펴보면, 사람의 속마음도 항상 단속하지 않으면 상대의 잠재의식에 포착되어 금방 탄로 날 수가 있으니 주의하지 않으면 안 된다는 것을 알 수 있다.

시시각각으로 만나는 사람마다의 표정이나 행동 등을 관찰하여 속마음을 읽을 수 있는 수신 안테나를 항상 준비하고 있다면, 상대방의 비밀을 뽑아내는 일은 그렇게 어려운 일이 아니다.

# 옷을 센스 있게 입는 사람

옷을 입는다는 것은 인간이 지닌 가장 중요한 문화 행위의 하나라고 볼 수 있다. 동물 중에서 옷을 입는 건 인간밖에 없으니까. 특히, 옷을 센스 있게 입는다는 것은 이미지 메이킹이나 자기 관리에 있어서 대단히 중요한 부분이다.

예를 들어, 건널목 앞에 가까이 다가갔을 때 녹색 신호등이 빨간색 신호등으로 바뀌는 조짐이 보이면 바쁜 일이 없는데도 뛰고 싶은 충동이 일어난다. 이때 옆 사람이 뛰면 무의식적으로 덩달아서 뛰게 되는데, 특히 옷을 잘 차려입지 못한 사람보다 옷을 멋있게 차려입은 권위가 있어 보이는 사람이 신호 위반을 하면 덩달아서 따라 하게 되는 확률이 높다고 심리학자들은 말한다.

연극 무대에서 보면, 잘 차려입고 화장도 잘한 배우가 관객에게 더 어필하는 것을 알 수 있다. 마찬가지로 삶의 무대에서도 자기 연출에 게으르지 않은 사람은 의상에 신경을 쓴다. 특히, 대중을 이끌고 싶은 지배욕이 강한 사람은 옷차림에 신경을 많이 쓴다. 여기서 옷을 잘 입는다는 것은 센스 있게 입는다는 의미이다. 그러나 여성이 옷에 과잉 신경을 쓰는 것은 좀 다르게 해석된다. 허영과 과대 욕구는 별개의 것이기 때문이다.

센스 있게 옷을 입는 사람은 그만큼 자존심도 강하며, 매사에 깔끔하게 일을 처리하는 편이다. 이런 사람에게는 분위기 연출에 신경을 써야 한다. 비교적 아늑하고 조용한 곳을 좋아하는 스타일임을 유념해라.


## 성실한 척하는 겉모습 속에 감추어진 속마음을 읽어라

"아이고, 그 사람이 얼마나 착하고 성실한지 알아요. 그런 신랑감은 도시락 싸서 찾아다녀도 찾아도 쉽게 못 구할 겁니다."

중매쟁이들의 이런 호들갑을 액면 그대로 받아들였다가는 후일 낭패를 당할 수 있는데도, 과년한 딸 가진 부모들은 우선 귀가 솔깃해진다. 사람이 무엇을 하든지 성실하고 진지하다면 나쁠 것이 없다. 착한 사람이 이 세상에서 제일 좋다는 생각을 하기 쉽지만, 가만히 살펴보면 이것도 사람의 단면을 잘못 보고 오류를 범할 소지가 크다.

착하다는 것을 싫어할 사람은 별로 없겠지만, 착한 모양으로 덮여 있는 그 내면에는 박력 없고 무능력한 근성이 숨어 있는 경우가 많다. 그래서 착하다는 점에 끌려서 무능력한 남자와 결혼했다가, 후일 결혼 생활에 싫증을 낸다거나 정신적으로 육체적으로 많은 고통을 받으면서 사는 여성들이 의외로 많은 것이다. 이론에 따라서 사람에 대한 결론을 내릴 수는 없지만, 평소에 사람을 대할 때 조금만 신경을 쓰면 쉽게 분간할 수 있다.

단순히 '저 사람은 굉장히 성실하다' 혹은 '착하다'라고 하는 말로 사람의 성품에 대해서 단정짓기 쉬운 것이 인간의 감정이다. 특히, 사람을 볼 때는 자기의 기준에 맞는, 즉 주관적인 잣대를 들고 나서는 습성이 있다. 이 때문에 세상 사람들에게 비난의 대상이 되는 사람들의 세계에서 사람 좋다는 기준은, 보통 사람이 볼 때와는 아주 상반되는 것이기도 하다.

초면에 사람을 대할 때는 누구나 좋은 점만 내보이려고 자기 행동이나 말에 반드시 화장을 하게 되는데, 그 화장을 지나치게 하는 사람을 골라내는 것이 매우 중요하다. 이런 경우는 지나치게 성실한 척하거나 착한 척하는 몸짓을 조심해야 한다.

'착한 것만 가지고는 못 산다.' 이런 말을 하는 경우가 많은데, 이는 착하다는 기준이 모호하기 때문이다. 착하기만 하고 박력이 없다거나, 세상을 선량한 쪽으로만 해석해서 착한 사람이 못 산다는 말이 나온 것이다. 또한 여성 앞에서 지나치게 소곤대는 말투를 지닌 남성이나, 여성의 의사를 100% 수용해 주는 남성도 문제가 있다. 결혼한 후에, '마음은 착한데…' 혹은 '사람이 성실하긴 한데…' 하고 넋두리를 해봐야 이미 엎질러진 물이다.

필자는 고객 상담을 하면서 착하고 성실한데 너무 못산다고 하는 사람이 의외로 많은 것에 놀랐다. 그러나 무조건 착하고 성실한 행동을 보이는 것보다 어떤 급박한 상황이 전개되었을 때 그에 능동적으로 대처해 나갈 수 있는 순발력이 있는가가 오히려 중요하다. 또한 성실하고 착한 사람일수록, 단순하고 성실한 면이 많이 보이는 사람일수록 세상 물정에 밝지 못한 경우가 많다. 그래서 이런 사람은 타인의 도전이나 공격에 감정적으로 동요한다거나, 그것을 이겨내지 못하고 회피하려는 경우가 많으므로 순발력을 실험해 봐야 한다.

이렇게 볼 때, 초면에 착하거나 성실하게 보이는 사람에 대해서는 신중하게 생각해 봐야 할 것이다. 정말로 착하기만 한 사람이라면 능동성이나 순발력이 문제가 될 것이고, 착한 척하는 사람이라면 속이 시커먼 사람일 것이다.


## 사전 정보를 입수하여
## 초면에 접대할 말을 준비해라

처음 사람을 만나보면, 그 사람의 본성이 어떤 형태로든 나타나는데 참으로 각양각색이다. 말 한마디 없이 침묵의 눈빛으로 상대에 대한 탐색전을 펴는 사람이 있는가 하면, 쉴 새 없이 떠들어대면서 상대방의 기선을 제압하려는 심리전을 펴는 사람도 있다. 초면에 상대방에게 틈을 주지 않고 계속 자기 이야기만 늘어놓는 사람은 현 생활에 불만이 많으며 상대에 대한 열등감을 느끼고 있다는 증거다.

사람은 처음 만났을 때가 냉정히 관찰하기가 더 좋다. 오랜 친분이 있는 사람이라면 상대를 서로 잘 알기 때문에 트릭을 쉽게 쓸 수 있고 또한 마음을 감추기가 쉽지만, 초면은 허허벌판에서 사람을 만난 것처럼 은폐물이 없는 것과 같다.

가장 친한 사람을 파악하기가 쉽다고 생각하지만, 역으로 생각하면 가장 배신당하기 쉬운 것이 또한 가까운 사람이다. 가장 가까운 부부가 속마음을 모른다거나 가장 가까운 벗으로부터 감쪽같이 배신을 당하고 나서 고통스러워하는 경우가 많다. 그만큼 서로를 잘 알기 때문에 속이기 쉽다는 이론이 성립된다. 그러니까 초면에 사람을 대할 때 잘 관찰하면 쉽게 노출되는 부분을 발견할 수 있으니 그 기회를 놓치지 말아야 한다.

"알 것 같으면서도 모르는 것이 사람의 마음이라고 하지만 또한 모를 것 같으면서도 알 수 있는 게 사람의 내면 심리다."

감추고 있는 속마음을 알아내는 데 가장 중요한 것은 상대방을 이해하고 상대방의 입장으로 들어가는 것이다.

미국의 D. 루스벨트 대통령은 상대가 카우보이거나 보안관이거나 정치가이거나 외교관일지라도 상대에게 잘 적응되는 화제를 가지고 사람을 대하는 준비를 철저하게 한 것으로 유명하다. 그를 만났던 많은 사람은 자신의 구미에 맞는 화제를 자유자재로 요리하는 루스벨트의 박식함에 칭찬을 아끼지 않았다고 한다. 물론 이렇게 박식하게 보이기 위해 엄청난 노력을 했을 게 뻔하다. 그는 사람을 만나기 전에 상대가 좋아하는 기호품이나 취미, 관심사 등에 대해 정보를 될 수 있는 한 많이 수집하여 예비 지식을 머릿속에 넣어두고 있었던 것이다.

이처럼 사람에 대한 여러 가지 예비 지식을 준비하는 것은 처세에 대단히 중요한 일이다. 사람들은 손님을 맞이할 때 음식을 준비해 놓고 기다리는 일은 잘하면서도 상대에 대한 보이지 않는 마음을 대접하기 위한 준비는 너무 소홀히 하는 경향이 있다.


# 초면에 씀씀이가 헤프면 말까지도 헤프다?

초면에 씀씀이가 헤픈 사람을 가만히 살펴보면 반드시 다른 목적을 가지고 있다. 첫인상을 평가할 때 자칫 돈으로 평가하기 쉬운 세상이기 때문에 씀씀이를 넉넉하게 하여 자기 운신의 폭을 실제보다 더 넓히려 애쓰는 몸짓이라는 것을 조금만 신경을 써서 관찰한다면 금방 알아낼 수 있다.

사람을 처음 만났을 때, '능력이 있다, 능력이 없다, 강하다 혹은 약하다'로 상대를 평가하려고 하는 사람이 많다. 개중에는 금전적으로 상대에 압도당하거나 기가 죽는 경우를 볼 수 있는데, 이는 정신적으로나 현실적으로 매사에 자신이 없는 사람의 행동이다. 또한 초면에 금전의 씀씀이로 상대를 누르고 싶어 하는 사람 역시 같은 부류의 사람이다.

사람의 첫인상은 대단히 중요하다. 사람이 상대방에게서 받은 첫인상은 그 이후 상대의 인상 형성뿐만 아니라 앞으로 상대방을 대하는 태도에도 큰 영향을 미친다. 심리학자들의 견해로는, 사람이 일단 상대방에게 부정적인 인상을 주게 되면 이것이 긍정적인 인상보다 더 오래가고 고치기가 힘들다고 한다. 그러나 상대방에게 긍정적인 첫인상을 주기 위해서 지나치게 향응을 베푼다거나 돈을 물 쓰듯 하는 사람은, 두 번 세 번 만나보면 반드시 횟수에 따라서 첫인상이 변질되는 느낌을 주게 된다. 즉, 긍정적인 면이 감소하는 경향을 발견할 수 있을 것이다.

반면에, 첫 만남에 인색하게 구는 사람 중에 오히려 평소에 씀씀이가 넉넉한 사람들이 많다. 여기서 주의해야 할 것은 씀씀이가 넉넉하다고 무조건 좋게만 생각해서는 안 된다는 것이다. 씀씀이가 넉넉하면서 상대의 말을 듣지 않으려고 하고 자기 자랑이나 이야기만 늘어놓는 사람을 경계하라는 것이다. 초면에 이유 없이 향응을 베풀고 과잉 친절의 몸짓을 하며 자기 말만 계속 늘어놓으면서 상대에게 말할 기회조차 주지 않는 사람이 있다.

이런 사람일수록 헤어질 때는, "오늘 참으로 좋은 이야기 많이 들었습니다. 앞으로 종종 만나서 좋은 이야기 많이 들려주시죠." 하면서 악수하는 눈빛이 초롱초롱해진다. 말을 많이 한 사람은 정작 상대방을 설득하고 자신의 의도대로 끌어들였다고 만족해하는 것이다. 그렇지만 지루하게 듣기만 하고 돌아가는 사람은, "제기랄! 되게 아는 체하는 사람이군!" 하는 생각이 머릿속에 각인되어 다시는 만나기를 싫어할 것이 뻔하지 않은가.

상대의 말을 잘 들을 줄 아는 사람이 호감을 받을 수 있으며 또한 설득의 명수라는 것은 교과서적인 이야기이다. 하지만 실제로 닥치면 상당히 어려운 문제여서 자신이 알고 있는 것을 먼저 말하고 싶어서 안달인 경우가 많다.

필자가 아는 사람 중에도 이런 사람이 있다.

"김형하고 만나서 이야기를 해야만 대화가 잘 통하니까 한번 만납시다."

바쁜 사람 불러내는 재주치고는 참으로 비상한 재주다. 그래 놓고는 실컷 자기 이야기만 늘어놓는다.

"오늘 재미있는 대화 많이 했습니다. 시간 있으면 자주 만납시다. 김형만 만나면 대화가 잘 통해서 시간 가는 줄 모른다니까."

이렇게 헤어질 때는 시간을 아쉬워한다. 그렇지만 필자는 시간이 아까울 때가 많다.

이처럼 말이 헤픈 사람일수록 아는 체 포장은 열심히 하지만 실속이 없는 경우가 많다. 고독한 사람이며, 속에는 열등의식이 가득 차 있기도 하다. 그러면서도 그 열등의식이 때론 외부적인 자극을 받으면, 물속에 가라앉아 있는 얼음덩어리를 건드린 것처럼 꿈틀거리기도 한다. 이를 본인은 자존심이라고 말하지만, 사실은 열등의식의 자기표현이다.

# 초면 약속 장소에 의도적으로 늦게 나오는 사람

생활 속에서 만나기로 약속하는 경우가 흔히 있다. 한 번도 본 적이 없는 사람과 만나기로 약속했을 때 우선 용모에 대해서도 궁금하지만, 어떤 성격, 어떤 인간성을 지닌 사람일지 하는 궁금증은 누구나 가지게 된다. 약속한 사람을 만나면 일단 외모를 보고, 다음으로 그 사람의 말을 통해서 자기소개를 받으면 어느 정도 됨됨이를 파악할 수 있다.

사람이란 초면일수록 자신을 위장해서 나타내려고 애쓰는 일면을 지니고 있게 마련이다. 상대보다 약속 장소에 먼저 도착하려는 사람이 있는가 하면, 일부러 늦게 나오는 사람도 있다. 특별한 이유도 없이 의도적으로 늦게 나오는 사람은 소극적이며 피동적인 성격을 지니고 있다고 본다. 특히, 늘 늦게 나오는 사람은 남을 리드할 수 있는 힘이나 적극성이 없는 사람이라고 볼 수 있다. 이런 사람은 능동적으로 끌고 나가라.

누구나 초면에는 약간 긴장되기 마련인데, 도가 지나쳐서 공포감을 느끼는 사람도 있다. 이런 경우 상대보다 먼저 약속 장소에 나와서 분위기에 익숙하게 적응해 있으면, 의외로 상대방에게 기득권을 지닌 것 같은 안정된 마음 때문에 상대를 제압할 힘이 솟아나는 심리 현상이 일어나게 된다. 약속 장소뿐만 아니라 어떤 조직에 들어가는 경우도 마찬가지다. 기득권층의 그룹 속에 끼일 때는 상당한 경계심과 불안을 초래하는 경우가 많은 것처럼 장소에 대한 적응도 같은 맥락에서 볼 수 있을 것이다. 어느 조직이든 그 집단의 구성원이 확고하게 결속되어 있을수록 거기에 들어가는 사람이 갖게 되는 불안은 더욱 가중된다.

만약 초면의 사람을 제압하거나 설득하려고 한다면 약속 시간보다 먼저 나가서 약속 장소의 분위기를 익혀라. 그런 다음 늦게 나온 상대방의 성격이 분위기에 적응하기 전에 설득 작전을 펴보아라. 약속 장소에 나오는 습관 하나에도 그 사람의 성격이 잘 나타나 있는 것이니, 이런 점을 주의 깊게 관찰해 보라.

# 2

# 성공적인
# 내 사업 만들기

## 출생 서열이 성격을 만들고,
## 성격은 운명을 만든다?

필자는 다년간 사람을 보는 직업에 종사하면서 축적된 경험으로 출생 서열이 사람의 성격 형성에 많은 영향을 미친다고 생각해 왔다. 그런데 금번에 미국 대학 연구원에서, 출생 서열이 사람의 성격 형성에 중요한 변수가 된다는 새로운 학설을 발표한 것이다. 미국 매사추세츠 공과대학의 프랭크 J. 설러웨이 연구원의 학술 발표 내용이 필자의 견해와 아주 같다는 점을 발견하게 된 것이다.

설러웨이 연구원은 《태생적 반항》이란 저서에서, 맏이로 태어난 사람은 대개 부모.권력.권위와 자신을 동일시하려는 심리가 다분히 깔려 있다고 밝혔다. 또한 단독적이고 지배적인 성격과 야심적인 성향을 보이는 점이 두드러진다고 지적하였다. 이에 비하면 둘째나 셋째 등 맏이가 아닌 서열로 태어난 사람은, 체제와 권위에 도전하는 혁명적인 기질과 성향으로 흐르기 쉬운 면이 많다는 것이다.

다시 말하면, 형제자매 중에서 맏이를 비롯하여 출생 서열이 앞선 사람들보다는 늦은 사람들이 권위에 도전하는 성격이 강하다는 것이다. 그래서 출생 서열이 늦은 사람들은 새 길을 개척할 확률이 높은데, 최고 15배까지 높다는 것이다. 설러웨이 연구원은 이 같은 연구 결과를 밝히고 지금까지의 역사적 인물들을 열거해 놓았다.

진화론으로 창조론에 도전한 찰스 다윈, 지동설을 들고나온 니콜라우스 코페르니쿠스, 전기를 처음 실험한 벤자민 프랭클린, 컴퓨터 혁명가 빌 게이츠 등은 모두 출생 서열이 장남이 아니라는 것이다. 이들은 모두 출생 서열이 늦은 사람들로서 혁명아(革命兒)들이라는 공통점을 갖고 있다고 지적하였다.

또한, 설러웨이는 성별, 인종, 민족, 계급보다 출생 서열이 더 중요한 성격 형성의 요인이 된다고 주장했다. 그는 지난 26년간 2만 건의 전기(傳記)와 기존의 연구 2천 건, 그리고 다수의 통계학적 모델을 이용하여 역사적인 인물 6,566명의 출생 서열을 연구한 결과 이런 결론을 얻었다고 설명을 덧붙였다.

사람을 쓸 때 이러한 점을 응용하여 적재적소에 적합한 인물을 배치한다면 유능한 인간 경영자가 될 수 있을 것이다. 유능한 인간 경영자가 유능한 기업 경영자임을 명심해라.


# 자기 과거를 스스럼없이 말하는 사람

납품업에 종사하다가 지금은 무역업을 하면서 분주하게 뛰고 있는 사람이 있다. 그의 이야기를 듣고 진의를 분석해 보면, 확실히 대화의 명수라는 것을 알 수 있다. 또한 그는 대화를 하면서 상대를 자기편으로 끌어들이는 재능을 지니고 있다. 즉, 자신의 실수, 과거, 수치스러운 일 등을 넌지시 끌어내서 우선 상대방의 마음을 열게 하고 호감을 얻어서 결국에는 자기 사람으로 만드는 것이다.

상대가 자신의 뼈아픈 실패 경험을 이야기할 때는 자연스럽게 친근감을 느끼게 된다. 이것은 자신의 무기 없음을 나타내는 무의식적인 행위라 할 수 있다. 자신의 실패담이나 과거를 스스럼없이 이야기하는 경우는 두 가지로 파악해야 한다.

먼저, 습관적으로 곧잘 이야기하는 사람은 의기소침하고 열등의식과 의타심이 많은 사람이다. 자신의 실패담을 잘 털어놓는다고 해서 자칫 대범한 사람이라고 판단하면 안 된다. 왜냐하면 대범한 사람은 한 방에 쓰러뜨릴 만한 결정타를 날릴 뿐 잔 주먹을 자주 내밀지는 않기 때문이다. 즉, 상대방을 설득해야 할 경우에 곧잘 활용하지만, 습관적으로 주절주절하지는 않는다는 말이다.

그러나 평소에는 그렇지 않던 사람이 갑자기 자기의 실패담을 털어놓거나 자신이 못난 사람인 것처럼 너스레를 떠는 경우가 있다. 이때 방심하여 빗장을 풀어놨다가는 만루 홈런 한 방쯤 얻어맞게 될 것이니 미리 주의해야 한다. 이런 사람에게는 흑막 전술이 숨어 있는 경우가 많다. 조용히 탐색전을 편 뒤에 응사해야 한다.

또한, 당신이 이런 점을 응용하여 선제공격도 해볼 만하다. 자기의 과거를 스스럼없이 털어놓을 때 상대는 호감이라고 생각하여 방심하는 경우가 많으므로 처세에서 이런 점도 대단히 중요한 부분이다. 성공한 사람들을 살펴보면 사소한 일들에서부터 아주 세심하게 응용하고 있다는 것을 발견할 수 있다.

# 유난히 싫어하는 특정 인물을 마음에 많이 간직한 사람

특정인을 지칭해서 유독 싫어한다고 말하거나, 싫어하는 내색을 하는 사람이 있다. 싫어한다고 말하는 특정 대상은 서로 잘 아는 사람인 경우도 있고, 혹은 대중 매체에 오르내리는 인기인이 될 수도 있고, 혹은 자기의 친척 중의 누군가일 수도 있다. 특정인을 싫어하는 사람의 심리를 분석해 보면, 마치 시합할 때 편을 가르듯이 대인 관계에서도 좋아하는 사람과 싫어하는 사람으로 뚜렷하게 갈라놓으려는 심리가 밑바탕에 깔려 있다.

자신이 극단적으로 싫어하는 사람이 화제에 올라오면 얼굴을 찌푸리면서, "어유, 재수 없어. 나, 그 사람은 생리에 안 맞아!" 하면서 몸서리를 친다. 시궁창에 기어다니는 쥐 같은 것을 보고 역겨움을 느껴 이를 외면하면서 "생리적으로 싫다."라고 말할 수는 있지만, 사람을 생리적으로 싫다고 말하는 것은 본인 자체에 더 문제가 많다는 것을 입증하는 꼴이다.

유난히 특정 상대를 싫어하는 것은, 그가 지닌 결점이나 단점을 자신 또한 가지고 있는 경우이거나, 자신이 달성할 수 없는 면을 상대가 가지고 있거나, 상대의 능력이 자기 능력보다 월등하게 우월한 경우이다. 다시 말하면, 결국 자신이 상대와 비교해서 모자라거나 무능력하다는 사실을 아는 것이다. 그래서, 자신의 열등감이나 무능력감을 피하려는 무의식적인 심리에서, 상대적으로 우월한 상대를 싫어하는 감정이 유발되는 것이라고 볼 수 있다.

이런 사람은 다른 사람들로부터 그리 호감을 얻지 못한다. 즉, 이런 유형을 좋아하는 사람들은, 유사한 성향을 지닌 극소수에 불과하다. 이런 사람들 때문에 "끼리끼리 논다."라는 말이 생겨났는지도 모르겠다. 만일 당신의 애인에게 이런 성향이 있다면 일찌감치 냉수 한 컵 마시고 생각을 달리해 봄이 어떠할지…

이런 사람은 상대의 탁월한 능력을 인정해 주지 못하는, 대범하지 못한 성향을 지닌 인물이다. 그래서 사업을 하기에는 문제가 있다.

오히려 사업보다는 월급쟁이 생활이 더 알맞은 유형이다. 당연히 경영자로서는 다루기 쉬운 사람에 속한다. 이런 사람일수록 외롭고 고독한 사람이므로 내면의 어려움을 먼저 파악한 다음 진지한 태도로 접근해라. 그러면 만사 OK. 아마도, 누워서 텔레비전 보기보다도 더 쉽게 소기의 목적을 달성할 수 있을 것이다.

## 어른과 아이를 왔다 갔다 하는 '영양질' 체질

사람에게는 어른다운 면과 아이다운 면이 동시에 내재해 있는 것이 정상이라고 한다. 인간의 교류 분석에서는 부모의 자아 상태, 어른의 자아 상태, 어린이의 자아 상태가 있다고 한다. 어른 모임에 가면 제법 점잖다가도 젊은 사람들 모임에 가면 철딱서니가 없다는 말을 들을 정도로 변화에 민감한 사람도 있다. 이와 같이, 어른이나 아이 할 것 없이 자유자재로 상황에 맞게 변화되는 사람을 심리학의 교류 분석에서는 '통합된 인간'이라고 한다.

직장에서는 엄숙한 상사의 역할을 하다가도 집으로 돌아오면 어린이의 상태로 태엽이 풀리는 남성이 많다. 이런 점에 착안하여 여자들은, "우리 집에는 아이가 셋이라니까!" 하고는 눈을 흘기며 자기 남편까지 싸잡아 아이 취급을 하면서 무의식적으로 모성 본능을 발휘하곤 한다.

그러나 직장에서나 집에서나 한결같이 엄숙한 행동을 하는 성향을 지진 사람도 간혹 있긴 하다. 이들은 대부분 권위 의식에 사로잡혀 있는 사람들인데, 상황에 따라서 변화하지 않고 일관된 행동을 하는 것이다.

어른과 아이를 왔다 갔다 하는 남자는 남자 친구보다는 여자 친구가 더 많고, 상황 대처에 민감한 성향이 있다. 간혹, 인정에 치우치는 일이 많아서 질질 끌려다니는 예도 있다. 이런 사람은 실정법보다는 구체적인 타당성에 이끌리는 인정형에 속한다. 이런 유형은 비교적 얼굴이 둥글고 흰 편이며 살이 찐 영양질 체질에 많다.

이런 사람은 폭넓은 교제를 하는 사람이니 서비스업이나 인사 담당의 부서에 근무하면 성공 확률이 높다. 이런 사람과 교제하기를 원하면, 칭찬을 아끼지 말아라. 그러면 아주 호감을 얻을 수 있다. 아무리 사소한 것이라도 칭찬을 아끼지 말고 남발해라.

# 엘리트 의식이 강한 남성

엘리트 의식이 유난히 강한 남자가 있는데, 여성으로서는 이런 남자와 연애할 때는 좋지만 가정을 꾸민 뒤에는 좀 다르다. 연애 시절에는 멋있던 그이의 태도가 결혼 후에는 정신적인 폭군으로 느껴지는 경우가 많기 때문이다.

엘리트 의식이 강한 사람은 대부분 장남인 경우가 많으며, 장남이 아닌 경우보다 장남인 경우가 더 강하다. 장남의 기질 자체가 보수적이고 자기중심적이기 때문에, 같은 정도의 수준이라도 장남이 아닌 경우보다 엘리트 의식이 한결 강한 것이다. 자기 남편이 권위 의식과 보수적인 기질이 강하다면 여성으로서는 정말 견디기 힘겨울 정도로 피곤한 것이다.

엘리트 의식이란 어디까지나 자기 중심주의와 동격으로 해석할 수 있다. 이기적인 면이 많아서 남에게 양보를 하지 않으며, 자신보다 못한 사람을 이해하는 데 몹시 인색하다. 게다가 모든 것을 논리적이고 합리적으로 처리하려는 성격 때문에 감정이나 인정이 메마른 단점도 지니고 있다.

경영자로서는 이런 사람과 소탈하고 진솔한 교제를 생각하기는 좀 무리다. 이런 사람에게는 감정이나 인정이 통하지 않기 때문이다. 그렇지만 매사의 일 처리에 있어서는 염려할 필요가 없다. 믿고 맡길 만하다. 매사에 합리적이고도 논리적으로 대응하기 때문이다. 마찬가지로 이러한 사람을 부릴 때는 합리적이고 논리적으로 대해라.

# 작별 인사를 두세 번씩 하는 사람

인간사는 인사로써 시작되어 인사로써 끝난다고 해도 과언이 아니다. 인사는 우리 인간 생활에 있어서 지켜야 할 예의 규약 중에서 대단히 중요한 부분이다. 작별 인사를 하는 모습을 보고도 그 사람을 읽을 수 있다.

간단하게 작별 인사를 하는 걸로 끝낼 일을 자꾸 악수를 청하거나 계속 머리를 조아리는 사람이 있다. 이런 행동은, 당신에게 무엇인가 바라는 것이 있는 태도로 분석하면 된다. 심리학적으로는, 이런 사람의 내면에는 상대에 대한 강한 공격 욕구가 내재해 있다고 보는 견해도 있다. 한편, 습관적으로 이렇게 하는 사람도 있는데, 이는 남의 지배 영역에서 벗어나지 못하는 인물이다. 이런 사람일수록 말에 힘이 들어가고 한 번 했던 말을 계속 중복해서 하기도 한다.

우선, 깊이 사귈 만한 인물이 못 된다고 단정해도 좋다. 이런 사람이 당신의 부하가 되겠다고 자청할지라도 과히 바람직한 일은 아니다. 이런 사람은 기분이 좋거나 상황이 좋을 때는 헌신적으로 하다가도 당신의 상황이 나쁜 방향으로 돌아간다 싶으면, 민방위 훈련 시 경보 사이렌이나 울린 것처럼 날렵하게 도망쳐버리기 때문이다.

아무튼 이러한 사람은 당신에게 뭔가를 노리고 있는 것이 분명하다. 자신이 상대에게 표적의 대상이 되어 있다고 느끼고, 자신을 가다듬는 것이 좋다. 너무 마음을 열지 말고, 특히 속마음은 절대로 내비치지 말아라.


# 유능한 상사가 사업에도 성공한다

직장 상사에도 여러 유형이 있지만, 유능한 상사와 무능한 상사로 나눌 수 있을 것이다. 유능한 상사는, 없는 의견을 부하가 만들어낼 수 있도록 유도한다. 즉, 부하의 의견을 존중하는 상사이다. 반면에 무능한 상사는 부하의 의견에 대해서 사사건건 트집만 잡으면서 부하의 무능을 질책하는 데 앞장선다. 그래서 자라나는 싹을 꺾어버리는 것이다. 이런 상사 밑에서는 어떤 부하라도 대성할 수 없을 것이다.

부하의 의견을 존중해 주는 상사는, 가정에서는 큰 대접을 받지 못하는 경우가 더러 있지만 주위 사람들에게는 인기가 많다. 논리를 앞세우기보다는 현실적으로 구체적인 타당성을 먼저 면밀하게 생각하기 때문에 윗사람이나 동료들에게 환영받지 못하는 경우가 많다. 반면에, 이런 상사 밑에는 언제나 유능한 부하들이 포진하고 있어서 궁지에 몰리면 서로 바람막이 역할을 하려고 나선다.

이런 사람이 자기 사업을 하면 아주 섬세하게 사람을 다루고, 진취적이고 창의적으로 일을 한다. 형식을 중시하기보다 내용을 앞세우기 때문에 가끔은 논리에 맞지 않는 어눌한 말을 할 때가 더러 있어 보이지만, 이는 처세를 위한 하나의 방책이라 생각하면 좋을 것이다.

# 근골질 체질의 사람

'근골질' 체질이란 얼굴이나 체격의 뼈대가 강해 보이는 사람이다. 운동 기질로 보이며 겉으로도 단단해 보이는 체질이다. 이런 체형은 남녀를 막론하고 논리적으로 따지기를 좋아하면서도 정작 상대가 따지는 것은 아주 싫어하는 모순을 지닌 인물이다. 또한 자존심도 강하지만 마음에 드는 상대에게는 크게 양보하는 대범함도 지니고 있다. 활동적이기 때문에 다소 고무풍선처럼 부풀릴 때가 많으니 잘 관찰해서 적당히 디스카운트하여 받아들이는 것도 좋을 것이다.

이런 사람에게는 논리적으로 정면 승부를 걸다가는 당신이 먼저 패할 경우가 많으므로 우회적으로 접근을 하는 것이 좋다. 이런 사람일수록 명예욕이 심성질 체질보다도 강하기 때문에 칭찬에도 매우 약하다. 고로 칭찬을 무기로 하여 우회적인 전술을 쓰는 편이 효과적이다. 업적이나 내면에 대하여 칭찬을 아끼지 말아라.


# 일언지하에 거절하는 고집형

한 번은 젊은 남녀가 필자를 찾아와서는 심각한 고민을 털어놓았다. 3년 동안 줄곧 사귀어 온 사이인데 여자의 아버지가 완고한 고집형이라서 남자를 단 한 번 보고는 다시는 거론도 못 하게 했다 한다. 남자 집안이 별로 내세울 것이 없다는 이유로 반대하고 있다는 것이다. 고급 공무원까지 지낸 여자의 아버지가 너무나 완고해서 비집고 들어갈 틈이 없는 것이어서 두 젊은이는 심각한 고민에 빠져 있었던 것이다. 운명적으로 결혼을 할 수 있는가.

그러나 필자가 여러모로 관찰해 보니, 두 사람이 환상적으로 잘 맞는 커플이었다. 남자 쪽을 보니 학벌도 여자보다 낮고 인물도 여자와 비교해 월등히 나아 보였다. 그래서 필자는 그 여자에게 처방을 내려 주었다.

먼저, 아버지가 신뢰하고 있는 사람이 누구인가를 면밀히 조사해 보라고 했다. 그 사람, 즉 제삼자를 통해서 아버지를 설득하라고 했다. 이렇게 직접 이해관계가 없는 제삼자를 통해서 설득에 성공하여 그 남녀는 결혼에 골인할 수 있었다.

제품에 대한 광고를 보고 그 제품을 100% 믿기는 매우 어렵다. 그렇지만 제품에 관한 신문 기사는 쉽게 믿곤 한다. 똑같은 제품인데도 광고보다 기사를 더 믿는 것은, 광고는 제품을 많이 팔기 위해서 업주가 내는 것이지만 기사는 이해관계가 거의 없는 기자가 쓰는 것이기 때문에 신뢰하는 것이다. 위에서 예를 든 남녀의 애정 고민 역시 아무런 이해관계에 연관되어 있지 않은 제삼자였기에 쉽게 설득했던 것이다.

이처럼 일언지하에 거절하는 완고형의 사람에게는 직접 접근하는 것보다 한걸음 떨어진 간접적인 거리에서 접근하는 것이 훨씬 유리하다. 근골질의 체질로서 항상 정장 차림을 즐기는, 권위주의에 사로잡혀 있는 사람을 설득할 때는 한 걸음 떨어진 먼 거리 사격을 하는 것이 더욱 유리한 것이다. 이런 사람에게는 특히, 친화력 있는 인물을 이용해라. 그리고 칭찬을 적절히 활용해라.


# 자신의 장점만 말하는 일면 제시형 사람

인간이 쓰고 있는 도구에는 편리한 장점이 있으면 반드시 불편한 단점도 수반하고 있게 마련이다. 과학 문명이 극도로 발달한 오늘날 인간 생활이 아주 편리해졌다고는 하지만 거기에 수반되는 불편함도 항상 도사리고 있다. 이런 점은 누구나 느끼는 일이다. 필자의 경우만 해도, 어떤 때는 컴퓨터에 바이러스가 침투하여 밤을 꼬박 새워서 입력해 둔 원고가 한순간에 날아가 버리곤 한다. 이럴 때는 정말 원고지에다가 글을 또박또박 쓰던 시절이 생각난다.

편리한 만큼 불편을 수반하는 게 세상사인 만큼, 사람에게도 장단점은 동시에 있게 마련이다. 그런데 자신을 나타낼 때 유독 장점만을 나타내려고 애쓰는 타입이 있는가 하면, 그와는 반대로 장단점을 모두 나타내려고 애쓰는 유형도 있다. 상품이나 사람을 소개할 때 일방적으로 자기 자신이나 혹은 팔고자 하는 상품의 좋은 점만을 골라서 이야기하며 상대방을 설득하고자 하는 사람을 일면 제시형 사람이라고 한다.

일면 제시형은 대인 관계에서도 일면 제시의 방법만을 사용하는 유형이다. 일면 제시만 하는 사람은 양면 제시형보다는 약간 단조로운 경향이 있다. 이런 사람의 심리는 아주 고집형이고 자신에 대한 도취형이기 때문에 칭찬에 약한 사람이 많다. 이런 사람은 항상 논리적인 방법으로 접근하기보다는 먼저 칭찬을 앞세운 다음 설득의 무기를 들이대는 것이 아주 효과적인 방법이다. 또한 이런 사람에게는 그 사람의 성격에 알맞게 일방통행으로 강하게 유도하는 것이 더 유리하다.

이런 사람의 관상을 보면 대개 편협하거나 남의 의사를 존중하지 않으려는 경향 때문에 표정은 딱딱하게 굳어 있고 항상 자신에 넘친 듯한 인상을 준다. 그렇지만 자신보다 우월한 지위에 놓인 사람을 만나면 아부한다거나 민감한 반응을 보이기도 한다. 이런 사람은 대개 아랫사람의 의사를 무시하면서도 상사에게는 아주 비굴할 정도로 굽실거리는 타입이 많다.

이처럼 자신의 장점만 말하는 사람을 설득하기 위해서는 역시 일면 제시형으로 맞서는 것이 좋다. 일면성 제시로서 어떤 장점을 적극적으로 강조하여 끌어들이는 것이 더 유리하다.

# 양면 제시형의 사람

자신의 장점만을 나타내려고 애쓰는 사람을 일면 제시형이라고 한다. 반면에 자신의 장단점, 양면을 모두 나타내려고 애쓰는 사람을 양면 제시형이라고 한다. 양면성을 제시하는 사람은 일면성만 제시하는 사람보다 아량이 많다고 할 수 있다.

심리학자들의 실험 결과에 따르면 교육 수준이 높은 사람, 의심이 많은 사람, 머리가 좋은 사람, 자신의 의견이나 주관이 뚜렷한 사람에게는 양면 제시형의 접근이 더 효과적이라고 한다. 비교적 교육 수준이 높은 사람들은 어떤 문제에 관한 결정을 내릴 때 일방적으로 강요당하는 느낌이 있으면 아주 싫어하는 경향이 많기 때문에 양면성을 제시하여 선택의 폭을 넓혀 주는 것이 아주 좋다는 것이다.

양면 제시형 사람들은, 어떤 문제를 결정지을 때 남의 의사보다는 최종적으로 자신의 판단으로 결정을 내리려는 경향이 강하다. 그렇기 때문에 당신이 설득하고자 할 때에도 일면 제시보다는 양면 제시가 아주 좋은 결과를 가져올 수 있다. 그러므로 서툰 설득을 앞세우기보다는 진실성을 먼저 내세우고 단점을 이야기해서 그 사람의 판단 영역을 침해하지 않는 것이 더 효과적이다.

이런 사람은 한번 결정을 내리면 번복을 시키기가 힘든 경우가 많다. 일면 제시형의 사람은 자신의 결정을 바꾸기가 쉽지만, 양면 제시형 사람의 성격은 한번 결정을 하면 수정하기가 아주 힘든 성격이므로 섣불리 설득하려 들지 않는 것이 좋다. 이렇게 인간의 모습이나 말하는 습관에서 자기 자랑이나 혹은 좋은 점만 제시하는가, 장단점을 동시에 제시하는가의 문제를 면밀히 놓치지 않고 파악하는 것도 상대를 정확하게 알 수 있는 지름길이 되는 것이니 세심한 주의를 하는 것이 아주 좋다.

우리는 시시각각으로 많은 사람을 만나게 되는데 그 사람의 말하는 모습에서 일면 제시형인가 혹은 양면 제시형인가를 잘 검토해 보는 것이 처세에 아주 유익하다. 조금만 눈여겨보면 그 사람의 언어 습관에서 무엇인가 깊은 내면에 숨기고 있는 인간성을 찾아볼 수 있다.

# 대화 중에 '노'라고 쉽게 대답하는 사람

대화하다 보면, '노'라고 쉽게 대답하는 사람이 있는가 하면 '예스' 하고 나서는 사람도 있다. 무조건 처음부터 '노'를 연발하는 사람일수록 의리가 있으며, 어떠한 시점에 접어들면 '예스' 쪽으로 쉽게 무너지는 인물이니 포기하지 말아라. 또한 처음부터 '예' 하고 나서는 사람에 비해서 자신의 속마음을 쉽게 드러내는 사람이다. 반면에 '예스' 하고 나서는 사람을 만나게 되면 자칫 반대 트릭을 쓰고 있는 술수의 함정에 빠져 진실을 캐내지 못할 때가 있다.

이때 주목해야 할 사실이 있는데, 쉽게 화를 낸다거나 상대방의 의사를 쉽게 거절한다거나 쉽게 감동하는 사람을 보고 그대로 믿기보다는 그 반대되는 시점을 더 충실히 생각해 보는 것이 진실을 밝히는 데 지름길이 된다는 것이다. 이런 때에 반대쪽에서 실마리를 풀어보는 것이 반대 요법이다. 즉, 상대가 무엇인가에 대해서 이야기할 때 당신 쪽에서 먼저 일언지하에 '노'라고 강력하게 제시해 보아라. 그러면 상대는 당신을 설득하기 위해서 다른 정보를 쏟아붓기 시작할 것이다. 그래도 '노'를 연발해 보아라. 그러면 상대는 당신에게서 승낙을 받아내기 위해서 여러 가지 정보나 조건을 제공하기도 하고 또 다른 제안을 내놓기 시작할 것이다. 이럴 때 당신은 상대의 속마음에 들어 있는 정보를 마음대로 뽑아내서 비밀을 캐낼 수 있을 것이다. 바로, 이것이 '노'를 이용한 반대 요법이다.

# '노'도 아니고 '예스'도 아닌 사람

'노'도 아니고 '예스'도 아닌 사람은, 자신의 주장을 강력히 내세우는 사람에 비하면 일시적으로는 편안할 것 같으면서도 답답하기 그지없는 사람이다.

이런 사람을 자기 주관이 약한 사람으로 판단해 버리기 쉬운데, 이는 큰 오류를 범하는 것이다. 이런 사람일수록 고집을 내세우는 경우가 많다. '예'라고 대답하는 사람이나 '아니오'라고 대답을 잘하는 사람보다도 다루기가 더 힘든 사람이다.

이런 사람일수록 마음속에 이기적인 구석으로 가득 차 있는 경우가 많으니 만만하게 보았다가는 인간관계에서 어려움을 겪게 될 수 있다. 이런 사람은 좀처럼 자기 자신의 표현을 드러내지 않으면서도 속으로는 이해관계를 분명히 따지는 성향이 강하다.

이런 사람과 대화 시에 어떤 문제가 제기되었을 때, '당신 생각은 어때요?'보다는 '이런 문제는 이렇지요'로 끌어들이는 것이 좋다. 이런 사람은 대답을 좀처럼 하지 않는 편이지만, 대답할 때는 '아니오' 쪽이 더 강한 성격을 가지고 있는 법이다.

# 칭찬에 인색한 사람이 갑자기 칭찬할 때

사람은 남을 칭찬하거나, 또는 남으로부터 칭찬을 들을 때 기분이 좋아지는 것은 당연한 일이다. 상대가 하는 칭찬을 가만히 분석해 보면 그 사람의 심리 현상을 잘 알 수 있다. 비난이나 욕설을 해대는 상대의 의도는 쉽게 파악하면서도, 칭찬을 해대는 상대의 의도에는 깜빡 속기 쉬운 것이 인간의 감정이다. 상대가 칭찬하거나 혹은 정중한 태도로 친절하게 대해 오면 우선은 누구나 기분이 좋아지기 때문이다.

인간관계에서 칭찬만큼 좋은 것은 없지만 때론 이 칭찬으로 인해서 불편한 관계를 유발할 때도 있다. 그러므로 칭찬을 듣는다거나 혹은 칭찬해야 할 때에 매우 조심해야 한다. 이는, 좋은 약일수록 잘 쓰면 몸에 이롭지만 좋다고 하여 남용하거나 방심할 때는 언젠가 피해를 볼 때가 있는 것과 같은 이치다.

자기 콤플렉스가 강한 사람은 좀처럼 남을 칭찬하지 않는다. 또한 자기의 마음속에 내재한 열등의식을 감추기 위해서라도 상대방을 칭찬하는 대신 야평하는 경우가 많다. 이런 사람이 갑자기 칭찬을 하면 당신에게 무언가 바라고 있다는 것을 짐작해야 할 것이다. 예를 들어, 남편에게 억압당하며 살고 있는 여성이 다른 남자 앞에서 남편 자랑을 무의식적으로 할 때나 계모가 의붓자식을 과잉 자랑할 때 그 사람의 속마음은 반대라고 생각하면 된다.

사람들은 흔히 칭찬에 약해서 감쪽같이 속아 넘어가기 쉽지만, 칭찬을 받을 때 세심한 주의를 기울이면 상대의 속마음을 금방 알 수 있을 것이다. 남이 칭찬해 줄 때 마냥 좋아만 할 것이 아니라 그 진의를 먼저 파악해야 할 것이다. 특히, 칭찬에 인색한 사람이 갑자기 칭찬을 늘어놓을 때는 당신을 이용하려는 의도를 숨기고 있는 것이니, 경계해야 한다.

# 몸을 앞으로 누에처럼 오그리고 말하는 사람

몸을 누에처럼 앞으로 오그리고 이야기하는 자세는 많은 부하를 거느린 경영자나 대중의 존경을 받는 지도자가 취할 자세는 아니다. 이런 사람은 항상 남의 밑에서 지내야 하는 월급쟁이나, 남의 일을 해주면서 윗사람에게 받기만 하면서 살아갈 관상이다. 자신이 윗자리에 앉아서 아랫사람에게 베풀면서 살아갈 관상은 아닌 것이다.

이런 자세를 가진 사람은 자기 의사를 상대에게 정정당당하게 반영시키지를 못하는 성격이다. 소심하기도 하며, 육체적으로는 건강이 좋지 않은 편에 속하기 때문에 왜소해 보이거나 허전해 보인다. 성격이 대범하지 못하면서도 자신의 약점을 누군가가 꼬집으면 즉각적인 반응을 나타내기도 한다. 겉으로는 얌전한 것 같이 보이지만 속으로는 무척 깐깐하며, 자신에 대한 방어벽이 두터운 사람이다.

이런 사람은 신분이 자신보다 우월한 사람 앞에서는 이런 행동을 더 취하는데, 이는 상대를 존경해서라기보다는 자신의 열등의식이 더 작용하기 때문이다. 이런 태도를 보이는 사람은 자존심이라는 덧칠을 한 열등의식이 매우 강한 사람이며, 성공보다는 실패의 과거 경험을 많이 가지고 있다. 이런 사람일수록 상대의 면전에서는 저자세를 취하다가도 돌아서면 흉보기도 잘 한다.

양 무릎에 가지런히 손을 얹어 놓고서 상체를 앞으로 구부린 자세를 취한 상대를 보고서 당신은 쉽게 압도할 수 있다는 섣부른 결론을 내릴 수도 있다. 그러나 상대의 자존심을 잘못 건드려 치명타를 입을 수도 있으니 주의해서 대하는 것이 좋을 것이다. 만약에 평소 이런 습관이 없던 사람이 갑자기 이런 자세를 취하면서 당신을 대한다면, 이는 분명 당신에게 요구하는 속마음이 있다고 보면 된다. 당신에게 어떤 비밀을 캐내기 위한 자세이니 주의해야 할 것이다.

인간의 내밀한 속마음의 문은 언제나 개방되어 있는 상태로 볼 수 있는데, 그 문은 상대나 혹은 상황에 따라서 열리기도 하고 닫히기도 하는 유동적인 것이라고 보면 된다. 그래서 그 속마음의 상태가 자신도 모르게 무의식적으로 표출되고 있는 태도를 잘 관찰하면, 상대의 숨겨진 뜻을 쉽게 읽을 수 있을 것이다.

경영자로서는, 이런 사람은 평생 곁에 두고 쓸 만한 사람이다. 큰 문제를 유발하지도 않고 시키는 대로 잘 해내는 타입이다.

## 멀리 앉아서 이야기하려는 사람

필자는 삼십여 년을 넘게 상담자 역할을 하고 있는데, 낯선 사람과 대화할 때는 의도적으로 가까운 거리로 다가가서 말을 시켜보곤 한다. 이때 어떤 상담객은 아무렇지도 않게 그냥 앉아 있는가 하면, 어떤 상담객은 이상하게 멀리 떨어져 앉으려는 무의식인 몸짓을 하기도 한다. 이러한 체험을 통해서, 필자는 공간거리가 멀어질수록 심리적인 거리까지도 멀어진다는 것을 터득하게 되었다.

직장에서 상사에게 충고나 꾸중을 들을 때에도, 먼 거리에서 듣는 것이 상사 앞에 불려 나가서 듣는 것보다는 위축감이 덜 느껴진다는 것을 체험으로 알고 있을 것이다. 그래서 예로부터 어른들은 자식을 훈육할 때 권위의 사정거리를 벗어나지 못하게 가까운 거리에다가 꿇어앉혀 놓고 상대가 위축감을 느끼도록 하는 방법을 써왔다. 이때 거리가 가까울수록 반항심을 유발하지 못하게 하는 심리적인 효과가 크게 나타나게 된다.

이런 행위를 심리적인 측면에서 관찰하면, 수직적인 심리상태의 우위를 확보하려는 의도라고 생각된다. 수평적인 심리상태보다는 상하의 지위로 나눌 수 있는 수직적인 심리적 분위기를 확보하게 되면, 상대방을 설득하기가 무척 쉽다는 발상에서 이런 행위가 유발된다고 볼 수 있을 것이다.

상대를 설득하려면 되도록 가까운 거리에서 시작하는 게 좋고, 낮은 목소리로 들릴락 말락 하게 말하면서 상대의 의표를 찌르는 것이 효과적이다. 한 번 실험을 해보아라. 100%일 것이다. 반대로, 상대의 페이스에 말려들지 않으려면 먼 거리를 잡아두는 게 좋다. 상대가 반갑게 의자를 끌어당기면서 앉기를 권할 때 감복하여 냉큼 받아들였다가는 상대의 페이스에 쉽게 말려들고 말 것이다.

동물과 마찬가지로 인간도 너무 가까운 거리에 있게 되면, 위해를 무의식적으로 느끼는 본능을 지니고 있다고 볼 수 있다. 반대로 너무 떨어져 있게 되면 친숙한 분위기가 연출되지 않아 서로의 의사가 제대로 전달되지 않는 경우가 많다. 따라서 심리적인 거리나 공간거리가 인간의 마음을 움직이는 데 중요한 역할을 하는 것을 알 수 있다.

어떤 사람은 남자가 곁에 와 앉으면 의도적으로 혀를 내두르거나 눈알을 옆으로 굴리면서 피해 달아나기도 하는데, 이런 때를 잘 관찰하면 심리거리와 공간거리가 대인 관계에서 얼마나 중요한 위치를 차지하고 있는지를 알 수 있을 것이다. 옛말에 "지척이 천리면 마음도 천리다."라는 말이 있지 않은가. 자기 사람으로 만들고 싶다면 일차적으로 자주 만나고 가까이 앉아서 대화하는 일부터 시작해 보라. 소기의 목적을 달성할 수 있을 것이다.

거리를 두지 않고 가까이 앉으려고 하는 사람은 반대로 당신을 설득하려고 애쓰는 사람이기도 하다. 이런 사람은 당신에게 심리적인 우위에 있다고 생각하는 사람이니, 당신을 지배하기 위한 욕구가 내재해 있는 사람이라고 판단해야 할 것이다. 그렇기 때문에 당신에게 지배권을 발휘하려고 호시탐탐 노리고 있다는 것을 인식해야 한다.

이런 사람을 섣불리 설득하려고 하면 실패할 것이 뻔하다. 이런 사람에게는 그 사람이 주도권을 발휘하여 자발적으로 결정하는 듯한 착각에 빠지게 하는 수완을 발휘해야 한다는 것을 명심해야 할 것이다. 이런 사람일수록 자존심이 강하고 또한 자기보다 높은 위치에 있는 사람에게는 선뜻 마음을 열지 않는 타입이다. 반면 한번 마음을 열기 시작하면 '이 사람 입에서도 이런 말이 다 나오는가?' 싶을 정도로 사생활의 치부까지도 드러내는 면도 있다.

관상학적으로 보면 이런 사람은 공무원이나 관리직이 알맞고 사교계에는 별로 맞지 않는 편이다. 또한 육친 관계에 있어서는 빈틈없는 처세를 하는 사람이다. 특히, 이런 사람은 농담을 좋아하지 않는 편이니, 항상 조심해서 대하는 것이 좋을 것이다.


# '예스'와 '노'가 분명하지 않은 사람

인간관계에 있어서 색깔을 분명하게 드러내지 않고 미적미적하는 사람을 상대하기는 참으로 힘들다. 이 때문에 사람을 볼 줄 안다는 것은 이런 때에 더욱 필요한 것이다. 성격이 겉으로 확연하게 드러나는 사람보다는 이런 사람을 제대로 파악할 줄 아는 사람이 처세에 탁월한 사람이라 할 수 있는 것이다.

매사에 있어서 가부의 선을 확실하게 긋지 않는 사람은 언뜻 보기에는 우유부단한 것 같지만 자세히 살펴보면 그렇지 않은 경우가 대부분이다. 누군가가 와서 무엇인가를 부탁하거나 상의를 해오면 상대방의 의견에 초점을 두는 체하면서, 상대가 무슨 말을 해도 옳다는 식으로 방아깨비처럼 고개를 끄덕인다. 그러면서도 자신의 주장이나 자신의 속마음은 좀처럼 밖으로 드러내지 않는다. 이런 사람의 겉모습만 보고는 사람 좋은 호인이라고 먼저 호감을 느끼게 되는데, 절대로 방심해서는 안 된다.

이런 사람은 언뜻 보기에는 '타인 지향적'인 성격의 소유자인 것처럼 보인다. 그러나 이런 사람의 속마음은 사뭇 다르다. 이런 사람의 외형을 잘못 읽고 무조건 좋게 생각해서, 어떤 중대한 이해관계가 걸려 있는 일을 처리할 때 방심한 자기의 잘못을 깨닫게 되는 경우가 많다. 이는 십중팔구 당신이 상대방에게 이용당한 것으로 보아야 한다.

이처럼 색깔이 분명하지 않은 사람은, '예스'나 '노'를 분명하게 말하는 매정한 사람에 비해서 대하기가 더욱 어려운 사람이다. 이런 사람은 남에게 싫은 소리는 잘 하지 않지만, 남에게 손해를 보지 않으려는 성격의 소유자이기도 하다. 또한 자신에게 이익이 있을 듯한 일에는 말보다 행동을 먼저 보이는 사람이다. "말은 느려도 행동은 빨라유!" 하는 말처럼.

그러므로 '예스' '노'를 분명히 하지 않는 사람은 깊이 믿지 말고 항상 조심해서 대해야 할 것이다. 호감보다는 오히려 경계하는 것이 좋다. 이런 사람을 일러 음흉하다느니, 꼼수를 가지고 있다느니 하는 평을 하기도 한다.

# 성공으로 가는 인맥 만들기

**3**

## 인지망(認知網) 조직하기

사람 속에 숨어 있는 부분을 파악하려면, 어부가 고기떼들이 어디쯤 놀고 있는가를 파악하고 그물을 던질 곳을 예측하여 투망하듯, 상대에 대한 온갖 정보를 동원하여 인지망부터 얽어 놓는 것이 매우 중요한 초석이 되는 일이다. 필자가 외출했다가 사무실로 돌아왔을 때 누가 다녀갔는지를 알고 전화를 하면, 귀신이 곡할 노릇이라고 감탄하는 경우가 종종 있다. 이는 조그마한 관찰에서 비롯되는 것이다.

평소에 자주 들르는 사람의 담배 피우는 습관을 세심하게 관찰해 두는 것도 하나의 방법이다. 필터를 껵꺽 씹어서 버리는 사람, 곱게 생담배를 태우는 사람, 얌전하게 끄는 사람, 짓이겨서 비벼끄고도 부족해서 재떨이에다 물을 부어버리는 사람 등등 다양한 습성을 지니고 있다. 또한, 신문이나 잡지 등이 흩어져 있으면 꼭 정리해 두는 사람, 신문 잡지 등을 보고서 아무렇게나 어질러 놓는 사람, 잠시 있다가 가면서도 탁자 위를 깨끗하게 치우기를 잘하는 사람도 있다.

이런 사소한 행동들을 사전에 잘 체크해 두면 누가 다녀간 흔적인지를 알아차릴 수 있는 것이다. 사람은 언제 어디서나 흔적을 남기는 습관이 있다. 이러한 습관을 사전에 관찰해서 당신의 두뇌 디스켓에 입력해 두면 아주 요긴하게 꺼내서 활용할 때가 있을 것이다. 담배 한 대 피우는 습관에도 그 사람의 성격이 묻어 있고, 또한 운명의 내면을 엿볼 수 있는 것이다.

이런 세심한 것에도 관심을 두고 있으면, 잠시 비운 사무실에 다녀 간 사람도 금방 알아낼 수 있는 단서가 된다. 그 외에도 자주 대하는 사람의 행동이나 습관 등의 정보를 당신의 머릿속에 입력시켜서 인지 망을 조직해 두면, 그 사람의 성격은 물론이고 운명까지도 쉽게 유추해 낼 수 있는 자료가 되는 것이니 이런 점도 유의해 두기를 바란다.

# 말을 가로채며 잘난 체하는 사람

대화 중에 상대방의 말을 가로채며 잘난 체하는 사람은, 상대방의 말을 건성으로 들으며 자기 할 말만 생각하고 있다는 것이 표정에 역력히 나타나 있음을 쉽게 알 수 있다. 이런 사람의 얼굴을 유심히 살펴보면, 여러 가지의 표정을 짓는 것이 특징이다. 특히, 대화 중에는 꼭 상대의 말을 가로채서 엉뚱한 방향으로 대화의 흐름을 돌려놓는 언어 습관을 지니고 있다. 그래서 깊은 대화가 이어지지 않을 뿐만 아니라 상대로 하여금 신뢰감을 느끼게 하지 못한다.

이러한 유형의 사람은 매사를 자기 본위로 생각하며, 상대방의 입장은 조금도 고려치 않는 편이다. 게다가, 십중팔구는 성격이 조급하며 아집이 세고, 매사에 끝을 맺지를 못한다. 일시적으로는 이성 친구에게 후한 점수를 받을지라도, 얼마 안 가서 밑천이 드러나기 때문에 상대가 시들해한다. 그러나, 평소에는 그렇지 않던 사람이 갑자기 이런 행동을 하는 경우가 있다. 만약 그렇다면 불안한 일에 쫓기고 있거나 마음속에 심각한 갈등이 일어나고 있다는 것을 간파해야 한다.

이런 사람과 깊이 사귀는 것은 금물이다. 특히, 보증을 서거나 동업을 하면 훗날 반드시 후회할 일이 생길 것이다. 일반적으로 보증을 서거나 동업할 때는 상대방의 생년월일만을 가지고 사주를 보는 경우가 흔하다. 그러나 막연하게 사주만 보고는 좋다느니, 나쁘다느니, 맞지 않다느니 하는 것은 문제가 있다. 오히려 상대의 품질부터 잘 감정하여 불량품이 아닌지 살펴보아야 할 것이다. 만일, 불량품이라면 당신의 사업에 끌어들이지 말아야 한다.

필자가 잘 알고 지내는 지인(知人)이 동업을 시작하려 할 때였다. 지인은 사주 보는 데를 찾아가서 동업을 하려는 사람의 사주를 알아보았다. 한결같이, 두 사람이 서로 잘 맞아서 틀림없이 사업은 대성공을 이룰 것이라는 대답이었다. 그래서 지인은 동업을 하기로 결정하였다는 것이다. 그런데, 필자가 그 사람의 행적과 과거를 자세히 물어보았는데 어딘가 석연치 않은 구석이 있어서 현품을 보아야겠다는 생각에 그 사람과 같이 한 번 오라고 했다.

얼마 후에 실제로 대면을 해보니 과연 필자가 염려했던 부분을 그대로 지닌 사람이었다. 특히, 대화 도중에 말을 가로채면서 잘난 체하는 사람이었다. 필자는 동업을 만류하였으나, 지인은 필자의 충고를 한 귀로 흘려 버리고 동업했다. 아니나 다를까. 얼마 지나지 않아 지인은 동업자에게 크게 사기를 당하고 나서 필자의 충고를 무시한 것을 후회하면서 사주도 믿을 것이 못 된다고 한탄하였다.

그렇다. 추상적인 사주만을 전적으로 믿어서는 안 된다. 현품을 보고서 그 사람의 인간 됨됨이를 면밀히 검토해 보는 것이, 더 현명하며 현대를 사는 사람의 지혜인 것이다. 대화 도중에 말을 가로채는 사람과는 깊이 사귀거나 속마음을 열지 말아라. 특히, 동업은 절대 금물이다.

# 남을 흉보기 좋아하는 사람

공연히 남을 흉보기 좋아하는 사람을 만나면, 한 번 과감하게 당신이 선수를 쳐봐라. "그 자식 나쁜 놈인데…" 이렇게 당신이 먼저 남의 흉보기를 시도하면, 그 사람은 동지 만났다 싶어서 남의 흉을 있는 대로 죄다 보려고 안전핀을 뽑을 것이 뻔하다. 만약 그렇다면 당신이 없는 장소에서는 당신이 도마 위에 오르는 생선 신세가 될 게 뻔하지 않은가.

이런 사람은 신뢰성이 없으니 흉보는 데 동조하지 말고 입을 쇠같이 해라. 같이 맞장구치면서 남의 흉을 보면 심심풀이 땅콩처럼 고소한 맛은 있을지 모르지만, 그 흉이 언젠가는 부메랑이 되어 당신에게 되돌아올 때가 있으리라. 이런 사람 앞에서는 침묵을 지키는 것이 상책이다.

그러나 이러한 사람에게는 신뢰성이 없다는 것보다 더 큰 단점이 있다. 즉, 부정적인 안테나를 세우고 있어서 실패하는 일이 많은 사람이라는 것이다. 고로, 동업은 절대 금물!


# 퍼져나가는 듯한 목소리의 주인공은 믿음직한 동업자?

마치 큰 튜브의 바람 빼는 소리처럼 펑퍼짐하고 납작하게 옆으로 새어 나오는 목소리다. 왕년의 유명한 영화배우 김승호 씨의 목소리가 이런 유형이다. 이런 목소리의 주인공치고 마른 체질이 없다. 비교적 상체가 하체보다 더 두꺼우며, 가슴이 넓고, 입이 크며, 얼굴은 둥글고, 코는 주먹코에 해당하는 사람이 많다. 주로, 인심 좋은 이웃집 아저씨를 연상케 하는 유형이다.

이처럼 퍼져 나가는 듯한 목소리를 가진 사람들은 고집이 세면서도 인정에 사로잡히는 경우가 많다. 특히, 진실하게만 대하면 상대방을 이용하거나 배신하는 경우는 매우 드물다. 따라서 당신이 동업하려고 한다면 상대자로서 손색이 없을 것이다. 믿음직한 동업자가 될 것이다.

# 자기 자랑을 많이 하는 사람을 동업자로?

자기 잘못을 합리화시키려는 심리는 인간이라면 누구에게나 조금씩은 있지만, 여기서는 정도가 지나친 사람을 말한다.

필자가 아는 한 여인은 입만 뻥긋하면 자기 자랑 일색이다. 자식 자랑, 남편 자랑에서부터 시작하여 별별 자랑거리를 다 만들어대기 때문에 현재는 별 볼 일 없지만 그야말로 과거사는 호화찬란하기 이를 데 없다. 가까이 지내는 사람들에게는 이미 '양치기 목동'으로 낙인찍힌 지가 오래지만, 처음 만난 사람은 뻥튀기에 꼼짝 없이 속아서 손해를 당하기도 한다.

아이가 공부를 잘한다고 입에 침이 마르게 자랑하더니, 막상 대학 입시 때 거짓말이 들통날까 봐 엉뚱한 변명을 늘어놓는다.

"선생님, 우리 애는 정말 신통방통해요. 일류학교 마다하고 장학금 타겠다고 낮은 학교로 자청해서 갔지 뭐예요!"

공부 잘한다는 아이가 일류대에 낙방한 변명치고는 참으로 재미있었다. '진짜 신통방통한 사람은 당신이네요'라는 말이 입 밖으로 튀어나오려는 것을 참으면서, 호들갑을 떨어대는 그녀의 얼굴을 빤히 쳐다보고 있자니 웃음이 절로 나왔다.

이 밖에도, '그 학교는 교통이 나쁘다' '그 학교는 동창들의 이질감 때문에 안 좋다' '재수를 해봐야만 성숙한 인간이 되고, 연애에 실패해 봐야만 참사랑을 알 수 있다' 등등의 말로 자기 합리화를 꾀하는 사람이 많다. 이렇게 얼버무리는 인격을 어떻게 해석해야 하는지, 참으로 헷갈린다.

이런 사람일수록 남이 출세하면 윗사람에게 손바닥을 잘 비빈 결과라고만 생각할 뿐, 출세한 사람을 냉정하게 분석해 보려고 하지 않는다. 자기도 윗자리에 앉으면 좋겠다는 생각 때문에 그 사람을 흉 보는 것이다. 그 자리에 진짜 관심이 없다면 왜 흉을 보겠는가? 이런 사람들의 인간성을 면밀히 관찰하면, 자기 합리화와 자랑을 잘하는 만큼 남의 흉을 잘 보며 투기심이 잘 발동하고 남의 성공을 좀처럼 인정하지 않으려 든다.

입만 열었다 하면 자기 자랑만 할 줄 아는 사람과 이야기할 때는, 그 사람이 말하는 것의 절반 정도만 진실이라고 받아들여라. 자기 자랑이 많은 사람은 또한 자기 잘못을 합리화하는 사람이다. 반면에 남의 잘못에 대해서는 너그럽지 못하다.

이런 인물과 동업하거나 사랑을 나눈다면? 뒷일은 설명할 필요도 없지 않은가. 틀림없이 후회하게 될 것이다. 그러니 동업은 아예 꿈도 꾸지 않는 것이 유익할 것이다.

## 남의 일에 지나치게 관심이 있거나 간섭하는 사람

결론부터 말하자면, 자기 일에 바쁜 사람은 남의 일을 쳐다볼 겨를이 없는 법이다. 그렇지만, 간혹 남의 일에 지나칠 정도로 관심을 두는 사람을 볼 수 있다. 주로 남성보다 여성에게서 많이 볼 수 있는데, 이런 여성은 군거 집단의 지방 뉴스메이커 역할을 도맡아 하기도 한다. 이런 사람은, 제삼자가 당신에 관해서 흉보았던 것을 전하면서도 자기 말을 듣고 있는 당신에게서 '무슨 정보가 없나?' 하고 탐색전을 편다. 마치 포수가 사냥감을 찾듯이 눈빛을 번득이면서.

남의 흉을 보는 데에 상대가 합류하기를 바라기도 하며, 또한 상대의 속마음에 있는 비밀을 캐서 뉴스거리를 만들고자 탐색전을 펴기도 한다. 이런 사람이 남의 흉을 볼 때는 침묵을 지키는 것이 상책이다. 같이 동조하다가는 당신 역시 제삼자에게 옮겨지며 도마 위에 오를 게 뻔한 이치이니 항상 주의하기를 바란다.

이런 사람은 비교적 남의 일을 짐작으로 판단하는 경우가 많다. 탐색전이 여의찮아서 소재가 궁하게 되면 유언비어를 만들어서 퍼뜨리고는 만족해한다. 이런 사람 앞에서는 속마음을 꺼내지 않는 것이 상책이다. 더욱이, 이런 사람과의 동업은 절대 금물이다.


## 조그마한 짐도 들고 다니지 않으려는 남자

"엄마는 참! 이딴 걸 어떻게 들고 가라고 해요?"

"이게 어때서? 이런 것 들고 다닌다고 장가 못 갈까 봐 그러냐?"

어머니가 사춘기에 접어든 아들에게 친척 집에 물건을 갖다주라고 심부름을 시킬 때 흔히 볼 수 있는 대화다. 비교적 사춘기에 접어든 남자아이들은 손에 들고 다니는 물건에도 신경을 쓰는데, 이는 남을 지나치게 의식하는 데에서 나오는 행위이다.

성인 중에서도 밖에 나돌아 다닐 때 손에 무엇을 들고 다니는 것을 아주 싫어하는 사람이 있는가 하면, 아무렇지도 않게 생각하는 사람이 있다. 전자는, 보수적인 성향이 아주 강한 사람이다. 즉, 내용보다 형식을 매우 중요시하는 성격의 소유자다. 이와는 반대로, 후자는 외형보다 내용에 충실한 사람이라 할 수 있다.

요즘은 형식보다 내용을 중시하는 사람들이 많아지고 있다. 예를 들어 요즘의 결혼식을 살펴보면, 당사자들끼리의 일생 약속으로 간단하게 예를 치르는 젊은이들이 속속 등장하고 있다. 직장이나 혹은 아무 장소에서나 간편한 방법으로 결혼을 치르는 사람이 늘어나고 있는 것이다. 그런가 하면, 옛날 선조들이 엄격하게 치렀던 전통적인 결혼식을 선호하는 젊은이들도 있다. 이런 행동을 일컬어 좋고 나쁨을 논할 수는 없다. 다만, 장단점이 있을 뿐이다. 중요한 것은 형식보다 내용을 중시하는 추세라는 것이다.

아무튼 조그마한 짐을 들고 다니거나, 안 들고 다니는 행동 하나도 그 사람을 읽을 수 있는 귀중한 자료가 된다. 짐을 들고 다니지 않으려는 남자는 약속을 잘 지키는 타입이다. 아무리 하찮은 것이라도 부도 수표를 남발하지 않으니 사귀어 볼 만한 사람이다. 이런 사람에게는 적극적으로 대처할 필요가 있다. 또한 약속을 잘 지킨다는 것은 신용이 좋다는 말이니, 함께 거사를 도모해 볼 만하다. 동업자로서 믿고 함께 일을 벌여도 무방한 인물이다.

# 무능한 상사는 동업자의 자질이 없다?

모처럼 좋은 안을 만들어낸 부하가 큰맘 먹고 의견을 제시하면, 배고플 때 음식을 후딱 먹어 치우듯이 아무렇지도 않게 꿀꺽 해버리는 상사가 있다. 반면에, 없는 의견을 부하가 만들어낼 수 있도록 유도하는 상사도 있다. 이러한 두 유형 중 어느 상사가 현명한지를 물어

본다는 것 자체가 어리석은 일이다. 그러나 실제로 상사의 위치에 있는 사람들은 이런 점을 너무나 모르고 있는 경우가 의외로 많다.

전자는 부하의 의견에 귀를 기울일 줄 모르는 유형인데, 이런 상사일수록 약한 자를 무시하는 경향이 많다. 또한 앉아 있는 모습도 의자 등받이에 기대거나 뒤로 젖혀서 앉는 습관이 많다. 이런 인물은 윗사람에게 아부 하나는 끝내 주며, 아랫사람에게는 고압적인 자세를 취한다. 또한 말할 때는 논리를 앞세우기를 좋아한다. 이런 사람은 아주 단정적이고 이기적인 데가 많은 인물이니, 동업 같은 것은 애당초 생각조차 안 하는 것이 신상에 좋을 것이다.

## 친구 험담을 늘어놓는 사람

제삼자에게 친구의 험담을 늘어놓거나 자기 부인의 험담까지 친구들 앞에서 서슴없이 늘어놓는 사람이 있다. 자랄 때에 칭찬과 인정을 받지 못하고 자란 사람에게서 볼 수 있는 성향이다. 이럴 때 말하는 사람을 잘 관찰하면, 누구에게도 인정받지 못하고 있는 사람이라는 것을 금방 알 수 있다. 이런 사람일수록 부정적인 생각이 가득 차 있어서 하는 일마다 잘 안된다.

자신이 인정받지 못하고 살아왔기 때문에 좀처럼 남을 인정하지 않으려는 정신자세를 지니고 있다. 친구를 헐뜯어서 상대적으로 자신이 돋보이고자 하는 일종의 반동 심리에서 발동되는 행동이라 할 수 있다. 이런 사람의 말과 행동을 가만히 지켜보면 앞뒤의 논리성에서도 아귀가 맞지 않는 경우가 많다. 친구의 험담에 신경을 쓰는 사람은 불만이 많은 타입이다.

또한 부정적인 안테나를 세우고 있어서 안 되는 일이 많은데, 일이 안 되면 남의 탓으로만 돌리려고 한다. "안되면 조상 탓이요, 잘되면 자기 공이다."하고 하소연하는 유형이다. 이런 사람일수록 남의 말을 제대로 끝까지 듣지도 않고 자기 나름대로 해석을 내리고 판단해 버리는 경우가 많으니 이런 사람 앞에서는 말조심하는 것이 상책이다.

그러므로 깊이 믿을 사람이 못 되니 평상시에도 속마음을 털어놓지 않도록 주의해야 한다. 이런 사람과 대사를 도모함은 물론 위험한 일이다. 섣불리 동업하려고 하지 말라.

## 계획부터 먼저 발표하며 호들갑을 떠는 사람

어떤 계획이 있으면 그것을 남에게 먼저 발표하고 싶어 안달을 하면서 마치 다 성사한 것처럼 착각하고 좋아하는 사람이 있는가 하면, 일을 다 성사해 놓은 연후에야 말하는 사람이 있다.

계획을 먼저 말하는 사람은 신빙성이 없는 사람이다. 말뿐만 아니라 도안을 그려 보이거나 서류로 작성하여 꽤 조직적이고 적극적인 체하는 사람 중에서도 끝을 맺지 못하는 사람이 많다. 이런 사람일수록 큰 소리를 잘 치지만 실천력은 형편없다. 이런 사람들은 커피숍 같은 데서 사람을 만나면 자기의 계획을 쓸데없이 자랑삼아 늘어놓기가 일쑤다. 만약에 당신이 만난 사람이 이런 유형이라면 초면이든 구면이든 상관없이 주의하기를 바란다.

필자가 아는 사람 중에 전형적인 이런 타입의 인물이 있는데, 그는 늘 서류봉투를 가지고 다니며 말로만 사업을 다 하는 사람이다. 공연히 실현 불가능한 일까지 들먹거리면서 사람들에게 큰소리는 먼저 쳐놓고 뒷감당은 하지 못하는 사람이다. 물론, 본인은 뒷감당을 못한다는 생각조차 하지 않지만.

만약 당신이 사귀는 남성이 사전에 말부터 하는 타입이라면 인생의 동업자로 선택하는 문제에 대해서는 신중하게 고려하는 것이 현명할 것이다. 이런 남성과 결혼했다가는 고달픈 일이 많다는 건 불을 보듯 뻔한 노릇이기 때문이다.

"자고이래로 말 앞세우는 사람 별 볼 일 없더라."라는 말처럼, 매사에 말부터 앞세우는 사람은 책임감과 실천력이 약한 사람이다. 이런 사람과 연애하는 것은 물론이고 동업한다는 것은 생각조차 하지 말라.

# 윗사람의 비리를 자주 성토하는 사람

윗사람의 비리를 자주 성토하는 사람이 있는데, 이런 사람을 살펴보면 직책도 높지 않으면서도 자신이 굉장한 파워를 가지고 있는 것처럼 과장된 몸짓을 한다.

"이번에 우리 회사 해외수출 물량 달성하는 데 내가 선배한테 부탁했더니 굉장한 힘이 되었다고……"

동료들에게 이런 식으로 있지도 않은 일까지 꾸며가면서 은근히 과시하려는 사람이 있다. 여기서 조금만 주의를 기울여 보면 그 진의를 금방 알 수 있다. 반대로 진짜 인맥으로 회사에 수훈을 세우고도 아무 말 없이 가만히 있는 사람도 있다. 어떤 사람의 인간 됨이 더 나은가는 생각할 필요조차 없을 것이다. 있지도 않은 일을 허풍까지 떨어대는 사람은 크게 믿을 만한 사람이 못 된다. 또한 그런 사람 앞에서 기를 못 펼 정도로 홀랑 넘어가는 사람에게도 문제는 있다고 본다.

남자들의 세계에서는 '자기 현시욕'이라는 강한 본능이 있다고 해도 과언이 아닐 정도로 이런 일들이 비일비재하다. 하지만 그 정도가 지나친 사람을 항상 조심해야 한다. 필자가 아는 사람 중에 이런 유형의 인물이 있는데, 그는 항상 입으로만 모든 일을 다 하면서도 실천에 옮기는 일은 거의 없다. 그는 항상 환상 속에서 살고 있는 것이다.

허풍을 잘 치는 사람이 자기도취에 빠지는 순간에는 허상 세계와 현실 세계의 영역 구분이 모호해지면서, 허상을 현실처럼 느끼는 일종의 정신적인 병리 현상 속에 몰입되는 것이다. 이런 사람의 허풍을 듣고 있으면 처음에는 허풍이겠거니 하다가도, 하도 진지하고 추진력 있게 말하는 입담에 깜빡 속아 넘어가게 되는 경우가 많다. 그렇지만 이런 사람을 몇 번 겪어보고 난 연후에는 "양치기 목동이었구나!" 하는 생각이 언젠가는 들게 마련이다.

이런 사람 중에는 과거 회고형도 있고, 선진국형 또는 미래 지향형도 있다. 이런 사람은 이따금 엉뚱한 일을 저지르기도 한다. 기회가 오면 쟁의를 벌인다거나 인기를 독점할 만한 기회가 생기면 투쟁적으로 나서기도 한다. 그중에서도 과거 회고형은 주로 심성질 체질로서 신경이 예민한 반면 육체적으로 선두 주자는 되지 못하고 투쟁의 뒷전으로 물러서고 만다. 반면 선진국형이나 미래 지향형은 겁 없이 일을 잘 저지르기도 하는 인물인데 주로 근골질 체질로서 뼈대가 강하고 외부적인 인상도 강하다.

이런 사람은 윗사람이 관심을 주면 오만불손해지는 기질을 발휘하기도 한다. 동료 간에는 의리가 있는 경우가 더러 있지만 쉽게 믿어서는 안 되는 인물이다. 고로, 동업은 절대로 하지 않는 것이 좋다. 만약 동업했다가는 영락없이 당신을 자신의 수중에 집어넣으려는 야심을 발동시킬 것이다.

# 심성질 체질의 사람

심성질 체질은 신경이 예민하면서도 섬세하고 옳고 그름에 민감한 성격의 체질이다. 반면에 정직한 면이 많다. 까다로운 면이 많은 성격이며, 매사를 자기 방식대로 해석하려고 하는 편이다. 그렇기 때문에 다른 사람과 교제할 때도 타인에 대하여 신경을 쓰는 경향이 적어서, 외로움을 타는 경우가 많다. 한편으로는 독점력이 강한 반면 자기의 성격과 통하는 사람만 믿으려는 심리가 강하기 때문에 외길을 가는 사람으로 평가받는 경우가 많다.

심성질 체질 앞에서는 당신의 주장을 내세우기보다는 무조건 상대의 마음부터 이해해 주는 방향으로 나가는 것이 훨씬 좋다. 이런 사람에게 감사의 표시를 할 때는 식사 접대나 향응을 베푸는 것보다 금전적인 배려를 하는 것이 더 효과적일 때가 많다. 음식을 극히 제한해서 먹는다거나 혹은 편식하는 체질이기 때문에 음식이나 향응에는 별 흥미를 갖지 않기 때문이다.

이런 사람은 좀처럼 상대에게 속마음을 열어 주지 않는 성격이기 때문에 진실하게 대해 주면 당신을 신뢰할 것이며, 마음의 문을 열어 줄 것이다. 이해와 칭찬이 처방이지만, 외모나 치장에 대한 칭찬은 별 효과가 없다. 오히려 현실적인 어려움이나 내면세계의 어려움에 대해서 이해하고, 내면에 대한 칭찬을 하면서 접근하면 성공할 수 있다.

특히, 꼼꼼하게 따지는 경우가 많으니 동업하거나 함께 일을 할 때는 당신이 전폭적으로 이해한다는 태도로 유도하면 상대의 마음을 쉽게 사로잡을 수 있을 것이다.

# 근골질 체질과 동업할 때

근골질 체질을 가진 사람은 대개가 부하를 자기의 완력으로 설복하려는 인상을 풍기며 생폼을 잡으려는 경우가 많다. 뼈대가 강하기 때문에 외면적으로 강인한 인상을 풍기며, 성격 면에서는 없는 완력까지 만들어 휘두르면서 부하에게 강하다는 의식과 권위 의식을 과시하려는 경향이 많은 사람이다.

이런 사람은 독재형이어서 자신의 힘으로 일을 처리해 가려고 애를 쓰기도 한다. 또한 자존심이 무척 강해서 남에게 자기의 약점을 좀처럼 보이지 않을뿐더러 남에게 자문하기조차 싫어한다. 그래서 자신이 모든 것을 알아서 처리해 나가는 듯한 인상을 주기도 한다. 이런 사람은 주로 정장을 잘한다거나 모든 일에 형식을 매우 중요시하기도 한다.

이런 사람과 동업하거나 혹은 같이 일을 도모할 때는 모든 것을 분명하게 한계를 그어 두는 것은 물론이고 계약 같은 것을 철저하게 문서화 해두는 것이 좋을 것이다. 이런 체질들은 이해타산 문제에 대해서도 상당히 논리적으로 따지기 때문에 자칫 당신이 인간적으로 믿고 서류나 계약 조건 같은 것을 그대로 방치해 놓고 있다가는 멀지 않아 어려운 일을 당하기가 십상이니 항상 주의하기를 바란다.


# 주위에 싫어하는 사람이 많으면?

"우리 과의 ○과장 꼴 보기 싫어 죽겠어!"

"이웃집 ○○이 엄마 정말 밥맛이야!"

이런 말을 잘하는 사람은 매사에 자신이 없으며 열등의식이 많은 인물이다.

남녀 간에 상대의 나쁜 점은 눈에 보이지 않고 좋은 점만 자꾸 보이기 시작하면 이때부터 사랑이 시작되는 시점이라고 판단해도 좋다. 여기서 사랑이 깊어 가면 나쁜 점도 좋은 점으로 보이기 시작하는데, 이때가 사랑이 절정에 이르는 시점이다. 사랑으로 눈이 가려지기 시작하면 상대방이 완전무결하게 보이기 시작한다.

상대를 사랑하는 행위는 결국 자신을 사랑하는 행위가 될 수 있다. 그렇지만 상대를 미워하기 시작하면 자신의 인생 역시 마이너스 쪽으로 향하여 인생이 부정적인 방향으로 굳어지기 시작하여 매사가 잘 안되기 시작한다. 사람이란 단점이 있으면 반드시 장점도 있게 마련이다. 나쁜 점만 들추면 나쁜 점만 눈에 비친다. 반대로 좋은 점만 찾으려고 노력하면 좋은 점만 보이게 마련이다.

사람을 평가할 때 그 사람의 직장이나 주위에 미워하는 사람을 많이 두고 있는가를 살펴보는 것도 그 사람을 파악하는 데 중요한 단서가 된다. 직장이나 혹은 이웃에 보기 싫은 사람이 많다고 항상 찌푸리는 사람이 더러 있는데 냉정히 살펴보면 그 사람에게 표적이 되어서 미움을 받는 사람도 다른 사람에게는 인정받고 있는 경우가 많다. 좋고 나쁨, 싫음은 자칫 주관으로 판단하는 경우가 많으니 주의해라.

결론적으로 말하면, 좋아하는 사람보다 미워하는 사람이 월등 많다면 그 사람에게 더 문제가 많다. 그런데도 어느 때는 친분이나 혹은 가깝다는 이유 하나만으로 미움을 가진 사람에게 동조하여 그 대상을 같이 비난하는 경우가 많다. 그렇지만 이는 사람을 정확하게 보는 데 있어 아주 금물이며 위험한 짓이니 늘 조심해서 관찰해야 할 것이다.

# 무조건 '예' 하는 사람은 동지가 아니다!

많은 사람을 접촉하다 보면 대화 도중에 상대의 의사에 고개를 끄떡이기만 하는 사람을 발견할 수 있다. 상대의 의사에 무조건 '예'라고만 대답하는 사람은, 자신의 주장을 내세우지 않고 항상 찬성하는 쪽을 택하는 것처럼 보이기 쉽다. 하지만 면밀히 관찰하면 그렇지 않은 경우가 더 많다. 즉, 상대가 고개를 끄덕이는 것을 보고 자신의 의견에 찬성하는 것으로 받아들여, 대인 관계의 형성에서 이런 사람에게 우선 호감이 쏠리게 되며, 은연중에 친숙해지기도 하는 것이다.

그러나 냉정히 따져보면, 처음에는 쉽게 호감이 가지만 오랫동안 사귀어 보면 그렇게 좋은 사람만은 아니다. 나에게 항상 '예'라는 사람은 제삼자에게도 '예'라는 경우가 많다는 것을 생각해야 한다. 이런 사람을 만나면 자신에게만 그렇게 대하는 줄 알고 극도의 호감을 쏟아붓지만, 나중에 또 다른 데서 제삼자에게도 그렇게 대하는 것을 보게 되면 기분이 썩 좋지 않은 느낌을 받을 때가 있다.

플레이보이의 비결이 무엇인 줄 아느냐고 하면서 이런 말을 하는 것을 들은 적이 있다.

"여러 여자를 만날 때마다 당신만을 사랑합니다."

바로 이 한마디가 비결이라는 것이다. 이런 이야기를 플레이보이들이 여성을 사로잡는 비결이라고 일축해 버리기에 앞서 이 말에 대해서 신중하게 생각해 봐야 할 것이다. 우리 주위에 상대의 말을 겉으로는 무조건 찬동만 하는 사람이 있는데, 눈여겨보아야 할 것이다. 이런 사람은 어떻게 보면 줏대가 없어 보이지만 속으로는 자기 몫을 오달지게 챙기고 있는 인물이니 방심해서는 안 된다.

이는 자신의 생활이 어렵거나 하는 일들이 잘 안 풀리는 처지에 놓인 사람들이 많이 하는 행동이다. 이런 사람일수록 자신보다 나은 사람을 보면 겉으로는 인정을 해주는 듯이 보이지만 자신의 형편이 나아지면 언제 그랬느냐는 듯이 돌변하고 마는 인물이니 항상 조심해야 한다. 이런 사람은 속으로는 '아니오'라는 말을 간직하고 있으면서도 이를 밖으로 좀처럼 내뱉지는 않는다. 어쩔 수 없어서 '예'라고 하는 것이지 실제로 당신의 의견에 찬동하는 표현이 아니라는 것이다.

이런 사람의 관상을 보면 몸이 허약하거나 심리적으로 나약한 부류에 속한 사람이 많다. 즉 심성질 체질에서 유발되는 경우가 많다. 심성질 체질은 비교적 활동 범위가 좁아서 행동 영역은 넓지 않고 나약한 것처럼 보인다. 하지만 마음속으로는 오히려 더 깊이 생각하는 경우가 많다. 또한 상대방을 증오하거나 거부하는 경우가 더 많아도 나약한 체질 탓으로, 겉으로는 좀처럼 반대를 표시하지 않는다.

당신의 말에 무조건 '예'를 연발하는 사람은 동상이몽(同床異夢)인 경우가 많으니 조심해라. 이때에는 같은 말을 되풀이해 보면 순간적으로 당황하거나, 찬동하는 말이 다른 방향으로 헛나가는 수가 많으니 실험해 보라.

## 엘리베이터 탈 때 맨 뒤로만 서려는 사람

엘리베이터. 낯선 사람들과 함께 짧은 순간 동안 이용하는 좁은 공간이지만 그 안에서의 행동을 관찰하면 그 사람 성격을 잘 알 수 있다.

앞쪽에 자리가 있는데도 한사코 안으로 비집고 들어가는 사람이 있는가 하면 넓은 공간이 있어도 초입에 서 있는 사람도 있다. 키가 작아서 엘리베이터 타기가 상당히 곤혹스럽다고 얘기하는 사람도 있다. 앞에 서자니 키 큰 여성이 뒤에서 내려다보는 것도 싫고 뒤에

서자니 키 큰 사람들이 앞에 떡 버티고 서 있어서 기분이 좋지 않다는 것이다.

무조건 구석진 곳을 찾아가서 서있는 사람은 생활에서나 혹은 인간관계에서 불평이나 불만이 있어도 잘 소화해 내면서 되도록 인간관계를 원만하게 처리해 나가는 타입이다. 비교적 타인에게 양보를 잘 하면서 사는 편에 속한다고 볼 수 있다. 이런 사람은 자신에 대한 억제력과 자제력이 강한 일면을 가지고 있기도 하다.

반면에 교우 관계가 넓지 못하고 외로움을 타는 편이기도 하다. 이런 사람은 진실하게 대하면 당신을 속이거나 거짓을 행하지는 않는다. 따라서 이런 사람과는 동업을 해볼 만하다. 특히, 인간관계를 원만하게 처리하는 타입이기 때문에 거래 상대나, 아랫사람을 다루는 데 귀재라 할 수 있다.


# 식사를 빨리하는 사람

옛날 어른들은 식탁 예절을 대단히 중요시 여겨왔다. 소리내어 밥을 먹으면 복이 나간다느니 혹은 밥을 다 먹고 나서 밥그릇에 밥알을 붙여두면 복을 빼앗긴다고 하기도 했다. 또한 밥을 먹으면서 이야기하는 것도 식사 예절에 어긋나는 행위로 보았다. 사실, 먹는 모습을 가만히 관찰하면 그 사람에 관해서 많은 것을 알 수 있는데, 식사하는 것만큼 그 사람의 성격을 잘 나타내는 것도 드물다.

식사를 급하게 해치우는 사람은 성격 역시 급한 게 사실이다. 밥을 급하게 먹는 것이 건강에 좋은 것은 아니지만, 이런 사람이 자라온 환경을 조사해 보면 어른 밑에서 자란 것보다는 자유롭게 자란 경우가 많다. 초년에 고생을 많이 하고 말년에는 근검절약을 바탕으로 하여 사는 상이다. 또한 이런 사람은 육친의 덕이 없는 경우가 많지만, 생활력은 강한 편이다. 또한, 부지런한 편이다. 성격이 구김이 없는 반면 남에게 숨기거나 속으로 내숭을 떨지도 못하는 성격이다.

이런 사람과 동업하려고 한다면 모든 비밀을 털어놓고 허심탄회하게 도움을 청해라. 그러면 자기 일처럼 관심 있게 어려운 일을 도와주려고 애를 쓸 것이다. 특히, 남을 속이거나 내숭을 떨지 못하여 대인 관계에서 손해를 많이 당하는 사람이니, 동업한다 해도 당신에게 해를 끼칠 사람은 아니다. 침착하지 못한 반면 성격이 급해서 상대가 솔직하지 못한 것을 제일 싫어하기 때문에 무엇이든지 직설적으로 털어놓고 인간관계를 맺는 것이 좋다.

## 보폭이 불규칙한 사람

보폭이 불규칙한 사람은, 생활의 질서가 없이 임기응변식으로 살아가는 경우가 많은 인물이다. 또한 육친 관계도 좋지 않은 관상이어서, 가족 간에도 화목하지 못하여 좌충우돌하는 경우가 많다.

이런 사람은 주위가 어지럽고 산만하며 성질이 급하기도 하다. 툭하면 남과 다투거나 대립을 잘하는 사람이니 항상 조심하여 대해야 할 것이다. 이런 사람은 마음속에 열등의식이 많아서 항상 상대를 대할 때 자신감이 없어 보인다. 아랫사람을 들들 볶아대면서 잘난 체하거나 과시하려는 경향이 많으며, 거드름을 피우기도 한다. 그러나 윗사람에게는 자기 의사를 제대로 표현하지도 못하고 속으로만 끙끙 앓는 성향이 있다.

항상 급하게 덜렁거리기 때문에 무슨 일을 저질러 놓고 후회하는 경향이 많다. 이런 사람과는 금전 관계는 절대로 맺지 않는 것이 좋다. 거래에 있어서 셈이 흐리거나 질긴 성품이어서 당신이 만약 돈을 빌려준다거나 동업한다면 손해를 보게 마련이다. 또한 이런 사람과 중대사를 의논한다거나 의뢰하는 것은 절대 금물이다. 성질이 급하기도 하지만 자신의 이익을 위해서는 앞뒤 가리지 않고 두서없이 덤비는 성질이다. 그러므로 늘 조심하여 상대하는 것이 현명할 것이다.

## 어린애가 꾸중 들을 때처럼 앉아서 상대의 말을 듣는 남자

앉아 있는 모습이 마치 어린애가 잘못을 저지르고 어른에게 꾸중을 듣고 있는 상황을 연상시키는 사람이 있는데, 주로 편모슬하에서 자랐거나 어렸을 때 병약하게 지낸 사람인 경우가 많다. 이런 사람은 유년 시절에 충분한 보호나 사랑을 받지 못하고 자랐으며, 주로 혼자서 장난감을 가지고 놀거나 소꿉놀이만 하고 자란 사람이다. 관상학적으로는 처궁이 약하고 일찍 부모를 여의게 되는 상으로 본다.

이런 사람들과 대화하고 있자면 아주 답답할 때가 많다. 목소리는 가늘고 속으로 기어들어 가는 듯한 경우가 많다. 말할 때도 박력이 없으며 말끝이 흐려지기까지 하므로, 상당히 신경을 곤두세우고 들어야만 말하는 의도를 파악할 수 있기 때문에 답답하기 이를 데 없다. 이런 남성은 우선 큰일을 할 수 없는 인물이며, 평생을 남의 밑에서 지내는 경우가 많다.

이런 사람은 대인 관계가 원만하지 못하기 때문에 혼자서 할 수 있는 기술 계통이나 창작예술 방면으로 나가면 의외로 성공을 거두는 경우가 많다. 필자가 아는 사람 중에도 남 앞에 서면 실어증에 가까울 정도로 표현력이 부족한데 그림이나 사진에 대해서는 아마추어 수준을 넘는 재주를 가지고 있는 사람이 있다.

또한 자존심이 무척 강하기 때문에 조심스럽게 대해야 한다. 그런데, 이런 사람이 내세우는 자존심이란 실은 열등의식에 가까운 경우가 많다. 이런 사람은 직위가 높아지면 부하를 달달 볶아대면서도 자기 충복에게는 헌신적으로 대해 주기도 한다. 그러면서도 일관성 있게 대하지 않는 경우가 많다. 아랫사람에게는 때론 거짓말이나 거짓 행동을 함으로써 필요 이상으로 인정을 받고자 하는 행동을 나타내기도 한다. 이런 사람과는 동업한다거나 혹은 중요한 비밀을 말해서는 안 된다.

# 순간적인 실수나 착오는 그 사람의 진심?

필자가 한번은 두 여성과 함께 술을 마신 적이 있었다. 그런데 한 여성이 옆에 있는 여성에게 순간적으로 술잔을 쏟는 실수를 범하고 말았다. 다른 여성의 옷에 술을 쏟은 여인은 진심으로 자신의 실수를 사과하였다. 술 세례를 받은 여성이 사과를 받아들이고, 술자리는 다시 별 무리 없이 재미있는 분위기로 이어질 수 있었다. 그러나 필자는 그 여성의 행동을 보고서 짚이는 데가 있었다. 그래서 술 세례를 받은 여성이 잠깐 자리를 비웠을 때, 술잔을 쏟은 여성에게 넌지시 질문을 던져 보았다.

"당신은 은연중에 옆에 앉은 여인에게 미운 감정이 있다."라고 했더니, 그녀는 펄쩍 뛰면서 부인하는 것이었다. 그러나 필자가 계속 추궁하다시피 물었더니 나중에 실토하는 것이었다. "평소에도 감정이 좋지 않았다는데 남자 앞에서 하는 꼴이 너무 가증스러워서 미운 감정이 든 게 사실이었다."라고 말하면서, 어떻게 귀신처럼 남의 속마음을 끄집어내느냐고 감탄하는 것이었다.

　우리는 언어의 착각이나 행동의 실수가 순간적으로 돌발하는 것이라고 믿고 있지만 사실 면밀하게 관찰하면 의식의 수면에 떠 있다가 어느 순간 자신도 모르게 밖으로 돌출되는 경우가 많다. 어떤 생각을 골똘히 하는 중에 상대가 갑자기 말을 시키면 자신도 모르게 생각하고 있던 말이 불쑥 튀어나오는데, 이때 상대는 엉뚱한 말에 당황하거나 혹은 가벼운 실수로 흘려 버리는 경우가 많다. 그렇지만 실은 이런 가벼운 우발적인 행위나 착오 현상이 본심인 경우가 더 많으니, 이것을 흘려 버려서는 안 될 것이다.

　독심술을 연구하고자 하는 사람은 착오에는 진실한 본심이 담겨 있다는 생각을 가지고 순간적으로 일어나는 상대의 착오나 실수를 무심히 넘기지 말아야 한다. 그 사람이 현재 무의식적으로 무엇인가 갈구하고 있는 것이 있는데, 현실의 상황에서는 그것을 실행하거나 충족시킬 여건이 형성되어 있지 않은 경우다. 이런 부분을 잘 관찰하면 상대의 속마음을 꿰뚫어 볼 수 있는 절호의 기회가 되는 것이니 이런 때를 놓치지 말아야 할 것이다.


# 인정머리 없는 사람 다루기

우리 주위를 가만히 살펴보면 아주 인정머리 없고 표독스럽게 사람을 대하는 사람이 더러 있다. 이런 사람은 이기적인 사람과는 약간 다른 면을 가지고 있다. 이기적인 사람은 자기 자신만의 이익을 챙기거나 자신에게만 몰두하지만, 인정머리 없는 사람은 전체적으로 사람에게 정을 주지 않고 차갑기 그지없는 인물이다.

　이런 형은 어렸을 때부터 사랑을 받지 못하고 자란 사람이거나, 반대로 지나치게 과잉보호만 받고 자라서 세상을 보는 눈이 아주 편협한 사람이다. 에고이스트 형은 자신에게 이익이 있는 일에는 인간관계를 맺으려고 열심히 노력을 하지만, 인정머리 없는 타입은 처음부터 끝까지 혼자서 일을 처리하려 하고 남에게 마음을 좀처럼 열어주지 않는다. 어쩌다가 친하게 사귀는 사람이 생겨도 어떤 어려운 상황을 만나면 꽁지를 빼기 때문에 따뜻한 인간관계가 지속되지 못하고 만다. 이런 사람은 인간관계의 골이 깊지 않아 무척 외롭게 지낸다. 그럼에도 고독을 느끼지 못하다가 심한 타격을 받을 만한 어려운 일을 당하면 그제야 자신을 돌아보게 된다. 어려운 일을 당하면 혼자의 힘으로 풀어 나가려고 낑낑대기 때문에 다른 사람보다 더 힘들다.

이런 사람에게는 어려운 처지에 접했을 때를 잘 포착하여 물질 공세를 편다거나 어려움을 같이 걱정해 주고 관심을 가지면 아주 헌신적으로 대해 준다. 그래서 우리 주위를 살펴보면 인정머리 없는 사람으로 소문난 사람에게도 좋은 친구가 있어 사람을 놀라게 하는 경우가 더러 있기도 하다.

"돈이면 귀신도 사귄다."라는 말이 있는데, 모든 것을 돈으로 해결할 수 있는 능력이 자본주의 사회에서는 막강한 힘이 되는 것을 나타낸 말이다. 그러나 돈에 앞서서 마음이 더 중요하지 않을까 싶다. 좋은 사람과 나쁜 사람을 편 갈라 내 편 네 편이라는 생각으로 살아갈 일이 아니라, 마음을 지혜롭게 움직여서 적을 나의 편으로 만드는 처세를 한다면 이는 영원한 재산이 되지 않겠는가.

인정머리 없는 사람을 만나면 비 오는 날 강아지 보듯 대할 생각보다는 상대의 마음을 헤아려서 처세하는 것이 더 현명하지 않을까. 인정이 없는 사람이 어려움에 부닥쳐 낑낑댈 때 당신이 물질 공세로 도움을 주어서 곤란한 상황에서 벗어날 수 있게 해주면, 당신에게만은 최선을 다하는 둘도 없이 절친한 벗이 될 것이다.

# 저자 소개

## 金承吉(雅號:아로信)

(H.P) 010-3238-7586  (e-mail) aroshin@hanmail.net

원광보건대학 물리치료과 졸업

방송통신대학교 법학과 졸업

서울예술대학 극작과 졸업

BUDDHIST AND PALI UNIVERSITY OF SRI LANKA(스리랑카 빠알
리 불교대학) 사회철학과 졸업(학사)

성공회대학교 사회복지학과 졸업(문학사 학위 취득)

장로교 성서신학대학교 졸업

성균관대학교 사회복지대학원 사회복지학과 졸업(석사학위 취득)

고려대학교 노동대학원 지도자 과정 수료.

일본 산케이 대학 어학연수

물리치료사 면허 취득

사회복지사 1급 자격증 취득

교원자격증 취득

국제 포교사 자격 취득

대한민국 합기도 협회(공인 5단)

종로1,2가동 새마을문고위원 역임

〈한국연예정보신문〉 연예부 차장 역임

〈자람유치원〉 이사장 역임

(주)슈퍼푸드뱅크 상임고문 역임

〈법신문〉 사회부장 역임

〈월간 문예비전〉 기획실장 역임

극단기역 대표

한국수필가협회 회원, 〈한국수필〉 천료(초회 작품 '생일' / 완료 작품 '어
　머니의 기도')

한국문인협회 회원

희곡작가협회 회원

〈한국일보〉 신춘문예 희곡 당선(92년도-작품:'해부')

〈경향신문〉 신춘문예 희곡 당선(92년도-작품:'호드기')

〈시와 창작〉 시 신인상 수상

기업체 경영 및 인사 부문(자문역할 담당)


## 연극 연출/제작/공연

〈진짜 거지 가짜 부자〉 작/연출(92년도. 하나방 소극장 공연)

〈저 앙상한 가지에도 봄은 오는가〉 작/연출(92년 고양시문예회관 공연)

〈해부〉(샘터파랑새극장 공연)

〈여자를 왜 여자라 하는가〉 각색/제작/공연(비원문화장터 개관 프로)

〈수탉이 알을 낳는 세상〉 작/연출(성공회대학교 강단)


## 저술

장편소설《인생 1, 2권》, 민미디어

실화소설《밤이 어두워질수록 별은 빛난다》, 일암기획

《3분 관상 칼럼》, 한마음 출판사

《신세대 관상법》, 한마음 출판사

《김승길의 인생 뒤집기》, 도서출판 편집회사 사람들

《왜?》, 에세이문학 출판부

《인간 아닌 인간으로 사는 법》, ㈜ 에세이퍼블리싱
《그럴지라도》㈜ 에세이퍼블리싱
《마음 다이어트》, ㈜ 북랩
제1시집《미래에서 온 세상》, 청어출판사
제2시집《지금 막 도착한 미래 세상》, 동천문학사
제3시집《일상의 작은 씨앗들》, 렛츠북
제4시집《생각으로 생각 찾아내기》, 렛츠북
제5시집《생각생각 또다시 생각을!》, 렛츠북
제6시집《침묵 속의 말들》, 청어출판사
비디오《김승길의 관상학》3편(서진 통상 제작)

## 연재

〈한국연예정보신문〉 '연극, 영화, 문화 평론' 2년 연재
〈일간스포츠〉 '김승길의 3분 관상학' 8개월 연재
〈주간 경향〉 '인상학적 처세 작전' 2년 연재
〈월간 WIN WIN〉 '꿈' 8년째 연재 중, '김승길의 3분 관상' 연재 중
〈법신문〉 법의 뒤안길 '법의 모순' 콩트 연재, '자기 연출 기법' 연재
〈스포츠조선〉 매 월요일 '꿈과 복권' 연재
기타 신문 문화 칼럼 다수
Good buy 잡지 '금주의 운세' 연재.
WWW.helloluck.com 꿈풀이 상담 및 복권 투자 길일 연재
WWW.hilotto.co.kr 금주의 운세 및 복권 길일 연재
로또복권 행운 숫자/띠별 행운 숫자 현재 연재 중

## 방송

KBS▶11시에 만납시다, 아침마당, 인간 가족 '휘파람을 부세요', 생방송
　전국은 지금, 생중계 아침의 창, 특종 비디오 저널

MBC▶탈출 IMF

SBS▶열려라, 웃음 천국(쇼 프로), 신바람 스튜디오

KBS 사회교육방송▶황필호 교수와의 인생 상담 게스트

SBS 라디오▶라디오 성공시대, 한밤에 만난 사람

KBS 라디오▶성형외과 찬반 토론

KBS 사회교육방송▶인생 성공담 소개

현대케이블 방송▶'웃음의 미학' '여자들의 립스틱에 관해'

등 다수 출연.

## 출강

MBC, SBS 아카데미 메이크업반 출강

SBS 신바람 스튜디오 출강 : '김승길의 인생 캠페인' '남편을 알면 집안이 행복하다'

조흥 은행 상계동 지점 명사 초대 강연 : '차별화전략'

제일은행본점 : '고객 관리를 위한 인상 연구 및 인맥 관리'

선경증권 본점(전략팀) : '고객의 마음을 사로잡는 기법'

제일은행 돈화문지점 : '차별화전략' 세일은행 의정부지점 : '고객 관리 기법'

하나은행 본점 인력지원부 : '인상 연구로 고객 다루기(관상학)'

조흥은행 상계 북 지점 명사 초청 특강 '고객의 마음 읽기'

제일은행 논현동 지점 : '자신의 극대화 전략'

서울시립남부노인종합복지관 : '노인 재교육과 갈등 해소'(3년 수요일 정기출강)

영세교회 경로대학 : '21세기에 적응할 노인 사고의 재정립'

인덕원 노인대학 : '노인의 새 시대의 가치관 정립'(3년간 매 화요일 정기출강)

농협중앙회 연수원 고급관리자향상과정 '자기 상품은 자신이 만들어라.'

정치지망생 모임 : '차별화전략으로 자기 상품 개발하기'

상인 조합 : '고객의 마음 읽기'

21세기 모임 : '조직과 인맥 활용의 전략'

세일즈맨 친목 모임 : '사람 보기와 나 보여주기'

도봉여자중학교 특강 : '청소년들의 연극을 통한 자아 정립'

파주여자종합고등학교 특강 : '청소년들의 사회적 역할과 미래'

남대문연세악세사리 상인회 : '신사고로 경영혁신 전략과 고객 다루는
  기법'

구립 은평노인복지관 출강 : '고정관념 타파와 갈등 없는 사회적응의 정
  신자세'

해 뜨는 집 간병인회 : 'Hmour로 무장한 대인 관계 전략'

희망의 집(노숙자 재활센터) : '정신력 강화로 자아 개발'

호암마을 치매노인센터 간병사 보수교육 : '전문인으로서 직장생활 극
  대화 전략'

주식회사 생그린 중앙지사 : '고정관념을 깨고 차별화전략으로 고객 다
  루기'

자람 유치원 학부모 특강 : '자녀 차별화 교육에 대한 부모 역할'

신세계유통 연수원(과장 연수) : '물고기를 잡으려면 산으로 가라(고정
  관념 파괴)'

기타 각종 모임 '인성 계발 및 조직관리' '인간 경영' 등 출강 중

**관상, 사람을 읽는 성공 심리학**

초판 1쇄 발행   2025년 1월 27일

지 은 이   김승길
펴 낸 이   김채민

펴 낸 곳   힘찬북스
출판등록   제410-2017-000143호
주    소   서울특별시 마포구 모래내3길 11 상암미르웰한올림오피스텔 214호
전화번호   02-2272-2554   팩스번호   02-2272-2555
전자우편   hcbooks17@naver.com

ISBN 979-11-90227-52-0  03180